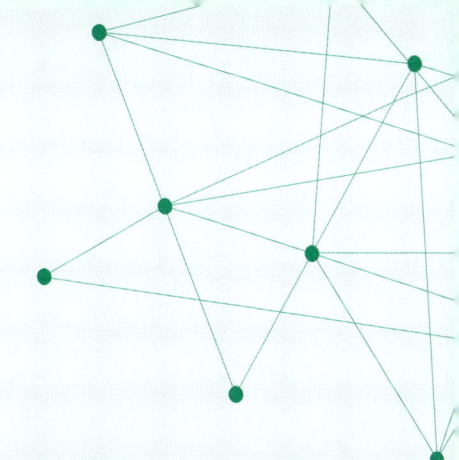

스타트업을
유니콘기업으로

스타트업을 유니콘기업으로

START-UP, SCALE-UP, K-UNICORN

신기철 지음

대변혁시대, 한국경제 성장동력을 어디에서 찾을 것인가

한국경제의 새로운 돌파구 – 스타트업
한국경제를 키우는 방법 – 스케일업
세계경제를 우리 품안에 – K유니콘

서문

한국경제의 새로운 돌파구, 스타트업(START-UP)

세상은 이미 디지털 세계로 전환되었다. 감염병으로 그 시기가 빨라졌을 뿐이다. 비즈니스 세계는 비대면화, 탈경계화, 실시간화 경향이 빨라지고 있다. 언택트(untact) 시대에 첨단 IT기술을 기반으로 오히려 더 연결될 것이다. 5G기술에 가상현실과 증강현실이 결합되면 대면 서비스를 닮아갈 것이다. 이러한 대변혁의 본질은 초연결(hyper-connected)이다. 사람과 사람, 사람과 사물, 사물과 사물이 거미줄처럼 연결되고, 센서 기술과 데이터 처리기술의 발달로 실로 엄청난 양의 데이터가 축적되고 있다. 인공지능(AI)과 빅데이터를 기반으로 한 초지능과 초연결의 융합으로 초융합이 발생하고 있다. 향후 미래 산업이 어떻게 변할지 아무도 모른다.

대변혁의 시대에 기업은 어떤 전략으로 대처해야 할까. 포춘 500대 기업이 10년, 20년 후 그대로 유지될 것인가. 초연결, 초지능, 초융합의 4차 산업혁명으로 기업은 예상치 못한 환경 속에서 생존의 길을 모색해야 한다. 기업은 이전과 같은 완벽을 기대할 수 없다. 변화의 속도와 폭이 과거와 다르다. 이러한 시기에 완벽한 상태는 오히려 변화를 전제로 한다. 불확실한 세계는 우리에게 가보지 못한 새로운 길을 강요하고 있다. 한국경제의 새로운 돌파구가 필요하다. 그 길을 스타트업에서 찾으려 한다.

이 책의 고객은 창업가이다. 저자는 직업상 (예비)스타트업의 신제품 프로젝트에 대한 심사를 많이 해왔다. 또한 스타트업의 사업계획을 심사하고 정책자금을 지원하는 업무를 수행해왔다. 그 과정에서 많은 창업가를 만날 수 있었다. 창업가의 열정과 노력에도 불구하고 실패하는 경우가 많았다. 나는 안타깝게 생각했다. 대부분의 스타트업은 아이템 선정과 자금조달 여부에 신경을 쓰는 경우가 많았다. 창업자금이 사업화를 추진하는 과정에서 핵심적인 내용이지만 사실 그것이 전부는 아니다.

중요하게 따져봐야 할 것은 기업이 어떻게 제품이나 서비스를 제공해 고객의 문제를 해결하고 가치를 제공함으로써 수익을 창출할 것인가이다. 비즈니스 모델을 정립하고 이것을 검증하는 것이 중요하다. 또 많은 스타트업은 제품 및 서비스의 기능과 품질에 대한 검토는 하면서 시장에서 필요로 하는 것인지에 대한 검토는 부족했다. 신제품과 서비스에 대한 시장검증을 간과함으로써 궁극적으로 실패에 이르게 되는 경우가 많았다.

창업가는 신제품이 시장에서 팔릴 것인지에 대한 근본적인 질문에 해답을 찾아야 한다. 이것은 귀찮지만 꼭 필요한 과정이다. 이러한 과정이 없다보니 어떤 스타트업은 실패할 제품을 들고 씨름하는 경우가 많았다. 소위 될 놈(The right it) 아이디어를 찾고 검증하고 출시와 운영과정을 거쳐야 성공할 수 있다. 시장이 원하는 제품을 만들어야 성공할 수 있다(Make something people want). 그런데 아예 시장에서 관심도 두지 않을 창업제품에 오랫동안 시간과 자금을 투입하는 경우를 많이 봐왔다. 창업기업의 5년 생존율이 30%에 미치니 못하는 이유가 여기에 있지 않나 생각했다.

새로운 기술로 차별화를 꿈꾸지만 제품 기능과 기술력에 매몰되어 시장을 보지 못한 경우도 있었다. 대부분 엔지니어링 출신들이 그런 함정에 빠져들었다. 반대로 레드시장에서 여러 기업 중 하나로 치열한 싸움을 예고하는 경우도 많았다. 이미 시장에서 검증된 사업모델로 스몰비즈니스를 추진하여 가격경쟁으로 싸워보겠다고 하는 경우였다. 이런 경우는 자기가 만들 수 있거나 자기가 좋다고 생각하는 제품만 만든 경우다. 실패를 안고 시작하는 경우였다.

저자는 그간의 스타트업 평가경험을 바탕으로 창업가라면 기본적으로 알아야 할 내용들을 정리했다. 기업현장에서 조언하기가 거북해서, 또는 시간이 없어서 말하지 못했던 내용들을 전달하고 싶었다. 그래서 저자가 만난 스타트업의 사례에 혁신전문가 및 창업 컨설턴트들의 코칭내용을 융합하여 한권의 책으로 만들었다. 핵심적인 내용을 이해하기 쉽도록 예시를 들어 정리했다.

비즈니스 전쟁에 뛰어든 창업가에게 열정만을 강조하는 것은 무책임하다. 그들에게 이 책은 최소한의 무기이며 식량이자, 비상약품이다. 그만큼 꼭 챙겨봐야 할 내용들이다. 스타트업이 만나게 되는 여러 문제점을 해결하고 난관을 극복하는데 도움이 될 것으로 생각한다.

이 책의 구성 및 활용방법

이 책은 5부로 구성되어 있다.

제1부. 「디지털전환 시대, 산업지형의 변화」에서는 디지털 전환에 따른 산업지형의 변화와 4차 산업혁명시대 유망산업 등을 정리했다.
제2부. 「스타트업, 나만의 차별화」에서는 스타트업 전략을 소개했다. 스타트업의 차별화 과정 및 스타트업의 기회포착 내용을 담았다.
제3부. 「스타트업, 어떻게 할 것인가」에서는 실제 창업가가 고민해야 할 내용을 담았다. 스타트업이 바로 실무에 적용 가능한 내용이다.
제4부. 「스타트업, 스케일업, 유니콘 기업」에서는 스타트업 액셀러레이팅 방안을 정리했다. 스크리닝과 혁신성장 스케일업 방안 등이 담겨있다. 그리고 이 기업들을 K-유니콘 기업으로 육성하기 위한 전략을 정리했다.
제5부. 「국가 경쟁력 제고를 위한 제언」에서는 중소벤처기업 정책을 담았다. 대변혁 시대에 중소벤처기업을 키우는 방안과 중소벤처기업의 혁신성장 지원정책, 그리고 혁신성장과 공정경제에 대한 내용을 담고 있다.

이 책은 (예비)창업가, 스타트업의 임직원에게 도움이 될 것으로 생각한다. 또한 창업정책을 입안하고 창업지원제도를 운영하는 공무원 및 공공기관 직원들도 유용하게 활용할 수 있을 것으로 본다. 스타트업 전략과 실무에서 어떻게 해야 할지 고민하는 창업가라면 2부와 3부를 먼저 봐도 좋다. 다만, 창업에서 성공하기 위해서는 정치·경제·사회·기술 등 모든 분야에서 미래를 내다볼 수 있어야 하기에 1부를 빼놓을 수 없다.

스타트업에 대한 해외사례 및 정책을 고민하는 사람이라면 4부와 5부에 관심을 기울일 필요가 있다. 4부에서는 2부와 3부에서 설명한 내용들을 세계 유수의 액셀러레이터에서는 어떻게 운영하고 있는가를 확인할 수 있다. 액설러레이터에서 일어나는 일들은 실전내용이다. 기업환경에서부터 전략 및 세부 솔루션까지 동시에 일어나는 일들을 유니콘으로 성장한 기업들은 어떻게 지내왔는지 여정을 들여다 볼 수 있다. 특히 넥스트 유니콘 육성방안은 이들 스타트업이 빠르게 스타트업을 벗어나 유니콘 기업으로 성장할 수 있도록 시장에서 취약한 부분을 돕도록 하는데 중점을 두었다. 유니콘은 시장에서 태어나고 성장하는 것이지만 인프라 중심으로 지원방안을 정리했다. 5부에서는 창업뿐만 아니라 한국의 산업정책 및 기업정책의 방향을 담았다. 일부 내용은 시행되고 있는 것도 있으나, 좀 더 거시적으로 보고 방향을 잡는데 활용했으면 한다.

[일러두기]

이 책은 저자가 자주 만났던 스타트업, 즉 기술창업 기업을 대상으로 했다. 그리고 일반창업(스몰비즈니스)과 스타트업을 구분했다. 스타트업의 특징은 사실상 유니콘 기업의 특성을 닮아있다. 눈에 보이지 않는 시장영역을 발견하고 새로운 비즈니스 모델로 새로운 가치를 제공함으로써 독점하는 기업을 대상으로 했다.

책에서 제품이라고 표현한 부분은 제품과 서비스를 포괄하는 개념이다. 따라서 서비스를 명확하게 표현한 부분은 사업모델에서 서비스 영역을 말하는 것이다. 인용된 자료는 출처를 모두 밝히고 있다. 혹시라도 누락된 부분이 있으면 보완할 계획이다.

목차

서문 : 한국경제의 새로운 돌파구, 스타트업(START-UP)

제1부 디지털전환시대, 산업지형이 변하고 있다

제1장 디지털 전환, 산업의 변화 　　　　　　　　17
　　1. 디지털 전환은 어떻게 이루어지나 　　　　17
　　2. 새로운 비즈니스 세계에서의 기업 대응전략 　23
　　3. 스마트공장과 제조업 르네상스 　　　　　28
　　4. 혁신성장 산업의 미래 　　　　　　　　　34
제2장 미래사회 유망 산업 및 기술 　　　　　　50
　　1. 뷰카의 시대, 혁신기술 　　　　　　　　　50
　　2. 미래사회 10대 기술 　　　　　　　　　　54

제2부 스타트업, 나만의 차별화

제1장 창업가는 세상을 바꾸는 사람이다. 　　　61
　　1. 성공하는 기업인은 무엇이 다른가 　　　　61
　　2. 창업가의 DNA 　　　　　　　　　　　　64
　　3. 창업가의 혁신수용성 　　　　　　　　　　67

제2장 스타트업, 나만의 차별화 과정	70
1. 기업의 본질에 집중하라	70
2. 이기는 콘셉트, 될놈(The Right It)	72
3. 될놈의 중간시험	78
4. 이기는 전략, 차별화 전략	83
5. 일의 시작과 끝, 공감능력	86
6. 새로운 관점	89
제3장 스타트업, 기회포착	95
1. 창업하는 이유, 이 사업을 왜 하지?	95
2. 창업 실패의 주요 원인	97
3. 일상에서 창업 기회를 찾아라	100
4. 디지털 전환시대의 창업기회	105

제3부 스타트업, 어떻게 할 것인가

제1장 창업 아이디어 발견	111
1. 좋은 아이디어와 피해야 할 아이디어	111
2. 아이디어 개연성 검증	113
3. 창업 아이템 선정방법	116
제2장 진정한 고객은 누구인가	119
1. 고객발견의 중요성	119
2. 고객발견 단계별 방법	122
3. 거점시장 선택과 재세분화	124
4. 페르소나와 함께 창업하라	127
5. 고객 공감지도로 파고들어라	129
제3장 비즈니스 모델 설정	131
1. 비즈니스 모델정의	131
2. 비즈니스 모델 캔버스	135
3. 린(Lean) 캔버스(BMC)	141
4. 비즈니스 모델과 사업계획서	145

제4장 고객이 얻는 가치를 제안하라 154
    1. 가치제안이란? 154
    2. 고객가치와 수익창출 연계 156
    3. 구매결정 영향분석 158
    4. 가치제안과 블루오션 전략 159

제5장 시장검증, 프리토타입과 될 놈 측정 162
    1. 프리토타입(Pretotype)이란? 162
    2. 될 놈 측정도구 168
    3. 세상을 위한 될 놈인가? 173

제6장 제품검증, 프로토타입과 MVP 175
    1. 제품의 핵심기능 검증, 프로토타입 175
    2. MVP와 린스타트업 177

제7장 제품출시와 마케팅 182
    1. 테스트 마케팅과 제품출시 182
    2. 신제품 마케팅 관리 183
    3. 스타트업 마케팅, 스토리를 팔다 186

제8장 핵심 사업을 확장하라 189
    1. 고객이 늘면 이익도 늘어나야 한다. 189
    2. 글로벌 기업의 비즈니스 확장 191

제9장 자금조달 방법 193
    1. 정책자금 활용 193
    2. 벤처캐피탈(VC) 활용 195
    3. 기업주도형 벤처캐피탈(CVC) 도입 197

제4부 스타트업, 스케일업, 유니콘 기업

제1장 스타트업 액셀러레이터 203
    1. 주요국가의 액셀러레이터 203
    2. 한국의 액셀러레이터 209
    3. 실리콘밸리 액셀러레이터 벤치마킹 215
    4. 글로벌 액셀러레이터와 협업 242

제2장 혁신성장 스케일업 — 246
1. 왜 스케일업이 중요한가 — 246
2. 스케일업 위한 체계적 지원 — 248
3. 스케일업 시작은 스크리닝 — 253

제3장 K-유니콘 기업 육성 — 258
1. 유니콘 기업 육성 필요성 — 258
2. 유니콘 기업의 특징 — 263
3. K-유니콘 기업 육성방안 — 265

제4장 K-유니콘 기업 육성 위한 제도정비 — 270
1. 규제개혁 — 270
2. 벤처캐피탈 활성화 — 272
3. 핵심 기술인재 육성 — 274

제5부 한국 국가경쟁력 제고를 위한 제언

제1장 대전환의 시대, 가보지 않은 길 — 279
1. 대전환의 본질, 초연결 시대 — 279
2. 인공지능의 잠재력, 인류의 미래 — 285
3. 대전환의 시대, 전대미문의 길 — 289

제2장 대전환의 시대, 새로운 성장 동력 — 294
1. 대전환 시대, 산업발전의 방향 — 294
2. 대전환 시대, 새로운 성장기회 모색해야 — 296

제3장 중소벤처기업 혁신성장 — 305
1. 산업발전의 역량축적 — 305
2. 중소벤처기업 혁신성장 과제 — 310
3. 기업정책으로 전환하고 벤처기업 육성해야 — 319

제4장 중소벤처기업의 혁신성장과 공정경제 — 323

마치며 : 스타트업 페르소나와 함께 한 여정 — 327

제1부
디지털전환시대, 산업지형이 변하고 있다

제1장. 디지털 전환, 산업의 변화
제2장. 미래사회 유망 산업 및 기술

> # 제1장
디지털 전환, 산업의변화

1. 디지털 전환은 어떻게 이루어지나

　언젠가는 코로나19도 종식될 것이다. 다만 이후 세계가 코로나 사태 이전과 같지 않을 것이다. 사람 간 비대면 활동과 제조 및 서비스의 스마트화 등 언택트(untact) 경제가 활성화 될 것이다. 우리는 다가올 미지의 세계를 비켜갈 수 없다. 개인이든 기업이든 닥쳐오는 세계에 적응해야 생존할 수 있다. 단지 코로나 사태 때문만은 아니다. 그 이전에 우리는 이미 대전환의 시대에 접어들었다. 4차 산업혁명이라고 부르는 디지털 혁명이 그것이다. 디지털 혁명은 불연속성이 특징이다. 미래 산업이 어떻게 변할지 예측할 수 없다. 여기에 코로나 사태가 덮치면서 미래가 더 불투명해졌다.
　기업의 사업 환경과 경쟁 구도가 달라지면서 이전의 성공방식이 더 이상 통하지 않게 되었다. 과거 성공을 답습할 경우 오히려 실패의 덫에 빠질 수 있다. 새로운 환경에 적응하고 경쟁력을 확보해야 생존할 수 있다. 독일 히든챔피언은 경쟁우위를 확보하기 위해 다음 세 가지 기준을 충족시키기 위해 노력한다. 고객들에게 중요한 것이어야 하고, 고객들이 실제로 인지할 수 있는 것이어야 한다. 그리고 지속적이고 쉽게 모방할 수 없는 것이어야 한다. 요약하면 기업의 본질에서 강점을 가져야 한다는 것이다.

스티브 잡스가 말하는 애플의 본질은 '다르게 생각하라(Think Different)'이다. 구글의 본질은 '검색'이다. 우버의 본질은 '이동'이다. 풀무원의 본질은 '바른 먹거리'다. 본질에 천착해야 한다. 자기다움을 잃지 않되 껍질을 바꾸며 새로움을 유지해야 한다. 위기의 본질은 곧 본질의 위기이다. 4차 산업혁명의 본질은 '연결'이다. 초연결, 초지능, 초융합의 4차 산업혁명에 적응하지 않고는 미래 생존을 담보할 수 없다. 코로나 사태로 연결의 새로운 가치를 추구해야할 시기가 빨라졌을 뿐이다.[1]

세계의 찬사를 받던 유니콘 기업도 이 감염병 사태를 비켜가지 못하고 있다. 숙박공유 플랫폼 에어비앤비, 오피스 공유기업 위워크 등은 공유경제 비즈니스 모델로 성공했다. 지금 이들 기업의 기업가치가 곤두박질치고 있다. 손정의 비전펀드는 위워크에 대한 자금지원 약속을 철회했다. 위워크 주식 30억 달러어치를 공개매수하기로 했지만 지난 4월 계획을 중단했다. 위워크는 2019년 상장(IPO)이 무산되기 전까지는 기업가치가 470억 달러에 이르렀다. 지금은 기업가치가 100억 달러에도 미치고 못하고 있다. 에어비앤비 CEO는 지난 5월 올해 매출은 2019년 대비 절반에도 못 미칠 것이라고 밝혔다. 직원 4분의 1에 해당하는 1900명을 정리 해고

---

1) 신기철(2020.5.4.). 「변화하지 않으면 사라진다」. 무역경제신문.

했다. 기업 가치는 반 토막이 났다. 2017년 예측한 기업가치 310억 달러에 비해 현재 기업 가치는 180억 달러 수준이다. 이들 유니콘 기업은 코로나19가 들어오기 전에는 완벽해 보였다. 그러나 감염병은 공유보다 안전한 고립을 강요했다.

코로나19로 인한 이 거대한 변화 양상에, 기업은 어떤 전략으로 대응해야 할까. 감염병 이전에 세상은 이미 디지털 세계로 전환되었다. 비즈니스 세계는 비대면화, 탈경계화, 실시간화 경향이 빨라지고 있다. 언택트는 사실 더 강화된 연결을 의미한다. 첨단 IT기술을 기반으로 비대면 세상에서 더 연결될 것이다. 화상회의와 온라인 교육은 5G기술에 가상현실과 증강현실이 결합되어 대면 서비스를 닮아갈 것이다. 영화 '킹스맨'의 회의장면을 보자. 고글을 끼면 원격회의 당사자가 바로 앞에 앉아 있는 것 같다. 온라인 쇼핑몰의 성장이 세계적 추세인 것은 아는 바와 같다. 공유경제 기업도 전략을 수정해야 한다. 연결하고 공유하되 독립성을 보장할 수 있다면 생존할 수 있다. 이것이 비즈니스 세계의 새로운 돌파구가 될 것이다.[2]

그렇다면 디지털 혁명시대 변화의 모습은 어떤 것일까. 다음과 같이 다섯 가지로 전개될 수 있다. 비대면화, 탈경계화, 초맞춤화, 서비스화, 실시간화다. 이 다섯 가지는 각각 독립적으로 자생하지 않는다.[3]

첫째, 사람 간 만나지 않고도 활동이 가능한 비대면화(Untact) 경향이다. 요즘 소비과정에서 사람을 만날 일이 별로 없다. 감염병으로 인해 그 속도가 빨라졌다. 기업은 사람을 통하지 않고도 모든 활동이 가능하도록 디지털 플랫폼을 구축하려는 경향이 강해졌다. 디지털 기반 기업혁신을

---

[2] 신기철(2020.7.3.). 「코로나19시대 비즈니스의 세계」. 이데일리.
[3] 김광석(2019). 「디지털 경제지도」. 지식노마드. pp54-66.

추진하고 있다. 이미 소비 트렌드가 온라인 쇼핑으로 전환되었다. 물건을 사지만 점원을 만나지 않아도 된다. 돈을 이체하고 대출을 받는 과정에서 은행원을 만날 일이 거의 없다. 살 집을 알아볼 때도 집주인이나 공인중개사를 꼭 만나지 않아도 된다. 이렇게 비대면화를 가능케 해주는 기술을 통틀어 언택트 기술이라고 한다.

　기업들은 디지털 플랫폼에 의존해 제품과 서비스를 제공하고 있고 소비자 또한 디지털 플랫폼을 선호한다. 이러한 상황이 사람을 만나지 않아도 경제 활동이 가능한 조건이 되는 것이다. 비대면화 특성을 가장 잘 보여주는 곳 중 하나가 금융 산업이다. 은행, 보험, 증권, 카드 등 산업별로 비대면 금융 플랫폼을 구축하기 위한 다양한 움직임이 나타나고 있다. 은행들은 인터넷전문은행 출시, 챗봇과 로보어드바이저 도입 등을 통해 비대면 금융 서비스를 확대하려고 한다. 보험의 경우 비대면 금융 플랫폼 구축을 통해서 공급자 중심의 보험 상품에서 수요자 중심의 보험 상품으로 패러다임을 바꾸고 있다. 증권계에서는 비대면 증권계좌 개설과 블록체인 기반 인증 플랫폼 구축이 한창이다. 카드산업의 경우 다양한 간편 결제 플랫폼들이 경쟁적으로 확대 구축되고 있다.

　둘째, 산업 간 경계가 없어지는 탈경계화(Borderless)이다. 기존의 산업 구분이 무의미해지고 업종 사이의 융합이 빈번해지고 있다. 기존 산업들이 IT산업과 만나는 과정에서 나타나는 현상이다. 카카오그룹은 IT업체이기도 하고 운송업체이기도 하고 금융업체이기도 하다. 전통적인 의료산업이 스마트 헬스케어로 전환되고 있다. 나이키는 스포츠 의류 제조업체일 뿐만 아니라 헬스케어 빅데이터 제공업체이다. 향후에는 탈경계화가 더욱 가파르게 진행될 것이다. 통신사는 자율주행서비스를 제공하는 운송업에 진출할 것이다. 편의점은 인터넷 전문은행과 만나 무인은행으로 진화하면서 금융서비스업에 진출할 것으로 보인다. 골드만삭스는 금융기업이 아닌 IT기업으로 소개되고 있다. 골드만삭스 정직원의 약 27%가 IT관련 엔지니어와 프로그래머이다. 대표적인 IT기업인 페이스북이나 트위터처럼 많은 IT인력을 보유하고 있다. 골드만삭스는 금융기업이며 IT기업이다.

셋째, 초맞춤화(Hyper-Customization)이다. 빅데이터를 활용한 맞춤화를 통해 한 사람의 기호와 성향을 완벽히 만족시킬 수 있다. 빅데이터 분석과 기술기반의 디지털 솔루션을 활용하여 고객의 취향을 반영할 수 있게 되었다. 그래서 개개인의 스타일에 맞게 상품을 추천해주는 타깃 마케팅을 할 수 있게 되었다. 이미 유튜브는 우리가 즐겨보는 영상들을 추천해 주고 있다. 관심있는 분야 콘텐츠를 띄워주고 있다. 인터넷 전문은행은 빅데이터에 기초해 각자 채무상환능력을 판단해 초맞춤 대출 서비스를 제공하고 있다. 미국 신용카드 결제 사업자인 '비자'는 소비자의 결제 위치, 시간, 구입 품목 및 성향을 분석해 초맞춤화 서비스를 제공하고 있다. 소비자가 위치한 인근 매장의 할인 쿠폰을 발송하는 RTM(Real Time Messaging) 서비스를 제공하고 있다.

넷째, 단순한 제품 판매가 아닌 제품과 서비스를 완전히 통합하여 더 나은 가치를 창출하려는 서비스화(Servitization) 경향이 증가하고 있다. 기업들은 단순히 제품을 공급하는 기업에서 서비스 기업으로의 전환을 이미 시작했다. 공기청정기 등 가전제품 제조사는 유형의 제품 판매가 아닌 랜털 서비스와 주기적 관리서비스를 통한 수익모델을 추구하고 있다. 이러한 서비스화의 선두주자 중 하나는 IBM이다. IBM은 한때 컴퓨터 제조기업으로서 '컴퓨터=IBM'이라는 공식이 보편화되기까지 했다. 이후 비즈니스 환경이 IT와 밀접히 결합하는 방향으로 바뀌면서, 고객은 문제해결을 함께 모색하는 기기와 서비스를 필요로 했다. IBM은 주력 사업군을 제조업에서 서비스업으로 바꾸기 시작했다. IBM은 컴퓨터회사가 아니다. IBM은 2002년 PwC 컨설팅 사를 인수했다. 2007년에는 SPSS 데이터 솔루션을 인수하는 등 소프트웨어 및 서비스 기업을 인수합병 했다. IBM은 전략수립 컨설팅, 업무 프로세스 개선, IT 솔루션 개발 및 구축 등을 제공하는 토탈 서비스 제공 기업이 되었다. 현재 IBM 수익의 82%가 소프트웨어와 서비스 부문에서 나온다.

디지털 전환은 이러한 서비스화를 더욱 가속화 시킨다. 스마트홈을 제공하는 건설사는 주택이라는 유형의 제품을 판매하는 것이 아니라, 주거 서비스를 판매하는 것이다. 자동차회사는 공유서비스를 제공하고, 의류회사는 헬스케어 서비스를 제공한다. 사물인터넷 기반의 냉장고를 공급하는 제조회사는 이제 물건을 스스로 구매하고 결제해주는 유통 금융 서비스를 제공하기 시작했다. 서비스화의 대표적 사례가 자율주행 자동차다. 자동차는 이동수단이다. 그런데 이제 자동차는 더 이상 이동수단이 아니다. 두 손과 두 발, 두 눈의 자유를 주기 때문에 달리는 차 안에서도 신문을 읽고 스마트폰으로 검색을 하고 비즈니스 업무를 처리할 수 있다. 자동차는 이동수단에서 '모바일 생활공간'으로 바뀌고 있다. 자동차도 5G 통신서비스에 가입해야 제품이 서비스화 된다.

다섯째, 데이터가 입력과 동시에 일련의 작업 방식이 일반화되는 실시간화(Real Time)이다. 사물인터넷, 센서, 빅데이터 기술의 발전과 함께 실시간화도 빨라진다. 스마트 팜(smart farm)을 운영하는 농부는 농장을 직접 확인 할 필요가 없다. 실시간으로 농장의 온도, 습도 등의 운영 조건을 스마트폰을 이용해 확인할 수 있다. 블록체인은 관계되는 수많은 사람과 정보를 실시간 분산적으로 저장한다. A와 B가 체결한 계약 내용을 일일이 C에게 전달해 줄 필요가 없다. 실시간화의 가장 대표적 사례가 바로

'스마트공장'이다. 제조업 위기의 돌파구로 주목받고 있는 스마트 공장은 GE, 인텔, 지멘스 등 세계적 기업을 중심으로 급속히 확산되고 있다. 조사업체 마켓앤드마켓에 따르면 세계 스마트 공장은 2016-2022년간 연평균 성장률 10.4퍼센트로 성장을 지속하여 2022년 75억 달러 규모에 이를 것이라고 한다. 스마트 공장을 구성하는 주요 요소 중 하나인 스마트 기계는 기업 안팎의 클라우드 네트워크와 실시간으로 데이터와 정보를 주고받으며 최적의 생산효율을 가능하게 한다.

2. 새로운 비즈니스 세계에서의 기업 대응전략

디지털 전환으로 세상이 어떻게 바뀌고 있는지에 대해 간략하게 기술했다. 글로벌 비즈니스 세계에서는 이러한 경향이 본격화되고 있다. 이에 따라 산업의 지형도 전혀 예상하지 못했던 모습으로 변하고 있다. 농업은 스마트 팜으로, 제조업은 스마트 공장으로 혁신하고 있다. 스마트 홈, 스마트 쇼핑, 스마트 카, 스마트 가전, 스마트 헬스케어 등 모든 산업 분야가 디지털 전환 물결에 실려 변화하고 있다. 그렇다면 이 거대한 물결이 빚는 변화 양상을 산업별로 탐색해볼 필요가 있다. 기업은 어떤 비전과 전략으로 대응하고 있는지, 이러한 현상을 만드는 제반 기술은 무엇인지, 이를 토대로 각 산업은 어떤 모습으로 혁신하고 있는지 현장을 살펴볼 필요가 있다.[4]

4차 산업혁명과 비즈니스의 변화

4차 산업혁명의 주된 특징 중 하나는 '초연결'이다. 전 세계 20억 명의

---

4) 김광석(2019). 「디지털 경제지도」. 지식노마드. pp173-186

인구가 인터넷에 연결되어 있다. 우리사회가 사람, 사물, 공간 등 세상 만물이 인터넷을 통해 소통하는 초연결사회로 진입했다는 의미다. 초연결 네트워크로 긴밀히 연결된 초연결 사회에서는 오프라인과 온라인의 융합을 통해 새로운 성장과 가치 창출의 기회가 더욱 증가한다. 무엇보다 사물인터넷, 인공지능, 센서 등 기술발달로 제조·유통·의료·교육 등 다양한 분야에서 지능적이고 혁신적인 서비스 제공이 가능해진다. 초연결사회가 가져올 미래의 변화모습은 어떨까.

첫째, 사물인터넷(IoT)은 사람, 사물, 공간 등 모든 것이 인터넷으로 연결되어 정보를 수집, 생성, 공유 활용하는 지능형 네크워크 기술을 의미한다. 특히 제조, 금융 등에서 IoT의 부가가치 기여도가 높을 것으로 보인다. IoT를 구성하는 3대 기술이 있다. 먼저 센싱 기술이다. 전통적인 온도, 조도, 초음파 센서부터 원격감지, 레이더, 위치, 모션, 영상 센서 등 유형 사물과 주위 환경으로부터 정보를 얻을 수 있는 물리적 센서 까지 포함한다. 물리적 센서는 표준화된 인터페이스와 정보처리 능력을 내장한 스마트 센서로 발전하고 있다. 그리고 유무선 통신 및 네트워크 인프라 기술이다. IoT의 유무선 통신 및 네트워크 장치는 기존의 WiFi, 3G, 4G, LTE, Bluetooth, 위성통신 등 모든 유무선 네트워크를 의미한다. 마지막으로 IoT 서비스 인터페이스 기술이다. IoT 서비스 인터페이스는 IoT의 주요 3대 구성요소(인간, 사물, 서비스)를 특정 기능을 수행하는 응용 서비스와 연동하는 역할을 수행한다.

둘째, 교육산업의 초연결·디지털화이다. 교육산업은 커넥티드 러닝으로의 진화가 가속화될 전망이다. 교육과 기술의 결합으로 가까운 미래에 완전히 새로운 교육환경을 경험하게 될 것이다. 코로나 사태로 이미 온라인교육이 대세를 이루고 있다. 등교 교육은 보조역할을 수행하고 있다.

커넥티드 러닝에서는 학생과 교사 간 또는 학생 간 연결에 의한 상호작용이 강조된다. 개개인의 학생은 IoT, AI기술 등을 바탕으로 최적화된 맞춤학습을 제공받을 수 있게 될 전망이다. 최근 전 세계 교육계는 AI, VR교육 시장 적용에 주목하고 있다. 2017년 구글은 우주, 해저, 피라미드, 궁전 등을 VR로 옮겨 수업에 활용할 수 있는 익스페디션 서비스를 소개했다.

셋째, 의료산업의 초연결 디지털화이다. 의료산업에 IoT가 접목되면서 원격의료 서비스가 확대될 전망이다. 한국에서는 현재 원격의료를 금지하고 있다. 그러나 감염병으로 인해 비대면 의료서비스를 도입하려는 움직임이 빨라지고 있다. 삼성, 애플, 구글 등의 의료 분야 진출이 두드러지고 있다. 5G, IoT, 클라우드 컴퓨팅 등 IT 발달은 원격 모니터링 및 관리의 최적화뿐만 아니라 원격 의료를 가능하게 함으로써 시간과 공간의 경계를 넘어서는 의료 서비스를 제공할 전망이다. 웨어러블 센서 및 IoT 기기를 개발하여 테스트베드를 실시하고 있다. 당뇨환자 및 치매환자를 대상으로 IoT 기술을 활용하여 모니터링 하는 시범사업을 시행 중이다. 세계경제포럼에 따르면 2022년 세계 인구의 10퍼센트는 인터넷이 연결된 의류를 착용하고 의류 내 센서를 통해 심박 수, 호흡, 혈류량 등 실시간 신체정보를 얻게 될 전망이다. 수집된 데이터는 건강 기초 자료로 활용돼 원격진료, 자가 통증치료를 비롯한 다양한 의료서비스를 가능하게 할 것이다.

넷째, 금융산업의 초연결 디지털화이다. 사물 간 상호작용을 가능하게 하는 IoT의 등장으로 금융산업 전반에 큰 변화의 흐름이 예견된다. 보험사는 통신회사와 함께 IoT 기술을 활용한 운전자의 습관을 측정, 분석해 보험료를 차등화 하는 자동차보험 상품을 개발했다. 이후 보험업계는 운전습관을 연계한 보험 상품을 빠른 속도로 도입했다. 향후 IoT는 은행, 보험 부문에서 폭넓게 활용 가능하다. 은행업은 IoT를 활용해 대출 심사 프로세스 개선이 가능하다. 또한 기업의 물류, 제조 프로세스에서 추출되는 물리적 성능 행동 데이터를 활용해 자산의 잔여가치를 정확히 파악할 수 있다.

다섯째, 교통산업의 초연결 디지털화이다. 이것은 '지능형 교통시스템'으로 대표된다. 초연결사회의 교통은 IoT를 기반으로 자동차의 지능화뿐만 아니라 도로 시설 및 공간의 지능화가 이루어져 교통으로 인한 도시인의 고통을 해소시켜 줄 것으로 기대된다. 미래 도로에는 각종 스마트 센서가 설치되며 이들 센서로부터 수집된 정보는 데이터 플랫폼을 통해 도로 이용자, 관리자, 각종 전자기기에 자동으로 전달될 것이다. 도로 시설의 지능화는 교통 혼잡을 줄여줄 뿐만 아니라 교통 인프라의 유지 관리 등 사회적 비용 절감에도 기여할 것이다. 커넥티드 카의 보급이 확대될 전망이다. 자율주행자동차는 5G, IoT, 클라우드 컴퓨팅 등 첨단 기술의 집약체이다. 부착된 센서는 실시간으로 차량 내부의 중앙컴퓨터와 통신하며, 사람보다 더 빠르게 주변 상황을 읽고 판단할 것이다. 자율주행자동차의 보급은 현재의 교통 기관과 물류시스템을 획기적으로 변화시킬 가능성이 높으며, 자동차는 이제 이동 수단에서 '모바일 생활공간'으로 빠르게 변화하고 있다.

여섯째, 유통산업의 초연결 디지털화이다. 유통산업은 '소유에서 공유로' 패러다임이 변화할 것으로 보인다. 공유경제를 활용하는 소비자가 점차 증가하고 있다. 초연결 사회에서 공유경제는 다양한 사회경제적 모델을 탄생시키면서 삶을 빠르게 변화시키고 있지만 그중에서도 유통에서의 영향력은 막대하다. 소비자는 재화를 직접 소유하지 않고 필요할 때 마다 온라인과 모바일을 통해 쉽게 이용한다. 새로운 유통의 시대에는 자동차,

장난감, 집뿐만 아니라 더욱 다양한 영역에서 공유경제가 적용될 것이다. 다만, 감염병으로 인해 공유경제의 속도가 주춤하고 있는 것은 새로운 변수이다.

패러다임 변화와 기업의 대응 전략

기업은 디지털 전환의 물결에서 자유로울 수 없다. 패러다임 변화에 따라 기업은 어떤 전략으로 대응할 것인지, 필요한 기술은 무엇인지를 검토해야 한다. 먼저, 기업은 제품이 아닌 플랫폼으로 경쟁의 근간을 바꿔야 한다. 모든 산업이 플랫폼 기반으로 변화하면서 시장 내 경쟁 구도가 크게 바뀔 것이다. 초연결 사회에는 플랫폼이 주된 경쟁력이 될 것이다. 선도적이고 영향력이 큰 플랫폼을 보유한 기업은 장기간 경쟁우위를 지속할 가능성이 크다. 제품이나 서비스에 있어서 경쟁력을 가진 기업은 수많은 후발주자에게 추격당할 수 있으나, 플랫폼 경쟁력은 추격하기 어려운 특징이 있다. 따라서 기업에 있어 선도적으로 범용화가 가능한 플랫폼을 구축하고, 소비자에게 이를 적극적으로 보급하는 일은 지속성장의 관건이 될 것이다.

기업은 또한 미래 비즈니스를 이끌 핵심 지능을 포착해야 한다. 초연결 사회에서는 지식과 지능이 생산요소가 될 것이다. 알고리즘, 빅데이터, 소프트웨어적 인프라, 네트워크 등 핵심적 기술을 보유한 기업이 미래 비즈니스를 이끌 것이다. 따라서 기업은 네트워크에 기반한 적극적 다각화가 요구된다. 초연결사회에서는 산업 간 경계가 소멸될 전망이다. 소프트웨어 애플리케이션, 네트워킹, 컴퓨팅 기능을 기반으로 유통업 등에 걸쳐 네트워크가 구축되고, 이를 기반으로 협력관계를 형성해 나갈 수 있다. 또는 플랫폼에 기반해 다양한 산업으로 적극적인 다각화 전략을 꾀할 필요성도 있다. 특히 기업은 해당 산업에 적합한 유망한 지식 및 지능을 선제적으로 축적하고, 미래 비즈니스를 개척할 필요가 있다.

마지막으로 변화를 선도하는 조직문화 구축이 필요하다. 초연결사회에서는 그 어느 때보다 유연한 조직문화 형성이 중요하다. 기업과 기업의 협업이 확대되고, 기업 내 부서 간 관계도 긴밀해질 것이다. 제품과 제품이, 혹은 서비스와 서비스가 서로 융합되고, 시스템과 시스템이 긴밀하게 연계될 것이다. 또한 그러한 과정에서 쏠림 현상이 나타나 선도 기업이 그 산업을 절대적으로 장악하는 현상도 나타날 것으로 판단된다. 따라서 유연한 조직문화를 기반으로 부서 간 긴밀한 협업이 가능한 시스템을 마련하고, 혁신적인 아이디어가 조직 전반에 쉽게 공유될 수 있도록 해야 한다.

3. 스마트공장과 제조업 르네상스

감염병은 제조업 경쟁력이 있는 국가와 그렇지 않은 국가의 경쟁력을 구분하고 있다. 마스크에서부터 인공호흡기까지 사람의 생명과 직결되는 제품을 생산하는 것이 그렇다. 국가 간 이동이 통제되면서 물품을 생산하지 못하는 국가의 고통은 심해지고 있다. 그리고 비대면 서비스 관련 핵심부품인 반도체 등의 수요가 상대적으로 증가하고 있다. 이미 4차산업혁명이 제조업의 새로운 부흥을 불러 일으켰다. 1970년 이후 세계 각국은 금융업과 지식기반 서비스업 등을 집중적으로 육성했다. 따라서 제조업의 부가가치 비중이 하락했다. 금융업 중심의 경제발전을 이룬 미국은 물론이고 제조업 기반의 국가라고 할 수 있는 독일과 일본도 제조업의 부가가치 비중이 하락해 왔다. 한국도 서비스업을 중심으로 경제규모가 확대되면서 2010년 이후로 제조업 비중이 하락했다. 그러나 4차 산업혁명으로 제조업이 다시 부상하고 있다.

　제조강국을 향한 각국의 대응도 빨라지고 있다. 독일은 'Industry 4.0'의 선도적 추진으로 제조 강국으로서의 경쟁력을 확보하고자 스마트 공장의 최적화, 안정화, 사이버 공격에 대한 방어 등 다양한 연구 및 기술 개발을 추진하고 있다. 특히 제조혁신을 위한 9개의 기반기술을 중심으로 집중적인 연구개발에 심혈을 기울이고 있다. 미국은 '첨단제조파트너쉽(AMP 2.0)'을 통한 제조혁신을 위해 산학연 협력연구, 제조설비와 인프라 공유체계 구축 등 종합적 개선을 목표로 하고 있다. 정책적으로 적극 지원하고 있는 제조기술 분야는 고급감지, 제어 및 플랫폼, 시각화, 디지털 제조기술, 신소재 제조 등이다. 중국은 'Made in China 2025'를 국가 성장 전략 방향으로 정하고, 제조 대국에서 제조 강국으로 도약하기 위한 로드맵을 제시했다. 거기에 '인터넷 플러스(Internet Plus)'전략을 통해 신성장 동력을 창출하고 제조혁신을 이루기 위한 지원정책을 마련했다. 일본정부는 2016년 국가경제 및 사회 전반을 변화시키는 국가혁신 프로젝트인 '4차 산업혁명 선도전략'을 발표했다. 사물인터넷, 빅데이터, 인공지능, 로봇 등에 대한 종합적인 로드맵을 제시하고, 각종 법 제도를 정비하며, 주요 유망산업의 발전을 위한 인프라 구축을 지원하고 있다.[5]

한국 제조산업의 패러다임 변화

　한국은 2025년까지 스마트 공장 3만 개를 구축할 계획이다.[6] 스마트 공

---

5) 시민의 소리(2018. 5. 16).「4차 산업혁명, 스마트 팩토리」요약
6) 산업통상자원부(2017).「스마트 제조혁신 비전 2025」요약

장 보급 목표를 2020년 1만 개에서 2025년 3만 개로 상향조정한 것이다. 세부 내용은 먼저 스마트 공장 자발적 구축 기업에 대한 인증제도를 신설했다. 그리고 대기업 협력사 인증 호환 등 인센티브 제공을 통해 민간 보급 확산을 촉진할 방침이다. 즉 가치사슬 내 효과적 확산을 위해 업종별 대기업의 협력사 지원을 유도한다. 마지막으로 2025년까지 1,500개의 선도 모델을 구축해 스마트 공장을 고도화할 계획이다. 대표적인 스마트 공장을 발굴해 지원 금액을 상향하고 인센티브를 통해 기초 수준 스마트 공장의 고도화를 촉진하고자 하는 세부 계획도 있다. 예를 들어, 솔루션, 센서, 컨트롤러, 로봇 분야의 대기업과 중소기업이 '스마트 공장 얼라이언스(Smart Factory Alliance)'를 구축해 공동 R&D, 국제표준 공동 대응 등을 추진해 제조업 생산성을 확보한다는 계획이다.

    스마트 공장 완성을 위해서는 여러 가지 디지털 신기술이 활용된다. 사이버물리시스템(CPS), 로보틱스, 3D 프린팅, 사물인터넷 기반 포그(Fog), 사이버 보안 등이 대표적이다. 이러한 주요 기반 기술이 제조 전 영역에 걸쳐 적용됨에 따라 제조업의 경쟁력이 놀라울 만큼 증대되는 제조혁신이 나타나고 있다. 화학, 자동차, 철강, 항공, 식료품, 섬유 등 다양한 제조 산업 분야에서 스마트 공장을 도입하면서 생산성이 증폭되고 기존 소비자에게 제공하지 못하던 다양한 서비스 제공이 가능해지고 있다. 이에 따라 제조업의 패러다임 역시 변화하고 있다. 실시간 주문형 맞춤 생산이 가능해지고, 제조 공정의 디지털화가 가속화되고 있다. 재고량을 전에 없이 최소화하고, 제품 불량률을 낮추며, 인건비가 절감되면서 생산성 혁신이 나타나고 있다. 생산라인뿐만 아니라 공급사슬 전 공정에 걸쳐 IoT, 센서, 클라우드 기반의 초연결화가 가능해지면서 제조사와 부품 공급업자 간 유기적인 연결성이 강화되고 있다. 마지막으로 기존 아날로그식 혹은 자동화 중심 생산 공정에서 필요한 기계, 부품 등의 자산 보안에서 빅 데이터 중심의 사이버 보안으로 보안 분야의 핵심 영역이 이전되고 있다.

스마트공장의 미래

스마트공장은 최소 비용과 시간으로 고객맞춤형 제품을 생산하는 것을 말한다. 제조 공장의 인적 물적 자원을 최적화하여 제품의 기획, 설계부터 생산, 유통, 판매 등 전 과정을 IoT, AI, 빅데이터 등으로 통합하고 자동화 및 디지털화 구현을 통해 고객의 요구에 기반한 제품 생산이 실시간으로 적용되는 공장이다. 스마트 공장은 제조업 경쟁 심화, 다이버전스 산업으로의 변화에 의한 다양한 제품군과 짧은 제품수명주기, 다변화된 시장요구 등 생산 환경의 변화에 대비하기 위한 효율적 환경을 제공한다. 또한 다양한 기술간의 융합을 통해 높은 수준의 자동화 서비스 및 지능화된 인프라를 제공하고 생산성 향상, 에너지 절감, 안전한 생산 환경 구현, 다품종 복합 생산이 가능한 유연한 생산체계 구축이 가능하다.

스마트공장 수준은 IT 적용 및 활용 범위에 따라 5단계의 등급으로 구분할 수 있다. 대기업은 중간수준 ② 등급 이상의 스마트공장을 구현 하고 있으나, 대다수 중소기업은 기초수준 이하에 머물고 있다. 수요 공급 기업간 연계가 강한 자동차 전자 업종과 자동화 설비비중이 높은 연속공정 업종인 철강 화학 등은 지능화 설비 적용 비중이 높으나, 소량 주문생산 방식인 기계 또는 수작업 중심의 뿌리산업은 미흡한 편이다.

[스마트 공장수준 5단계]

	현장자동화	공장운영	기업자원관리	제품개발	공급사슬관리
고도화	IoT/IoS화	IoT/IoS 기반의 CPS화		빅데이터/설계·개발 가상시뮬레이션/ 3D프린팅	인터넷 공간상의 비즈니스 CPS 네트워크 협업
		IoT/IoS(모듈)화 빅데이터 기반의 진단 및 운영			
중간수준2	설비제어 자동화	실시간 공장제어	공장운영 통합	기준정보/기술정보생성 및 연결자동화	다품종 개발 협업
중간수준1	설비데이터 자동집계	실시간 의사결정	기능 간 통합	기준정보/ 기술정보개발 운영	다품종 생산 협업
기초수준	실적집계 자동화	공정물류 관리(POP)	관리기능 중심기능	CAD사용 프로젝트 관리	단일 모기업 의존
ICT미적용	수작업	수작업	수작업	수작업	전화와 이메일 협업

기초수준	중간수준1	중간수준2	고도화
기초적 ICT를 활용한 정보수집 및 이를 활용한 생산관리 구현	다양한 ICT를 활용한 설비 정보 자동획득, 협력사와 고신뢰성 정보를 공유하여 기업 운영 자동화 지향	협력사와 공급사슬 및 엔지니어링 정보공유, 제어자동화 기반 공정 운영 최적화, 실시간 의사결정	사물/서비스/ 비즈니스/모듈간 실시간 대화 체제 구축, 사이버 공간상에서 비즈니스 실현

자료 : 중소기업전략기술로드맵

스마트공장이 본격적으로 추진된 시기는 2019년이었다. 2019년 스마트공장 시장은 전년 대비 약 43% 성장한 약 5조원 규모였다. 전문기관의 예측에 따르면 대기업 시장 3조원, 중소기업시장 2조원 규모였다. '21년에는 6조 3천억에 이를 전망이다. 자체 플랫폼을 보유한 주요 대기업들의 경우 수년간의 시범사업을 통해 2018년부터 그룹차원의 전략사업으로 스마트공장 구축을 추진 중에 있고, 스마트공장 관련 매출은 증가하고 있다. 대표기업인 삼성SDS는 전년대비 50%, 포스코 ICT는 305% 증가할 것으로 보인다.

제조혁신 및 제조업 패러다임 변화를 이끄는 주요기술로 사이버물리시스템(CPS), 로보틱스, 3D프린팅, 사이버물리시스템, IOT 기반 포그컴퓨팅, 사이버보안 등이 있다. 사이버물리시스템(CPS)은 제조 공정 현황, 물류, 유통 현황에 대한 모니터링에서부터 제어에 이르기까지 제조혁신의 밑바탕이 되고 있는 시스템이다. 로보틱스는 4차 산업혁명 시대의 변화를 주도할 핵심기술로 부각되고 있으며 제조현장에서 사용되는 산업용 로봇은 필수적인 도구로 자리 잡았다. 차세대 제조로봇은 유형화되거나 체계화되지 않은 공정의 업무를 수행할 수 있는 로봇 기술이 필요하다. 3D프린팅은 디지털 디자인 데이터를 이용해 소재를 겹겹이 쌓아 물체를 제조하는 기술로 공정과정에서 다양한 세부기술이 활용된다. 단일 장비로 다양한 제품을 생산할 수 있다는 점에서 공장의 생산라인을 간소화할 수 있으며, 제품개발 단계에서 시제품의 제작비용과 시간을 절감할 수 있다. IoT기반 포그 컴퓨팅은 클라우드라는 인터넷 세계와 현실공간을 만나게 해주는 접점 플랫폼이다. 포그 컴퓨팅은 초단위로 쏟아지는 공정 데이터를 클라우드로 보내 제조 현장을 실시간으로 제어하는데 한계가 있는 문제를 해결하는 방안으로 등장했다. 사이버보안은 사이버상의 범죄, 테러, 해킹 목적의 접근 및 스파이 행위 등으로부터 정보, 시스템, 네트워크를 보호하는 IT솔루션을 일컫는 말이다.

국내에서는 대기업을 중심으로 ICT 적용 제조현장 혁신을 위한 시도가 일부 진행되고 있다. 그러나 외산 솔루션에 대한 의존도가 높고 국내 기술의 한계로 민간투자는 시작 단계에 불과한 것이 현실이다. 대기업 관련 SI 기업들과 중소 제조기업에 대한 시스템 구축 기업이 대부분인 상황으로 핵심요소 기술은 글로벌 선도 기업에 의존하고 있다. 생태기반이 전체적으로 취약한 편이나, 외산 솔루션을 도입하여 시스템을 통합하는 ICT 융복합 경험은 상대적으로 풍부한 편이다. 따라서 스마트공장의 기반이 되는 ICT 기술 및 기존 제조기술의 융합을 통해 주력산업의 고부가가치화와 신산업의 창출이 필요하다. 특히 반도체, 자동차, 전기전자 산업은 국내 제조 산업 분야 중 가장 많은 영향을 받고 있으며, 산업별 시장 변화와 새로운 기술 등장으로 제조 공정의 체질 개선이 이루어지고 있다. 스마트공장 공급 분야는 응용SW, ICT플랫폼, 제어(컨트롤러), 산업용센서, 현장자동화의 5개 세부 분야로 구성되어 있다. 중소기업은 상대적으로 현장자동화와 제어(컨트롤러) 분야에서 많이 영위하고 있다. 4차 산업혁명시대에 스마트공장은 선택이 아닌 필수이다. 글로벌 기업의 솔루션은 제조 및 운영 통합 솔루션으로 진화하는 중이다. 글로벌 솔루션과 플랫폼의 약점을 파악하고, 타겟 시장에서 우위를 점할 수 있는 제품 경쟁력과 서비스를 마련하는 등의 틈새 전략 및 대기업과 동반 진출을 통한 글로벌 틈새시장 공략이 필요하다. 다만 업종 및 분야에 특성에 맞는 '맞춤형 전략'이 필요하다.

4. 혁신성장 산업의 미래[7]

디지털 전환으로 산업의 부침이 발생할 것이다. 하루가 다르게 변해가는 산업을 현재 시점에서 예상하는 것이 힘들겠지만, 주요 산업의 개념과 전망, 그리고 중소벤처기업 입장에서 접근전략을 살펴본다.

핀테크 산업

핀테크(FinTech)란 금융(Finance)과 기술(Technology)의 합성어로 금융과 IT의 융합을 통한 금융서비스를 의미한다. 세부적으로는 금융회사의 업무를 지원하는 전통적 핀테크(IT서비스, 금융SW 등)와 금융서비스를 대체하는 신흥 핀테크(P2P대출, 간편송금 등)로 구분한다. 사업영역에

---

7) 혁신성장 산업의 개념 및 미래 트렌드에 대한 주요내용은 중소벤처기업진흥공단에서 발간하는 「산업분석보고서(2019, 2020) 부분 발췌

따라 「전자금융거래법」 및 권역별 「여신전문금융업법」을 적용한다. 국내 핀테크는 선도국인 미국과 영국뿐만 아니라 후발 주자인 중국에 비해서도 더딘 것으로 평가된다. 국내 핀테크 기업은 약 549개사이며 이중 중소기업은 약 493개 기업이다. 분야별로는 지급결제와 P2P금융 분야가 큰 비중을 차지한다.

[핀테크 사업영역 분류]

금융플랫폼	금융데이터분석	결제 송금	금융SW
■ P2P금융 ■ 크라우드펀딩	■ 신용조회 ■ 운전습관연계보험 ■ 로보어드바이저	■ 간편결제 ■ 간편송금 ■ 외환송금 ■ 인터넷전문은행	■ 비대면인증 ■ 블록체인 ■ 리스크관리

　금융위('19.2월)는 혁신적인 결제 서비스 출현과 활성화를 지원하고 금융결제 부문의 혁신과 경쟁을 촉진한다는 계획을 발표했다. 주요내용은 금융결제 시스템 혁신적 개방, 금융결제업 체계개편, 규제 세제의 시장친화적 개선 등이다. 간편 송금 및 지급결제는 소액 해외송금 및 지급결제를 간단한 조작에 의해 저비용으로 신속하게 처리하여 편리함과 효율을 극대화 하는 서비스이다. P2P금융은 기업이나 개인이 금융기관을 거치지 않고 온라인 플랫폼을 통해 대출계약을 체결하도록 하는 금융서비스를 의미 한다. 크라우드펀딩은 온라인상에서 중개업체를 통해 불특정 다수의 투자자로부터 사업자금을 투자받는 방식으로 기부형, 대출형, 지분투자형으로 구분된다. 자산관리는 은행이나 증권사의 프라이빗 뱅커(PB)가 하던 업무를 컴퓨터 프로그램(알고리즘, 빅데이터 분석)을 활용해 은행, 카드, 보험, 증권 등 모든 금융거래를 통합 분석한 정보를 제공하는 서비스로 로보어드바이저가 대표적이다.

혁신성장 8대 선도 산업인 핀테크의 발전이 가속화 될 것으로 예상된다. 모바일 인터넷 환경과 첨단 ICT가 전통 금융 산업에 융합하여 효율성과 편의성이 극대화된 새로운 금융서비스 제공을 통한 금융패러다임 변화가 가속화될 전망이다. 핀테크 활성화, 금융 대체 분야 지속 성장, 신기술 활용 확대, 경쟁심화, 리스크 증가 트렌드에 중소벤처기업은 기술경쟁력 확보로 새로운 니즈를 확보하고 기술 차별화로 초기시장을 선점하며, 기술 M&A를 통한 상호협력으로 대응해야 할 것이다.

드론산업

드론은 항공에 관한 기본 법령인 항공안전법 상 규정하는 무인 항공기 및 무인비행장치로 무선전파 유도에 의해 조정이 가능한 비행기나 헬리콥터 모양의 무인기를 총칭한다. 군사용으로 개발 되었던 드론은 최근 다양한 산업에서 활용되면서 시장규모도 크게 성장할 것으로 전망된다. 4차 산업혁명의 핵심역할인 드론산업은 ICT융합산업으로 항공, SW, 통신 등 연관 산업의 기술이 필요하고 드론 관련 기술은 항공 등 연관분야로의 파급 효과도 크다. 군용부터 취미, 촬영용 등 다양한 분야에 활용 가능하다. 제조업 외에도 운송, 서비스업 등 후방시장을 창출 하고 활용분야에서 효율성 향상 및 비용절감 효과가 발생되는 등 경제 파급효과가 크다. 미래 교통혁신을 가져올 개인용 자율비행 항공기 등 미래 항공 산업의 핵심 기술이다. 4차 산업혁명의 공통 핵심기술을 적용·검증할 수 있는 최적의 테스트베드이기도 하다.

시장동향을 보면, 무인항공기 시장이 급성장하고 있고 민간 수요도 점차 증가추세이다. 국내는 군수용 중심으로 형성되어 있으며 최근 농업 및 촬영을 중심으로 민간 수요도 증가 추세이다. 농업분야는 가장 광범위하게 활용되고 있는 분야이다. '16년 판매된 드론 중 46%가 농업용 드론으로 추정된다. 토양 및 농경지 조사, 파종, 살포, 작물 모니터링 등 다양하게 활용되고 있다. 영상촬영은 지리적 한계 또는 안전상의 이유로 접근이 어려웠던 지역을 촬영하는데 활용하고 있다. 자연환경 촬영부터 대규모 지진 등 각종 재난, 사고 현장에도 활용된다. 환경 분야는 기상변화 및 환경오염 등 실시간 환경 모니터링에 활용 하고 있다. 바다 쓰레기를 수거하는 자율주행 드론은 수질과 수심, 온도 등을 실시간으로 모니터링하고 데이터를 전송 한다. 물류 및 운송 분야는 배송부터 사람의 운송까지 서비스를 확대할 예정이다. 국내 드론 시장에서 가장 두각을 나타내는 곳은 우체국 택배를 운영하는 우정사업본부와 CJ대한통운, 롯데택배 등 물류 관련 기업이다.

드론산업은 저가 소형 중심의 단순 촬영용에서 농업, 감시, 측량, 배송 등 임무 수행을 위한 고가 중심으로 변화 중에 있다. 중장기적으로는 대형 무인항공기 등장 및 개인 이동수단으로의 자율주행 드론의 상용화 등 수송 교통 분야의 새로운 시장도 열릴 전망이다. 드론산업은 가장 먼저 시장이 형성되고 있는 촬영용부터 농업, 관측, 배송 등 유망 시장을 중심으로 전략적 육성이 필요하다.

스마트 팜

스마트팜은 ICT 기술을 온실, 축사, 과수원 등에 접목해 원격 및 자동으로 작물과 가축의 생육환경을 적절히 제어할 수 있는 공장을 의미한다. 스마트팜은 국내 농업 종사자의 감소와 농촌 인구의 고령화로 인한 농촌의 노동력 부족, 자유무역협정(FTA)으로 저가 수입 농산물 도입에 따른 경쟁력 확보, 첨단기술과 융복합 등 기술발달 등으로 인해 도입 필요성이 증가했다. 스마트팜 적용기술은 기반기술, 핵심기술, 응용기술로 분류할 수 있고, 구현형태 및 적용범위에 따라 정밀농업, 식물공장, 스마트축사, 스마트양식으로 분류된다.

[스마트팜 구조도]

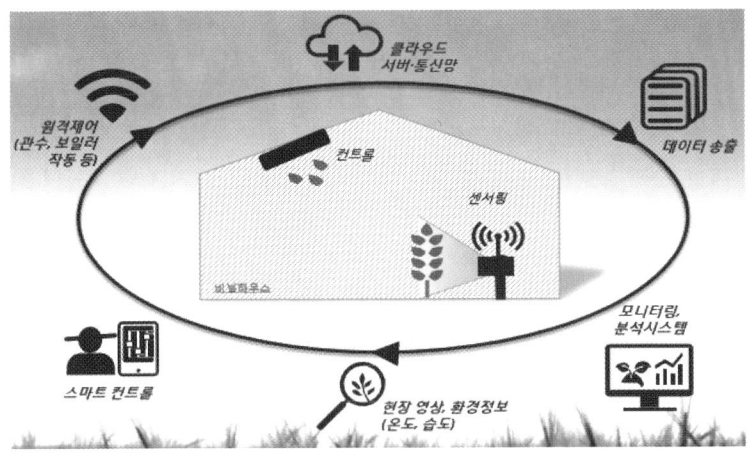

자료 : 삼성경제연구원

국내 스마트팜 산업은 정부 주도의 선순환 생태계가 조성되고 있으며 정부는 '20년까지 도입농가의 생산성을 27%에서 40%까지 향상시킬 계획이다. 최근 SKT, KT, 카카오와 같은 ICT 기업들이 스마트팜에 진출하고 있으며, 다양한 업종간 협업이 확대되고 있다. 스마트팜은 순수 농업 기술뿐만 아니라 수많은 기술과 산업이 서로 복합적으로 연결되어 있으므로, 성공적인 스마트팜 구축을 위해서는 농업 생산을 비롯해 유통, 소비에 이르는 전 단계에 걸친 기술융합이 이루어져야 한다. 대표적인 스마트팜 시설 원예작물인 토마토와 딸기는 품종의 다양화, 즉 제품 자체의 맛이나 용도가 다양해지면서 제품과 생산지 특성에 따른 차별화 전략을 꾀하고 있다.

스마트시티

스마트시티는 도시가 하나의 플랫폼이 되는 것을 말한다. 일반적으로 도시에 ICT, 빅데이터 등 신기술을 접목하여 각종 도시문제를 해결하고, 삶의 질을 개선할 수 있는 도시모델을 말한다. 스마트시티 기술 분야는 플랫폼 기술과 5대 중점분야(스마트빌딩, 스마트교통, 스마트에너지, 스마트워터, 스마트행정)별 기술로 구분할 수 있다. 플랫폼 기술의 분야별 기술을 통합하여 관리하고 제어하는 기술로 하드웨어, 운영체제 및 인터페이스 등을 의미하며 이를 정의하는 규약, 규칙 등 기술표준을 포함한다.

스마트시티의 핵심기술인 플랫폼 기술은 글로벌 ICT 기업들이 기술을 선도하고 있고, 국내기업의 기술수준은 초기단계에 머물고 있다. 스마트빌딩은 인텔리전트 빌딩으로 불리며 건물에 ICT기술이 융합된 첨단 건물을 말한다. 빌딩의 주요 설비에 IoT센서를 적용해 모든 상황을 모니터링하고 이를 기반으로 스스로 상태를 판단해 최적의 운영을 지원하는 것이다. 5대 스마트시티 기술 중 가장 많은 수의 IoT 기기들이 적용되며, 빌딩에너지관리 시스템(BEMS) 기술을 활용하여 빌딩의 제로 에너지화를 추진하고 있다. 한국은 '20년 소형 공공 건축물 제로 에너지 의무화, '25년 신축 건축물 제로 에너지 의무화 목표를 설정하여 진행 중에 있다.

스마트교통은 도시 스스로가 시스템을 통해 교통정보를 수집하고, 교통환경을 감지하여 이를 실시간으로 네트워크에 연결하여 모니터링하는 것을 의미한다. 스마트에너지는 전력모니터링을 통해 불필요한 전력소비를 최소화하고 친환경적인 도시를 조성하는 기술을 말한다. 스마트워터는 상하수도 및 도시용수 관리를 효율화하고 홍수, 가뭄 등 환경변화에 대비하는 수자원관리를 목적으로 하는 기술을 의미한다. ICT 기술을 적용하여 공급자와 수요자간 정보를 교환하는 지능형 수자원관리 플랫폼인 '스마트워터그리드'가 중심이다. 스마트행정은 방범, 방재, 교통 등 분야별 정보시스템 기반 SW인 스마트 시티 통합플랫폼으로 연계하여 지능화된 도시 기반을 조성하고, 이를 통해 개별 운영되고 있는 지자체의 스마트시티 서비스와 정보시스템, 중앙센터 등을 연계할 수 있도록 지원한다. 공공행정 서비스 간소화와 처리시간을 단축하는 기술을 의미한다.

스마트시티는 정부·대기업·중소벤처기업의 동반성장을 위한 협업이 필요하다. 국내의 경우 이동통신사, 건설사 및 공기업의 스마트시티 개발이 활발하다. 이에 대기업 플랫폼과 중소기업의 디바이스 기술을 결합한 형태의 스마트시티 사업모델을 개발하고, 정부와 민간이 기술과 혁신 부분을 아우르는 생태계 조성 노력을 확대해야 할 것이다. 스마트시티 국가 시범도시로 선정된 세종에는 한국토지주택공사(LH)가 7,000억 규모의 사업비를 기반으로, 부산에는 한국수자원공사(K-water)가 1조 원 규모의 사업비를 기반으로 스마트시티를 조성할 계획이다. 중소벤처기업의 성공적인 시장 진출을 위해서는 전략기술이 필요하다. 세계적으로 빠르게 확산중인 스마트시티는 향후 20~30년간 빠른 성장이 예상되는 분야다.

5G (5세대 이동통신)

5G란 초연결 지능화 시대로 진입하면서 실시간 처리가 가능하고 지연현상을 해소할 수 있는 대용량 통신기술이다. 특히 IoT, 자율주행, AI 등이 확산되고 폭발적인 모바일 트래픽을 수용하기 위하여 4G 성능을 뛰어넘는 새로운 통신기술의 필요에 따라 5G가 등장하였다. 5G 이동통신이 상용화되면 IoT 시장이 본격적으로 성장할 것으로 전망된다. 5G와 함께 세상은 탈바꿈 할 것이다. 5G가 본격화됨에 따라 다양한 분야에서 디지털

화 속도가 빨라지며 새로운 산업질서의 재편을 가져올 것으로 전망된다. 또한 주요 산업분야에서 5G 네트워크가 접목되면 모든 산업의 생산방식이 기존의 노동과 자본에 기반한 단순 제품생산에서 제품과 서비스 생산 중심으로 전환되는 디지털 전환이 예상된다.

[5G로 변화하는 다양한 산업분야]

분야	주 요 적 용
자동차	• 주위차량의 운행정보를 실시간으로 공유하여 안전하고 스마트한 자율주행차 운행지원 가능 • 차량 내 인포테인먼트 시장도 성장
제조업	• 실시간으로 정보를 공유하고 최적상태를 자동으로 유지하여 스마트팩토리 구현 • 공장간 제조공정 연계를 통한 유연한 생산체계 구축
헬스케어	• 초연결성을 기반으로 보다 많은 스마트기기를 연결할 수 있어 시공간을 뛰어넘는 의료서비스 가능 • 예방관리 중심의 스마트 헬스케어 확산
운송	• IoT 등을 통해 수집데이터를 기반으로 효율적인 운송시스템 개선
보안·안전	• 5G 네트워크 고도화를 기반으로 영상보안 서비스 진화 • 재난/재해 현장 구호 활동의 정확성 및 신속성 제고
미디어	• 모바일 기반 AR/VR 등 실감형 미디어 비중 확대 • AR/VR을 이용한 실감형 상품서비스 시장 확대 및 초고화질 방송시대 도래
금융	• 빅데이터와 블록체인으로 진화하는 금융서비스 • 사용자 데이터를 통한 마케팅 및 경제기회 창출
스마트시티	• 네트워크와 ICT로 도시기능 효율화 • 교통, 유틸리티, 시설관리 등 인프라 운영 효율성 제고

출처 : KT경제경영연구소

5G 전후방 산업은 급성장할 것으로 예상된다. 5G가 전 산업 분야와 융합하면서 전·후방 산업이 급성장할 전망이다. '22~'26년 기간 중 연평균 44% 성장이 예상된다. 5G는 네트워크 장비 및 단말기, 첨단 디바이스 보

안, 융합서비스 등 주요 연관 산업 분야에서 '22년 275조원, '26년에는 1,161조원으로 4.2배 성장할 전망이다. 특히 융합서비스 분야의 성장이 두드러져 실감콘텐츠는 전체의 22.5%를 차지하며 스마트공장(27.1%) 다음의 큰 시장을 형성할 전망이다. 이밖에 스마트시티, 디지털 헬스케어, 자율주행차 순으로 성장이 예상된다. 5G 서비스 개시로 국내 외 통신사들이 제공할 수 있는 영역이 증대됨에 따라 통신사들은 플랫폼 제공자, 디지털 서비스 제공자로 역할이 변화되고 있다. 5G의 핵심서비스는 자율주행차, 원격 수술 등 초고속 통신과 초저지연 기능을 활용한 서비스이나, 통신망 구현이 어렵고 서비스 개발이 복잡해 기술 편차가 크다.

자율주행차

자율주행차란 운전자 또는 승객의 조작 없이 자동차 스스로 운행이 가능한 자동차를 말한다. 자율주행차는 인지(Sense), 판단(Think), 제어(Act) 등의 3단계로 구분되며 하드웨어, 소프트웨어, 네트워크, 플랫폼 등 다양한 요소기술을 활용한다.

[자율주행차 요소기술]

구분	기존자동차	자율주행차	관련기술
인지	눈 귀	센서 통신	카메라, 레이더, 라이다 등 센서, GPS, 고정밀/3D 지도, 차량통신(V2X) 등
판단	기억(뇌) 판단(뇌)	지도 인공지능	인공지능(AI) 알고리즘, 빅데이터 분석, 경로계획 및 생성 알고리즘
제어	신경계 근육	엔진 브레이크 제어	조향, 감가속, 제동 등 기존 자동차 전자제어 기술

출처 : OECD, Roland Berger

자율주행차가 가져올 혁신의 범위는 넓고 크다. 자율주행차는 단순히 자동차를 설계하고 제조하는 방식, 사람들이 운전하는 방식의 변화만을 의미하는 것이 아니다. 자율주행차는 24시간 끊임없는 무인 운송을 가능하게 하고, 도시 공간의 활용 방식을 획기적으로 변화시킴으로써 진정한 의미의 경제 혁명을 가져올 수 있다. 교통사고로 인한 사상자와 물적 손실이 줄어들 것이다. 교통 혼잡도와 배기가스가 줄어들고 도심의 공간효율성이 증가될 것으로 보인다.

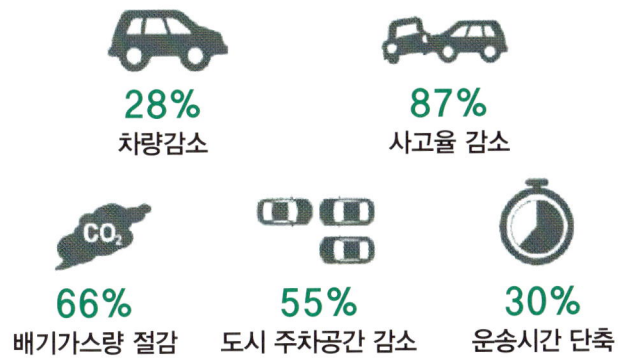

[자율주행차 경제혁명]

자율주행차 분야의 국내시장 규모는 '20년 1,500억원에서 연평균 41% 성장하여 '35년에는 약 26조 1,800억원 규모에 달할 전망이다. 최근 국산 차량의 글로벌 성장세가 둔화 된 측면이 있다. 그러나 자율주행차 시장규모는 직접적으로 산출할 수 있는 차량 판매량 이외에도 통신, 보안, 소프트웨어, 인공지능 등 새로운 융합시장이 창출되고 있어 시장 확대 가능성이 매우 높다. 자동차는 현재 상용화가 진행 중인 2단계 이상의 자율주행차가 시판 중이다. 3단계 이상 시스템은 구글, 우버 등에서 개발하고 있다. 고속도로 고속자율주행, 저속 자율주행, 자율주차, 자동차선 변경 등 기능이 있다. 실내용 자동차는 제조현장, 물류기지, 병원 등에서 사용되며, 아마존 물류 기지의 로봇물류시스템(KIVA)이 대표적이다.

국내에서 대부분의 자율주행 이동기기는 개발 단계에 있으며 실내용, 농업용, 복지용, 군용, 건설용 등 다양한 용도로 개발되고 있다. LG, 노틸러스효성, 퓨처로봇, 한울로보틱스는 자율주행 안내로봇을 개발하고 있다. 네이버랩스, 이마트는 사람 음성과 무게 인식이 가능하고 결제기능이 있는 카트를 개발하고 있다.

마로로보테크는 정밀주행 무인 물류운반 시스템을 개발하고 있다. 동양물산과 언맨드솔루션은 자율주행 트랙터를 합작으로 개발중이다. 로보쓰리, 한호기술 등은 개인 이동용 자율주행 이동체인 휠체어를 개발하고 있다. 자율주행차 개발 경쟁은 자동차 업계 내부의 경쟁만이 아닌 IT업체 간 또는 자동차와 IT업체 간의 경쟁으로 확산되었다. IT업체와 자동차 업체가 자율주행 개발을 위해 서로 협력하는 구조로 보이지만 자동차 업체는 주도권을 갖기 위해, IT업체는 미래 먹거리를 확보하기 위해 치열한 물밑 경쟁을 벌이고 있다.

자율주행차가 대중화되기 위해서는 기술적으로 완전 자율주행차를 구현해야 할 뿐만 아니라, 자동차 관련 법규 재검토 및 해킹이나 소프트웨어 오작동 등 발생 할 수 있는 위험에 대한 검토가 필요하다. 하지만 당면한 핵심과제는 신뢰할 수 있는 자율주행기술을 구현하는데 있다.

[자율주행차 핵심기술]

부품		기능	글로벌리더	국내주요기업	기술수준
레이더		전파기반센서 (차, 2륜차감지)	보쉬 (독일)	만도, 모비스	80%
라이다		레이저기반센서 (차, 보행자감지)	벨로다인 (미국)	모비스, 무리기술, 카네비컴	30%
감지센서		측위센서, 감지센서, 위치센서 등	발레오 (미국)	모비스, 유진로봇, 센시, 켐트로닉스	80%
영상센서		카메라기반센서 (차선, 표지판 감지)	모빌아이 (이탈리아)	LG전자, 베라시스, 세코닉스, PLK	60%
V2X 통신모듈		이동통신과 자동차 전용통신	퀄컴 (미국)	모비스, LG전자, 삼성전자, 하이게인	90%
차량용 모듈		복합측위, 디지털맵, HMI, DCU	NXP (네덜란드)	모비스, 네패스, 맵퍼스, 백터모리아	40%
인공지능		빅데이터와 학습에 기반한 인지 판단	구글 (미국)	만도, 삼성전자, MDS테크	30%

출처 : 창업진흥원

자율주행 관련 중소벤처기업에 적합한 전략기술이 몇 가지 있다.

첫째, 드라이빙 시뮬레이터 소프트웨어다. 딥러닝 기반 자율주행 알고리즘이나 시스템 개발 시 필요성이 급격히 증가하는 다양한 교통상황(특히 사고상황)에 대한 DB를 안전하게 생성하고 인지, 판단, 제어를 통합적으로 연구 개발할 수 있는 연구기반 장비와 소프트웨어다. 사고 상황 재현 및 구현은 기존 자동차 기반 시뮬레이션으로는 한계가 존재하기 때문에 시뮬레이터가 필요하다. 비교적 공간 제약이 적으므로 중소벤처기업에서 개발이 용이하다.

둘째, AR기반 실제 도로환경 사고재현 장치다. AR과 VILS(Vehicle In the Loop System)의 접목으로 실제 도로환경에서 안전하게 사고 상황을 재현 또는 구현하는 장치다. 사고 환경을 AR 및 VILS와 연동하여 안전하게 실제 도로에서 재현 및 구현하여 연구개발 시간을 비약적으로 단축할 수 있으며, 세계적으로 개발이 미흡한 분야이므로 중소벤처기업이 선진국 기술수준에 조기에 다다를 수 있다.

셋째, 국산 저가형 2D 라이다소스다. 빛(펄스레이져)을 사용하여 주변을 스캔하여 반사된 점 데이터를 취득하여 상황 대처 시스템 구축을 위한 소스다. 디텍터에 비해 기술개발이 부족한 소스 개발을 통해서 자율주행차의 생산비용을 줄이고 중소벤처기업이 시장경쟁력을 확보할 수 있는 분야다.

넷째, 자율주행 차량용 리던던시 전원 및 통신 시스템이다. 4단계 이상의 자율주행을 위해 백업시스템이 갖춰진 전원 및 통신 시스템이다. 4단계 이상의 자율주행을 위해서는 전원·통신에 대한 리던던시(백업)가 확보된 시스템이 필요하다. 완전 자율주행차 생산을 위해 반드시 필요한 부분이기 때문에 시장 발전 가능성이 높으며 중소벤처기업의 진출이 용이하다.

다섯째, 무인물류차량이다. 대형공장 및 산업현장에서 무거운 물건을 이동시켜 주는 무인이동체를 포함한 물류 운송가능 무인차량이다. 무인물류차량 분야는 시장이 활발히 개척되고 있는 분야이므로 중소벤처기업이 초기에 참여해 경쟁력을 확보할 수 있다.

여섯째, 자율주행차량 사고방지용 차량제어 능동안전 시스템이다. 자율주행의 차량 위험을 감지하여 차량의 안전을 확보하기 위해 센서정보를 이용하여 경고나 제어를 통해 사고를 회피하거나 운전자의 주행 편의성 향상을 위한 지원 시스템이다. 이종센서 융합기반 검출 우선순위 결정 및 자율주행 경로선정 기술은 중소기업에서 산학연 기술이전 및 공동개발로 수행이 가능할 것으로 판단된다.

바이오헬스

바이오헬스 산업은 생명공학, 의·약학 지식에 기초하여 인체에 사용되는 제품을 생산하거나 서비스를 제공하는 산업을 의미한다. 의약품, 의료기기 제조업과 디지털 헬스케어 서비스 등 의료 건강관리 서비스업을 포함하는 개념으로 생명공학 기반의 바이오산업과 제약산업, 의료기기산업을 포괄한다. 최근에는 의료영상장비, 체외진단, 환자 모니터링, 의료 IT 등 다양한 분야까지 포함하고 있다. '17년 기준 업종별 비율을 보면 바이오 제약(70.1%), 의료기기(19.9%), 체외진단(3.8%), 의료IT(3.3%), 의료영상장비(1.7%), 환자모니터링(1.2%) 순이다.

[바이오헬스 산업 분야의 산업기술분류]

중 분 류	소 분 류
의약바이오	• 단백질의약품, 치료용항체, 백신, 효소의약품, 바이오인공장기, 세포 및 조직 치료제, 유전자의약품, 저분자의약품, 천연물의약품, 약물전달시스템, 시약/진단제, 바이오생체재료, 의약바이오기반기술 및 시스템, 기타 바이오의약품/소재
산업바이오	• 바이오화학소재, 바이오플라스틱, 미생물 및 효소촉매, 기능성 바이오소재, 바이오화장품/소재, 기능성 식품소재, 바이오환경, 바이오매스, 바이오농축수산제제, 기타 산업바이오
바이오공정/기기	• 바이오공정기술, 바이오전자/정보, 바이오엔지니어링기술, 바이오공정장비기술, 바이오분석기기, 기타 바이오공정/기기

출처 : 중소기업전략기술로드맵(2018)

바이오 기술 산업간 융합은 의약품, 의료기기, 의료서비스 등 산업간 경계를 허물고 있다. 하나의 시장으로 통합되면서 새로운 창업 기회도 창출되고 있다. 구글, 애플, BAT(바이두, 알리바바, 텐센트), 삼성 등 거대 ICT 기업들이 건강 분야에 진출해 '디지털 헬스케어' 등으로 새로운 영역을 개척하고 있고, 기존 병원·제약·의료기기 기업들도 항노화 건강 관리 산업 등으로 영역을 확대하고 있다.

바이오·헬스케어 관련 중소기업 전략기술은 다음 7개 분야가 있다. 현장검사형(POCT) 면역진단 키트는 현장에서의 신속한 조기진단으로 질병 치료에 도움을 주기 위한 진단키트 중 자극에 대한 방어 기전이 포함된 면역에 기반을 둔 진단키트다. 현장에서 사용자가 빠르고 정확하게 면역과 관련된 진단을 내릴 수 있다. 스마트헬스 웨어러블 기기는 심전도, 심박수, 체온 등의 생체신호를 측정하고 정보를 전송할 수 있는 기기이다. 국내외 반도체 전문기업에서 심전도 등을 측정하는 칩솔루션 및 개발 플랫폼을 공감하고 있어 중소벤처기업이 손쉽게 스마트 워치 같은 웨어러블 기기를 개발하여 시장에 판매할 수 있는 환경을 구축하고 있다. 가정용 의료기기 및 플랫폼은 가정을 비롯한 개인공간에서 개인이 능동적으로 건강상태를 체크하거나 일차적인 치료를 할 수 있는 소형 의료기기와 이에 대한 정보를 처리하는 애플리케이션 등의 플랫폼이다. 고령화 및 1인 가구 확대로 개인 건강 중요성과 이에 따른 수요가 증가하고 있으며 개인 공간에서 일차적인 건강 체크 및 치료를 가능하게 해주는 소형의료기기의 개발이 필요하다. 유전체분석(NGS) 플랫폼 비즈니스는 개인의 유전체 정보 전체 또는 부분을 신속하게 분석 해독하며, 건강 질병관리 등을 위한 플랫폼으로 하는 유전정보 활용 비즈니스 서비스다. NGS 분석비용이 개인당 100만원대로 낮아지고 향후 3~4년 이후에는 10만원대가 될 것으로 예상됨에 따라 유전자 정보를 통한 개인의 건강관리가 가능할 것으로 예상된다.

개인맞춤형 건강관리 기기 및 플랫폼은 개인의 의료 및 건강 정보를 모바일 등 ICT 기술에 활용하여 스스로 건강관리가 가능하도록 지원하는 서비스다. 다양한 ICT기술을 활용하여 시간과 장소의 한계를 극복하고 개인의 의료 및 건강정보, 생활습관 등을 기반으로 개인 맞춤형 건강관리 서비스를 제공하여 의료비 절감, 질병 예방 관리 진단 치료 효과를 올릴 수 있다. 인공지능기반 헬스케어 데이터분석은 헬스케어 데이터를 수집하는 기기에 인공지능을 도입해 데이터를 분석 처리하는 시스템이다. 폭발적으로 증가하는 의료데이터의 분석 및 활용 방안에 대한 요구 역시 증가하여 최첨단 인공지능 기술로 데이터 처리속도를 향상시킬 수 있다. 스마트 안티 폴루션(Pollution) 추천시스템은 대기측정 디바이스 또는 ICT 프로그램을 통해 환경상태를 확인하고 사전 업로드된 사용자의 건강상태를 분석하여 최적의 화장품, 식품 등을 추천하는 시스템이다.

제2장
미래사회 유망 산업 및 기술

1. 뷰카의 시대, 혁신기술

감염병 대유행으로 미래를 예측할 수 없게 되었다. 오늘과 다른 내일이 다가올 것을 알지만 그 상황을 제대로 파악할 수가 없다. 우리는 경각심 속에 살면서 즉각적이고 유동적인 대응태세를 갖추고 있어야 한다. 이 같은 사회 환경을 가리켜 '뷰카(VUCA)'라 한다. 상황이 변동적이고(Volatile), 불확실하며(Uncertain), 복잡하고(Complex), 모호(Ambiguous)하다. 뷰카 시대에는 생존자체를 장담할 수 없다. 기업은 기존지식과 경험에서 탈피해 새로운 돌파구를 찾아야 한다. 산업지형이 하루가 다르게 바뀌어 가고 있다. 항공, 해운, 여행 등 산업은 벼랑 끝에 몰렸다. 반면 온라인 교육, 증강현실(AR)과 가상현실(VR), 플랫폼 산업은 활기를 띠고 있다. 혁신 기술을 보유한 기업은 온라인 시장 활성화로 블루오션에 진입하고 있다. 알리바바는 사스 이후 성장했고, 쿠팡은 메르스 때 성장했다. 지금 마켓컬리 등 이커머스 사업과 온라인 교육 등이 성장세를 보이고 있다. 이들 기업은 새로운 카테고리에서 성장의 기회를 찾았다. 비대면 디지털 시대의 기업성패를 가를 비즈니스 전략은 무엇인가. 맥킨지 연구소에 따르면 디지털 기술이 좀 더 깊숙이 침투할 경우 상대적으로 더 많은 디지털화를 이룬 기업들은 많은 이익을 얻는 반면, 그렇지 못한 기업의 매출과 이익은 하락한다. 앞으로 승자 기업과 패자 기업을 구분하는 가장 큰 요인은 대담하고 견고하게 통합된 디지털 전략이 될 것이다. 기업의 디지털 전환은 힘든 결정을 요구한다. 그리고 어떤 결정을 먼저 해야 할지, 어떻게 이를 실행해야 할지가 디지털 전환에서 성공의 주요 변수로 작용한다.[8] 4차 산업혁명시대에 혁신기술로 기업성장의 발판이 될 수 있을 것으로 예상되는 혁신기술에는 무엇이 있을까.[9] 이 같은 혁신기술은 현재 기준으로 수직적 혁신을 한 분야이다. 그러나 이 같은 기술도 미래에는 1에서 n으로 진화하는 수평적 기술 수준으로 하락 할 수 있다. 그때에는 다시 경쟁시장으로 진입하게 된다. 그런 측면에서 지속 성장을 위한 혁신은 계속되어야 한다.

첫째, 로봇이다. 더 안전하고 효율적인 노동자 '로봇 손'은 미래 산업을 움직일 수 있는 손이다. 옥스퍼드 대학교의 칼 베네딕트 프레이 교수는 2034년이 되면 현재 존재하는 일자리의 47%가 자동화될 것이라고 예측한 바 있다. 로봇으로 대체될 가능성이 가장 높은 직업도 20가지가 넘는다. 로봇이 고용되면 인간은 모두 실업자가 되는가. 전문가들은 2025년까지 미국의 로봇 수는 4배 증가하고, 300만 명이 일자리를 잃는다고 말

---

[8] 신기철(2020.5.21). 「불확실성의 시대, 적자생존의 시대」. 무역경제신문
[9] 신기철(2019). 「지속성장의 엔진, 혁신과 독점」. pp.236-239. 「제4차 산업혁명이 변화시킬 업의 미래」. For readers 2017년 07월호. pp26-37.

한다. 빌 게이츠는 로봇에 세금을 부과할 것을 제안했다. 그렇게 징수된 세금은 로봇으로 대체된 노동자를 재훈련시키고 재정적으로 지원하며, 노동자들은 보건, 교육 등 다른 분야로 전직할 수 있다.

둘째, 무인자동차이다. 2030년 미국 내 95%의 승객이 무인 자율주행 자동차를 타게 된다. 그 차들이 하루 종일 주차하지 않고 수많은 사람을 태우고 내려주면서 더 많은 거리를 주행하기 때문에 결국에는 기존 자동차 회사의 붕괴가 일어난다. 대부분의 도시들은 무인자동차가 거리로 나오면 현재 거두는 세금 수입의 50% 이상 잃는다. 그리고 재산 가치, 토지 이용, 구역 설정, 교통, 운송, 세금, 공공 안전에 관한 개념이 예전에는 전혀 상상하지 못했던 방식으로 변한다. 무인자동차 시대로 빠르게 접어들면 모든 형태의 운송 수단들이 사라진다. 자동차 산업의 지형이 바뀌고 자동차 수리와 자동차 부품 상점 등은 급속히 줄어들거나 사라진다. 교통과 관련된 경찰, 변호사, 운전교육 분야가 사라진다.

셋째, 미래의 일상을 함께하는 AI(인공지능)이다. 인공지능은 현실이 되고 있다. 그러나 조금 더 먼 미래에는 '머신러닝'으로 대체될 것이다. '인공'이라는 단어는 '사람이 만든 것'이라는 뜻이다. 하지만 머신 러닝은 사람이 시켜서가 아닌 '기계 스스로' 학습을 한다. 따라서 머신 러닝의 정의는 '이전의 결과를 토대로 자신의 성능을 향상시키는 기계의 능력'이라고 할 수 있다. 이것이 바로 기계가 지금 하고 있는 일이다. 미래에 머신러닝으로 대체될 가능성이 가장 높은 직종과 가장 낮은 직종을 구별하는 기준의 중간점은 창의성 여부에 달려있다.

넷째, 디지털 통화, 코인 경제가 만들어 내는 네트워크 효과이다. 세계경제포럼은 2017년까지 전 세계 은행의 80%가 블록체인 기술을 도입할 것으로 전망했다. 비트코인은 2009년 출시된 이후 사용자들을 기반으로 성장추세에 있다. 처음 나왔을 때만 해도 범법자들과 법의 테두리에 있는 사람들이 주로 선호했지만 이제는 합법적인 투자자들도 비트코인을 선호한다. 디지털 암호화폐가 지금의 금융 시스템을 붕괴시킬 것이다. 주식 거래를 하던 사람들은 주식 대신 코인을 사고팔며 코인 발행을 통한 투자금 모집방식인 ICO(Initial Coin Offering)가 활성화 될 것으로 예측했다.

다섯째, 증강현실이다. 증강현실은 더 작아지고 더 빨라진다. 증강현실은 현실의 물리적인 세계에 디지털 정보 또는 3차원의 가상 이미지를 오버레이(overlay)한다. 증강현실은 아직 초기 개발 단계다. 그러나 그 잠재적인 응용 가능성은 매우 주목되고 있다. 증강현실 기술에는 입체영상 프로세싱, 디스플레이 기술, 하드웨어 기기 기술을 비롯해 심지어 사회적 인식에 이르는 수많은 기술적 잠재력이 포함되어 있다. 현재 드러난 증강현실과 그 도구가 갖는 가치에 대해서만 가설을 세워서는 안 된다. 하드웨어 혁신과 관련된 대부분의 기회는 앞으로 등장할 새로운 가치에 있다. 증강현실 기술이 미래의 혁신과 어떻게 연계되고 융합되는지에 따라 수십억 달러의 잠재력이 우리 앞에 펼쳐질 수 있다.

여섯째, 노화 시계를 거꾸로 돌리는 생명공학 기술이다. 세계적인 기업들은 노화 연구에 힘을 싣고 있다. 수명 연장 산업의 대표 주자는 단연 줄기세포 연구, 유전자 편집 가위인 크리스퍼(CRISPR)와 관련된 산업이다. 줄기세포는 심장, 뉴런, 간, 폐, 피부 등 특수한 세포로 변형될 수 있으며 더 많은 줄기세포를 만들기 위해 분열할 수 있는 세포다. 또한 손상이나 염증 부위로 소환되어 상처를 치료하고 정상적인 기능을 회복시키기도 한다. 이 독특한 세포를 이해하고 활용하면 수명 연장 분야 뿐 아니라 여러 종류의 만성질환과 재생 치료에서 혁신적인 성과를 이뤄낼 수 있다. 제약 산업 또한 인공지능 기술의 도입으로 혁명적 발전을 맞게 된다. 평균적으로 신약 하나가 시장에 출시되기까지는 1,000여 명의 인력, 15년의 시간 그리고 평균 16억 달러가 소요되는 것으로 알려져 있다. 그러나 신약 발견 및 개발에 인공지능 시스템을 도입하면 신약 개발에 소요되는 시간과 비용을 획기적으로 줄일 수 있다.

일곱째, 안보 테러 방지를 위한 기술이다. 미래에는 각종 테러가 급증할 것이다. 개인이 무기나 신기술에 쉽게 접근할 수 있고 정보와 전문 지식도 인터넷을 통해 얻을 수 있기 때문이다. 그래서 각국 정부는 이런 위협에 대처하기 위해 테러 예방에 더 많은 주의를 기울이고 있다. 앞으로는 테러분자 식별이나 테러 위협 전문가들이 더 많이 고용되고 이 분야의 일자리가 급증한다. 미래에 부상할 신기술이 테러에 이용될 가능성을 예측하는 것은 중요하다. 미래의 위험에 대한 보안 패러다임을 변경하는 정책이 필요하며, 개인이 단독 테러의 위험으로부터 신변을 보호할 위험예방 프로그램을 미리 개발하는 것도 요구된다.

2. 미래사회 10대 기술

세계경제포럼은 2012년부터 매년 수년 내에 우리 사회와 실생활에 큰 영향을 미칠 것으로 예측되는 기술을 10가지 선정해 발표해 왔다. 2019년은 중국 다롄에서 개최된 하계 다보스포럼에 맞추어 '10대 떠오르는 기술'을 발표했다.[10] 이 기술에는 에너지, 헬스케어, 식량, 신소재 등 다양한 기술들이 뽑혔다. 이 기술들이 미래에 어떻게 전개되어 나갈지, 그리고 기업은 어떻게 선점할 것인지 고민이 필요하다.

첫째는 순환경제를 위한 바이오플라스틱이 선정되었다. 상당한 기술을

---

10) 경향신문(2019.7.25), 「이상엽의 공학이야기, 올해 '떠오르는 기술' 10가지」 요약

축적한 미생물 기술을 활용하여 직접 생산하는 생분해성 고분자가 포함되었다. 또한, 지구상에 가장 풍부한 리그노셀룰로직스 분해물을 원료로 미생물 발효에 의해 단량체들을 생산하여 플라스틱을 합성하는 바이오 기반 플라스틱 기술들도 포함되었다. 전 세계적으로 플라스틱 문제가 급부상하였고, 그에 따라 예전부터 개발되던 기술이 본격적으로 더 발전하면서 선정되었다. 상대적으로 높은 생산 가격은 아직 해결해야 할 문제이다.

둘째는 사회적 로봇이 선정되었다. 인공지능으로 나날이 똑똑해지는 로봇은 카메라와 다양한 센서들을 이용하여 사람들의 사회적 지능과 감성지능을 빠르게 배우고 있다. 상대방을 보고 말하는 것을 듣고, 그 사람이 어떻게 생각하고 어떤 느낌을 가지고 있는지를 유추하는 알고리즘을 장착하기 시작했다. 소프트뱅크 로보틱스사가 만든 로봇 페퍼는 초보적이기는 하지만 얼굴과 기본적인 인간의 감정을 인지하며 현재 전 세계적으로 1만 5000대가 공항고객 서비스, 쇼핑 도우미, 호텔 체크인 등을 도와주고 있다. 블루 프로그 로보틱스사의 버디는 보다 더 많은 감정표현을 하며 비서업무와 집의 자동화와 보안업무까지 해내는 로봇으로 발전하였다. 소비자용 로봇은 2025년에는 20조원 규모의 시장을 형성할 것으로 예측되며, 고령화 사회를 맞아 사회적 로봇은 더 빠르게 발전해 나갈 것이다.

셋째는 나노구조와 나노구멍 등으로 덮은 마이크론 수준의 얇은 표면을 만들어 유리로 만든 렌즈를 대체할 수 있는 메탈렌즈가 선정되었다. 아직은 대량생산과 유리만큼 좋은 성능으로 빛을 투과하게 하는 문제들이 해결되어야 하지만, 이러한 문제가 극복되면 휴대폰의 카메라뿐 아니라 전문가용 카메라, 실험실 광학현미경 등을 아주 작게, 그리고 값싸게 만들게 되는 날이 올 것으로 예상된다.

넷째는 무질서한 단백질들을 신약 타깃으로 하는 기술이 뽑혔다. 암에 연관된 무질서한 단백질들은 구조가 계속 변화되어 신약 타깃으로 삼기가 힘들었다. 하지만 최근 눈부신 생물물리학의 발전과 계산능력의 향상으로 이러한 무질서한 단백질들도 신약 타깃으로 재조명되고 있다. 앞으로 암과 치매 등의 효과적인 치료제 개발에 활용될 것으로 예상된다.

다섯째는 환경오염을 줄이는 똑똑한 비료가 선정되었다. 농작물 재배시 수율을 올리기 위하여 질소와 인비료를 많이 뿌린다. 하지만 대부분은 식물의 영양성분으로 흡수되지 못하고 대기나 하천으로 손실된다. 이를 해결하기 위하여 비료성분들을 작은 캡슐에 담아 토양의 온도, 산도, 습도 등에 따라 천천히 내 놓도록 하는 조절형 비료기술이 개발되었다. 앞으로 인공지능과 센서 기술들이 결합되면서 원하는 때와 장소에 이렇게 맞춤형으로 비료가 제공되는 시대가 올 것이다.

여섯째는 가상 모임 협업기술이 선정되었다. 멀리 떨어진 여러 사람들이 한곳에 모이지 않고도 함께 일하는 것과 같은 시스템을 구축하는 기술이 가상현실과 증강현실을 결합하고 5G 기술을 등에 업고 빠르게 발전하고 있다. 이제 스카이프 미팅과 같이 멀리 떨어져 정보만 교환하던 것에서 한 단계 더 나아가 실질적으로 협업을 할 수 있는 날도 기대해 본다.

일곱째는 첨단 식품 추적과 포장기술이 선정되었다. 세계보건기구에 따르면 매년 6억명이 식중독에 걸리고 그중 42만명이 사망한다. 앞으로는 작은 센서를 식품 포장이나 접촉면에 넣어 음식이 상했는지, 개봉한 지 얼마나 지났는지, 주변 온도의 변화에 따라 상하는 정도를 예측하여 섭취가 가능한지 여부까지도 알려줄 수 있을 것으로 보인다. 블록체인 기술과 연계하여 생산부터 소비까지의 전 과정을 투명하게 관리하는 것도 가능할 것이다.

여덟째는 안전한 핵반응기 기술이 선정되었다. 현실적으로 기후변화에 대응하면서 충분한 에너지를 얻는 것에 원자력만큼 좋은 것이 없다. 대부분은 안전하지만 만약 사고가 나면 큰 영향을 주는 것은 걱정거리다. 현재 핵반응기는 핵연료로써 우라늄 다이옥사이드가 들어 있는 지르코늄 합금막대를 사용하는데 냉각수 시스템에 문제가 생겨 지르코늄이 과열되면 물과 반응하여 수소를 만들고 이것이 폭발할 수도 있다. 실제 2011년의 후쿠시마 원전 사고가 그러했다. 따라서, 전기 공급이 끊겨도 냉각에는 차질이 없도록 하는 기술과, 아예 물 대신 액체 소디움이나 용융염 등으로 물을 대체하여 수소 생산이 원천적으로 불가능하게 하는 기술 등이 개발되고 있다.

아홉째는 DNA 데이터 저장기술이 선정되었다. 인류의 데이터 생산 속도는 빠르게 증가하고 있다. 2020년에 1인당 1초에 1.7MB의 데이터를 생산하게 될 것이다. 78억명의 인구로 추산하면 1년에 418ZB(제타바이트)의 데이터로 파악된다. 문제는 0과 1을 이용하는 디지털 데이터의 광학 저장장치 수명은 보통 10년에서 100년 정도이므로, 이 데이터들을 주기적으로 복제해 다시 보관해야 한다는 것이다. 이에 보관 기간이 길고 보관과 복제 등에 드는 에너지가 적은 DNA 데이터 저장기술이 부상하게 되었다. DNA의 높은 안정성으로 인해 보관 상태가 좋을 경우 수십만 년 이상 무리 없이 보관이 가능하다. 저장 밀도가 매우 높고 저장 시 에너지가 크게 필요하지 않아 DNA 데이터 저장기술은 가치가 있다.

열 번째는 재생에너지의 대용량 저장기술이 선정되었다. 태양광, 풍력 등 신재생에너지가 점점 늘어남에 따라 에너지 저장기술도 빠르게 발전해

왔는데, 여분의 에너지를 물의 위치에너지로 바꾸었다가 사용하는 것이 현재까지 가장 널리 쓰였다. 그러나 리튬이온 배터리를 이용한 저장도 급속히 늘고 있고, 흐름전지 기술을 이용한 에너지 저장도 활발히 연구 중이다.

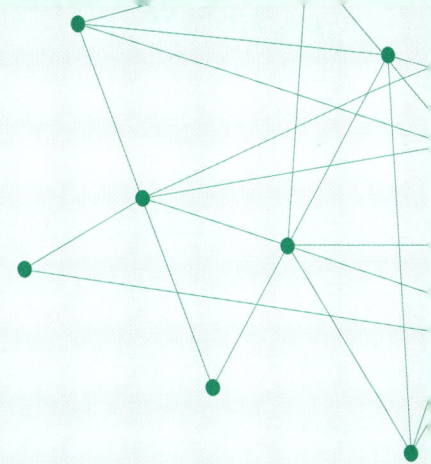

제2부
스타트업, 나만의 차별화

제1장. 창업가는 세상을 바꾸는 사람이다
제2장. 스타트업, 나만의 차별화 과정
제3장. 스타트업, 기회포착

제1장
창업가는 세상을 바꾸는 사람이다.

1. 성공하는 기업인은 무엇이 다른가

 기업에서 일 잘하는 사람으로 알려진 사원에게는 무엇인가 있다. 그들은 짧은 시간에 개념을 잡고 이를 바탕으로 전략과 과제를 도출한다. 그리고는 실행과제와 실천내용을 정리한다. 이들은 논리적이고 입체적인 사고를 한다. 이러한 사원이 많은 회사는 당면한 문제를 근본적으로 해결한다. 그래서 고객관계를 유지하고 장기적으로는 수익원천을 창출하고 유지한다. 이들의 특징을 요약하면 다음과 같다.

 일 잘하는 사람은 생각이 남다르다. 업무의 시작은 객관적 분석과 설득력 있는 보고에서 시작하는데 이의 기본은 논리적인 판단을 기본으로 한다. 다양한 비즈니스 환경에서 문제해결력은 요즘 비즈니스를 하는 사람에게는 필수적인 역량이다. 일어날 수 있는 다양한 케이스를 얼마나 객관적으로 분석하고 문제를 해결하느냐에 따라 기업의 성공 여부가 결정된다. 다양한 형태의 문제를 전략적으로 분석하고 이를 토대로 문제를 해결할 수 있는 기획서를 작성할 수 있어야 한다. 그리고 일을 잘하기 위해서는 논리에 대한 이해가 필요하다. 즉 논리적 주장과 이를 뒷받침하는 근거를 제시 할 수 있어야 한다. 논리적 사고란 주장이나 판단, 혹은 행동을 위해서 이를 뒷받침하는 어떤 법칙과 근거가 요구되는 사고로서 정의, 분류, 조직화로 이루어진다. 맥킨지식 사고방식인 입체적이고 분석적인 사고(MECE: Mutually Exclusive Collectively Exhaustive)를 강조한다. MECE는 어떤 사항을 중복되지도 않고 누락되지도 않게 전체를 파악하여 각각의 합이 전체가 되도록 하는 분석적 사고이며 제한적인 자원을 효과적이고 효율적으로 사용할 수 있게 해준다.

이렇게 일 잘하는 사람이 창업하면 성공할까. 결론부터 말하면 절대 그렇지 않다. 스타트업 세계에서는 일반기업의 규칙이 통하지 않는다. 대기업 등 일반기업의 경우 기존 사용자의 기존 문제를 개선하는 일에 집중하는 경향이 있다. 많은 자원을 들여 기존 제품의 점진적인 개선을 추구한다. 그래서 기획서를 잘 써야하고 많은 이에게 인정받아야 한다. 다른 기업과 경쟁에서 이겨야 하기 때문에 치밀한 분석을 해야 한다. 그래서 일반기업의 일 잘하는 사람의 특성을 필요로 한다. 그러나 스타트업은 기존 시장의 기존 제품과는 다른 제품과 서비스를 찾아서 대기업과의 경쟁을 피해야 한다. 새로운 문제를 발견하고 새로운 솔루션으로 고객에게 새로운 가치를 제공할 수 있어야 성공한다. 이미 있는 것을 개선하는 직원과 아직 모르는 것을 생각하는 창업가는 그 출발부터 다르다. 기존 제품의 가치를 파과하고 새로운 가치를 제공하기 위한 새로운 비즈니스 모델을 개발하여 새로운 시장을 개척하는 것이 스타트업 창업가의 임무이다. 일 잘하는 사람의 능력을 필요로 할 수는 있어도 창업가의 특징과는 다를 수밖에 없다.

그렇다면 성공한 기업가는 어떤 성향이 있나. 성공한 벤처기업가의 대부분은 비범함과 남다른 재능을 가지고 있다. 정장보다 청바지를 즐겨 입는다. 빌 게이츠, 스티브 잡스, 마윈 등이 창업했을 당시 그랬다. 그런데 요즈음 이런 것을 따라하면 청바지 입은 꼰대라고 한다. 마인드는 변한 것이 없는데 바지만 바꿔 입은 것을 비꼬는 말이다.

혁신적인 기업가들은 무엇이 달랐는가. 성공한 기업가는 사업에 대한 열정이 있었다. 이런 열정의 근간이 많은 돈을 벌겠다거나 큰 명예를 얻겠다는 등 사리사욕과 같은 개인적 목적에 있는 것이 아니었다. 회사 설립과 운영을 통해서 환경 보호에 기여하겠다든가, 국가와 지자체 발전에 기여한다든지, 기술을 통한 삶의 편리성을 높이겠다는 등의 공적인 목적 아래 유발되는 경우가 훨씬 많았다. 공익적 목적의 선한 열정만으로 창업에 성공할 수는 없을 것이다. 하지만 선한 열정은 이후 사업을 수행하는 과정에서 사적인 열정으로 무장한 CEO와는 다른 행보를 보이게 만든다. 단순히 돈이 목적인 사업가라면 거래처를 속이거나 소비자를 속이려는 유혹에 쉽게 넘어갈 수 있다. 또 협력회사와 지속적인 상생모델 구축보다는 어떻게든 자신의 이익 규모를 늘리는 데만 관심을 둘 것이다. 이 같은 이익에만 급급한 행동은 결과적으로 회사에 불이익으로 돌아올 것이다. 창업을 꿈꾸는 사람이라면 자신이 창업하고 싶은 이유 중 공공선을 위한 목적이 얼마나 담겨 있는지 생각해 보아야 한다.[11]

성공한 창업가는 또한 자신만의 의지가 있었으며 신뢰를 중요하게 여겼다. '그 길은 틀렸다'고 말하는 사람들의 비난을 이겨내고 자신만의 길을

---

11) 전자신문(2018.6.3.) 「성공사업가의 목적은 사익이 아닌 다른 데 있다」. 요약

찾아 걸어가는 의지가 있었다. 마윈은 알리바바 창업당시 친구들로부터 '너는 가진 것도 없고, 컴퓨터도 모르고 꽌시도 없는데 어떻게 사업을 하겠다는 거냐?'고 핀잔을 들었었다. 현대그룹 창업주 정주영은 신뢰를 중요하게 여기는 사람이었다. 상대방과의 약속을 손해를 보면서도 끝까지 지켰다. 이외에도 성공한 창업가는 사람들과의 공감을 시도하고, 자신이 원하는 방향대로 세상을 바꾸겠다는 의식이 뚜렷했다. 마지막으로 성공한 창업가는 성실한 실패를 자산으로 축적했다. 아마존과 구글은 실패를 장려했다. 혹시 성공한 창업가 중에 과거에 한 번도 실패하지 않았다고 말하는 사람이 있거든 그냥 지나쳐 버려라. 왜냐하면 이는 거짓말이기 때문이다. 스타트업은 어느 수준이든 성공이라는 걸 얻기 위해선 어느 단계에선 실패를 맛보게 되는 게 필수다. 그 실패가 크든 작든 간에 상관없다. 성공한 창업가와 실패한 이들 사이의 분명한 차이는 실패를 어떻게 보고 대처하느냐로 구분된다. 어떤 창업가는 "내 생애의 가장 큰 실패는 나에게 가장 큰 학습곡선의 경험을 안겨줬다."고 말하는가 하면, 또 어떤 창업가는 "완전히 바닥에 떨어졌을 때 난 또다시 창업을 한다는 건 너무 위험한 일이라고 봤다."고 말한다. 실패 자체가 창업가를 위축시키지 못한다. 실패에 따른 재정적 피해, 사회적 편견, 심리적 위축감 등이 창업가의 재도전을 막는 것이다.

2. 창업가의 DNA

기업가정신(entrepreneurship)의 목적은 단지 돈을 좇는데 있지 않다. 보다 나은 세상을 만들기 위해 제품과 서비스를 창조하는 게 기업가정신이다. 이런 열정을 따라가다 보면 성공하는 것이다. 새로운 것을 시도하고, 불확실한 미래에 맞설 용의가 있다면 그는 기업가이다. 스티브 잡스는 "특이한 일을 하라."고 말한다. "당신이 혁신적인 일을 하고 싶다면 다른 사람들과 같은 경험을 해서는 안 된다. 남들과 같은 경험을 하면 당신은 혁신적일 수 없고 아무도 당신에게 상을 주지 않을 것이다." 스티브 잡스는 투자를 받기 위해서 관계자들에게 자신의 아이디어를 이야기할 기회가 많았지만 번번히 퇴짜를 맞았다. 그럴 때 일수록 그는 기운이 빠지기보다는 오히려 자신의 아이디어가 그만큼 더 훌륭하기 때문이라고 생각했다. 스티브잡스는 마케팅 전문가이자 혁신가다. 스티브 잡스는 완벽했다. 스티브 잡스와 비슷한 성향의 창업가들로 엘론 머스크(테슬라), 제프 베조스(아마존), 잭 도시(트위터), 마크 저커버그(페이스북) 등이 꼽힌다. 그런데 이들의 성격을 보면 스티브 잡스와 닮은 데가 많다. 완벽을 추구하는 독재적 카리스마다.

슘페터는, '기업가'는 창조적 파괴(creative destruction)를 유발하는 혁신활동을 하는 사람이라고 했다. 기업가 정신은 생산적 요소의 새로운 조합을 발견하고 촉진하는 창조적 파괴 과정, 혁신을 일으켜 산업, 나아가 삶을 변화시키는 것이라고 했다. 드러커(Peter F. Drucker)는 '기업가'를 변화를 탐구하고 변화에 대응하며 또한 변화를 기회로 이용하는 자로 정의했다. 그는 또한 기업가의 역할은 기회의 극대화이며, '기업가정신'은 위험을 무릅쓰고 포착한 기회를 사업화하려는 모험과 도전, 실천의 정신이라고 했다. 기업가정신에 대한 일반적인 정의는, "불확실성과 혼돈 속에서 새로운 기회를 발견하고 이 기회의 실현에 도전하여 새로운 가치를 창조하는 일련의 사상과 활동"이라고 할 수 있다.

그렇다면 창업가는 창업을 통해 무엇을 얻고자 할까. 창업자와 취업자를 대상으로 지향하는 가치를 조사했다. 이 설문조사에서 창업자가 지향하는 가치는 권력과 영향력, 자유성 등이 높은 순위로 꼽힌다. 취업자는 안정성, 소속감, 사회적 명망 등을 지향하는 것으로 조사됐다. 기업가의 원동력에 관한 패널 연구(Panel Study of Entrepreneurial Dynamics)에서도 자신만의 방식으로 일할 수 있는 자유, 개인 비전 달성 등 지배력과 관련된 동기를 꼽았다. 창업자는 자기 책임 하에 스스로 삶을 개척하는 자기주도형 삶을 지향하는 사람들이다. 스탠포드, LBS 등 유수의 경영대학원도 이러한 사실을 일찍부터 인식했다. 스탠포드에는 CLV(Career Life Vision)라는 수업이 있다. '손해를 감수하더라도 지키고 싶은 것이 무엇인지', '나중에 자녀들이 생겼을 때 자녀에게도 꼭 추천하고 싶은 가치가 무엇인지' 등 질문을 통해서 자신이 지향하는 본질적 가치를 되돌아볼 수 있는 기회를 제공한다. 이러한 성찰 아래 100개 직업군 중에서 자신에게 적합한 직업을 12개 정도 고르도록 한다.[12]

  무조건적인 창업을 강요하지 않는다. 그러나 선한 목적과 가치가 창업에서 성공을 보장할 수는 없을 것이다. 창업자는 나만의 무기를 갖고 있든지, 아니면 해당분야에서 경쟁기업과 싸워 이길 수 있는 무기를 보유하고 있어야 한다. 창업을 준비하는 사람은 참신한 아이디어나 신기술에 주목한다. 세상에 없는 아이디어를 쫓아 돈과 인재는 따라온다. 지금은 투자에 있어서 국경이 없는 시대이다. 페이팔 창업자인 피터틸은 '세상에 없던 생각'을 갖고 창업에 나설 것을 강조했다. 그가 화폐에 암호기술을 적용해 창업한 페이팔의 성공이 대표적이다. 틸은 페이팔을 설립해 15억달러를 받고 이베이에 매각했다. 이후 페이팔의 초기 멤버였던 엘론 머스크는 테슬라모터스와 스페이스X를 세웠고, 리드 호프먼은 비즈니스 소셜네

---

12) DBR 115호(2012.10), 「교류하는 수업, 성찰속에서 창업을 배우다」. 요약

트워크서비스(SNS)인 링크트인을 성공시켰다. 실리콘밸리를 이끄는 이들 '페이팔 마피아'의 탄생에는 '국가의 개입 없는 편리한 전자화폐를 만들겠다.'는 틸의 아이디어가 창의적인 사람들을 끌어당겼기 때문이다.

또한 창업 시 든든한 자산은 특정 분야에서 오랫동안 활동한 경험이다. 축적된 경험은 커다란 경제적 효과를 가져다준다. 한 분야에서 오랫동안 업무를 수행하다보면 관련 경험이 쌓이고, 이러한 경험은 업무를 보다 효율적으로 수행할 수 있는 토대가 된다. 경험은 물건을 가장 값싸게 만들 수 있는 원천일 수 있으며, 때로는 물건을 가장 견고하게, 때로는 물건을 가장 정교하게 만드는 원천일 수 있다. 장시간에 걸친 경험에 근거한 경제적 효과는 자본 내지 기술에 근거하여 유발되는 경제적 효과보다 더욱 견고하다. 오랜 시간을 투자해야 획득 가능한 노하우와 경험에 근거한 경제적 효과는 한순간 대체하기가 어렵다. 오랜 시간이 걸려야 축척되는 경험을 바탕으로 한 제품과 서비스는 한순간에 흉내 낼 수 없다. 그런 점에서 시간이 주는 경험은 가장 막강한 진입장벽 역할을 담당할 것이다.

3. 창업가의 혁신수용성

창업기업은 혁신기술을 도입함으로써 포기해야 할 기존 설비나 인력 규모가 크지 않다. 오히려 신기술 도입에 성공할 경우 얻는 수익이 크다. 혁신기술을 기반으로 한 창업기업의 도전이 필요한 이유다. 코닥은 디지털카메라 시대를 대비하기 위해 원천 기술을 개발했다. 디지털카메라 기술을 개발해 놓고도 몰락한 것은 필름 카메라 시장에서 세계 최고의 수익을 거두고 있는 상황이었기 때문이다. 수익을 창출하는 '캐시카우'를 일부 포기하고 새로운 제품을 생산하기로 결정하는 것은 결코 쉽지 않았다. 하지만 그 결과는 파산이었다. 새로운 혁신을 주저해 쇠퇴의 길로 접어든 것이다.

성공적인 스타트업을 위해서는 창의적인 아이디어와 열정이 필요하다. 그리고 그에 못지않게 기업가적 소양과 역량 등 기본기가 잘 갖추어진 준비된 기업가로서의 자세가 필요하다. 스티브 잡스, 빌 게이츠를 비롯한 유명 CEO를 생각할 때, 그들은 우리와 완전히 다른 사람 같다. 실제로 그들은 비범한 천재처럼 보인다. 하지만 그들을 성공으로 이끈 것은 '위대한 제품'이다. 기업가로 성공하기 위한 필수 조건은 탁월하고 혁신적인 제품이다. 제품이 없으면 성공에 영향을 미치는 다른 변수는 모두 무용지물이다. 놀라운 아이디어가 있다 하더라도 시장상황과 맞지 않거나 기업이 아이디어를 사업으로 연결시킬 수 없을 때 그 혁신은 무용지물이 될 수도 있다. 아이디어는 좋아도 막상 현실에서 이를 구현하려면 만만치 않는 벽에 부딪히는 혁신은 수없이 많다.

상업화 과정은 길고 지루하며, 복잡하고 어렵다. 내가 아닌 남(고객)을 이해하고, 이들이 자기 스스로도 잘 파악하지 못한 욕구를 꺼내게 해야 하며, 이들의 불편과 결핍을 해결해줘야 하기 때문이다. '고객 불편'은 비즈니스의 성립 요건이며, 사실상 비즈니스의 시작이고, 과정이며 끝이다. 하지만 아이디어가 주목 받고 성공한다고 생각하는 순간, 이런 불편한 과정들을 건너뛰고 싶은 욕구에 사로잡힌다. 창업의 성공에는 지름길이 없다. 고객과 시장, 두 가지 부문 중 하나도 적당히 처리하거나 운 좋게 뛰어넘어 성공할 수 없다.

창업가를 만나다보면 종종 대박 환상에 빠져 있다는 것을 느끼게 된다. 소비자의 목소리를 귀담아 듣지 않으려 한다. 시장과 고객을 보지 않고 자기중심적으로 일을 추진한다. 좋은 아이디어를 가지고 출발하지만, 결국은 시장에서 실패한다. 우리는 창업이 가져다주는 대박 성공만 추켜세울 뿐 실패는 감추고 쉬쉬한다. 창업은 취직과는 완전히 다른 삶의 방식(lifestyle)을 요구한다. 빨리 돈 버는 대박 성공에만 스포트라이트를 비추면서 우리는 점점 거기에 중독돼 가고 있다. 많은 스타트업 창업자들은 앱을 론칭하면 하룻밤 새 대박을 이룰 수 있다는 환상을 꿈꾼다. 어쩌면 우리 모두 화려한 무대 뒤 어둡고 힘든 모습을 보지 않고 회피하려는 잠재의식에 갇혀 있는지도 모른다. 어찌됐든, 우리는 의식적이든 무의식적이든 스타트업 실패에 대한 진짜 이유를 얘기하지 않음으로써 향후 창업을 꿈꾸는 이들에게 거짓말을 하고 있는 셈이다. 많은 스타트업이 망하는 진짜 이유는 이들이 대박만을 원할 뿐 그걸 이룰만한 노력과 용기가 없다는 것이다. 창업에 대한 본질을 이해하지 못한 스타트업들이 망하는 이유다.

제2장
스타트업, 나만의 차별화 과정

1. 기업의 본질에 집중하라

　사업이라는게 뭔지 모르고 시작하는 창업가도 많다. 왜 이걸 해야 되는지, 이것을 어떻게 하면 잘될 수 있을지 등에 대해 심각하게 생각하지 않은 경향이 있다. 그저 좋은 아이템을 찾으면 창업하는 것으로 생각하는 사람들이 많다. 또 기업을 설립하던 처음에는 이 사업을 통해 사람들이 원하는 무엇인가를 해결하겠다고 시작한 사람들도, 매일 닥치는 일을 하다 보면 내가 이 일을 왜 하는지 놓치기 일쑤다. 그런데 '본질에 집중하라'는 질문이 생각을 원점으로 돌리고 나침반의 방향을 찾는 계기가 된다. 액셀러레이터 YC(Y Combinator)가 대단한 이유는 본질을 찾도록 만든다. 그 단순한 말을 계속 상기시키는 것이다. YC는 주별로, 월별로, 분기별로 계속 떠올리게 한다. 성장에만 집중하다가 'Make something people want'를 놓친다. 좋은 액션을 해야 매출이 나는데 매출만 신경 쓴다거나, 소비자가 좋아하는지 아닌지도 모르면서 마케팅에 과도하게 투자하는 등 많은 실수를 한다. YC는 사람들이 원하는 것을 만드는 지가 우선임을 강조한다. 성장은 그 다음의 일이다. 'Make something people want'는 회사가 아무리 커나가도 계속해서 중요하게 여겨야 하는 요소다.[13]

(기업의 본질을 묻는 질문)
- 우리 회사는 무엇을 하려고 하나?
- 우리 회사가 해결하고자 하는 문제가 무엇인가?
- 현재 문제와 관련하여 세상은 어떻게 동작하고 있는가?(기존 대안은?)
- 우리 회사는 어떻게 문제를 해결하고자 하나?
- 새로운 해결책이 고객행동을 변화시키고 돈을 벌어줄 수 있는가?
- 우리 팀의 직원들은 누구이며, 무엇이 특별한가?

(시장의 중심에서 자사를 바라보는 질문)
- 주요 고객은 누구인가?
- 그들은 자사 제품에 대해 어떻게 생각하는가?
- 시장은 얼마나 크고, 성장하고 있는가?
- 만약 자사가 경쟁에서 승리한다면 시장양상은 어떻게 변화될 것인가?
- 현재 경쟁상황은 어떠하며, 어떻게 경쟁자들에게 승리할 수 있는가?

스티브 잡스가 말하는 애플의 본질은 '다르게 생각하라(Think Different)'이다. 스티브 잡스는 컴퓨터에 디자인 개념을 도입했다. 휴대폰에 여러 플랫폼을 담아서 스마트폰으로 혁신했다. 다르게 생각한다는 것은 제로베이스(zero base)에서 시작한다는 것이다. 새로운 문제가 생기면 새로운 관점으로 생각해야 한다. 기존의 사고를 갖고 현재의 문제를 봐서는 해결책이 나오지 않는다. 자기다움을 잃지 않되 껍질을 바꾸며 새로움을 유지해야 한다. 위기의 본질은 곧 본질의 위기이다. 기업의 본질에 천착해야 한다.

---

13) 김동신외(2019. 3) 「Why, YC」, 쓰리체어스 pp 182~184.

2. 이기는 콘셉트, 될놈(The Right It)

성공의 씨앗을 찾아라

창업가의 신제품이 시장에서 성공하기란 대단히 어렵다. 구글 혁신전문가 알베르토 사베이아는, 신제품이 시장에서 실패하는 것이 원칙이라고 말한다. 닐슨리서치(Nielsen Research) 조사결과 신제품의 80%이상이 실패했다는 것을 발견했다. 준비를 잘한 경우가 그렇다. 이 같은 사실을 세계의 액셀러레이터는 잘 알고 있다. YC(Y Combinator)의 파트너이자 지메일 개발자 폴 부크하이트는 네 가지를 강조했다. 일, 잠, 밥, 운동. 이 네 가지 말고는 아무것도 하지말고 페이스북도 탈퇴하라고 한다. 강연에서 휴대폰을 사용하다 걸리면, "이런 자리에 집중하지 못하면 YC에 있을 사람이 아니다."고 메일을 보낸다. 폴 부크하이트는 "스타트업은 다 쓰레기인 것 같다."고 했다. 스타트업은 웬만하면 거의 다 망한다는 소리다. 그런데 그건 창업자가 잘 못하기 때문이다. 창업자에게 제일 위험한 것은 스스로에게 하는 거짓말이다. 차라리 사업이 잘 안 되고 있다는 사실을 인지하는 것이 잘되고 있다고 착각하는 것보다 훨씬 건강하다. 착각하고 있으면 개선할 수 없다. 예비 창업가, 스타트업을 경영하는 사람들에게 보내는 강력한 메시지는 "사람들이 원하는 것을 만들어라"(Make something people want)다. "당신이 원하는 것을 만들어라"(Make something you want)가 아니다.[14]

대부분의 신제품은 시장에서 실패한다. 유능하게 실행해도 마찬가지다. 신제품이 시장에 나왔을 때 실패는 예외가 아니라 원칙이다. 어떤 신

---

14) 김동신외(2019. 3) 「Why, YC」. 쓰리체어스. pp 91-93, 103.

제품이든 결국에 가면 실패할 확률이 가장 높다. '시장 실패'란 신제품에 투자했지만 시장 결과가 '기대에 미치지 못하거나 기대와 상반된 것'을 뜻한다. 닐슨리서치는 수십 년간 신제품 출시와 관련된 수만 개의 데이터를 추적해왔다. 그 결과는 놀랄 만큼 일관되다. 약 80퍼센트의 신제품이 처음의 기대에 미치지 못하고 '실패'나 '실망', '취소' 등으로 분류된다. 여기서 '시장 성공'이란 신제품에 투자했는데 실제 시장 결과가 '기대에 부응하거나 기대를 능가하는 것'을 말한다.

시장에서 성공하는 제품의 '성공 방정식'은 다음과 같다. 모든 요인이 적합해야 한다.[15]

[적합한 A * 적합한 B * 적합한 C * 적합한 D * 적합한 E 등 = 성공]

반대로 실패하려면 그 많은 핵심 요인 중에 딱 하나만 잘못되면 된다. 부적합한 요인 하나면 신제품이 실패하는데 충분하다.

[적합한 A * 적합한 B * 적합한 C * <u>부적합한 D</u> * 적합한 E 등 = 실패]

준비를 잘하면 실패하지 않을 것이라는 생각은 착각이다. '유능한 실행력'은 실패에 대한 해결책이 되지 못한다. 주어진 분야나 해당 시장에 관한 경험과 능력이 시장 실패의 법칙으로부터 지켜줄 거라는 생각은 맞지 않다. 시장이 원하는 제품으로 지속적인 성공을 거두기 위해서는 경험과 능력이 도움이 되는 것은 맞다. 그러나 시장이 그 제품에 관심을 갖지 않는다면 그 모든 것이 무용지물이라는 사실이다. 실패에는 뚜렷한 패턴이 하나 있다. 대부분의 프로젝트가 실패(F)하는 이유는 세 가지(LOP)였다.

---

[15] 알베르토 사베이아 著, 이지연 譯(2020), 「아이디어 불패의 법칙」, 인플루엔셜. pp 40~63.

실패(Failure)는 출시(Launch), 운영(Operation) 또는 전제(Premise) 때문이었다.

출시(L) 때문에 실패하는 경우는 신제품의 세일즈, 마케팅, 유통을 위한 노력이 의도한 시장에서 충분히 눈에 띄거나 이용 가능하지 않은 때에 발생한다. 다시 말해 우리 제품이나 서비스를 원하거나 필요로 할 거라고 생각했던 사람들(표적 시장) 중에 다수가 우리 제품의 존재를 모르거나, 우리 제품에 관해 충분히 알지 못하거나, 우리 제품을 접할 수 없는 경우다. 운영(O) 때문에 실패하는 경우는 신제품의 디자인, 기능, 안정성이 이용자들의 최저 기대치에도 미달하는 때에 발생한다. 예를 들어 의자가 보기에는 아름답지만 불편하다거나, 식당의 음식은 훌륭한데 서비스가 형편없다거나, 모바일 앱이 계속해서 멈춰서는 경우 등이다. 전제(P) 때문에 실패하는 경우는 그냥 사람들이 당신의 아이디어에 관심을 갖지 않을 때에 발생한다. 사람들은 제품에 관한 얘기를 들었고, 그게 무엇인지 이해하며, 약속한 기능이 안정적이고 효율적으로 수행될 거라고 믿는다. 쉽게 찾을 수 있고 테스트해볼 수도 있고 살 수도 있지만, 그냥 관심이 없다.

잘 만들고 마케팅도 잘했는데, 그냥 사람들이 정말로 원하거나 필요로 하는 제품이 아니었던 것이다. 안개가 모두 걷히고 나면, 다른 모든 것들 위로 하나의 근본 원인이 우뚝 솟아올랐다. 바로 '전제'였다. 개발과 출시에 문제가 있어, 시장에서 실패하는 이유는 처음부터 제품 아이디어가 잘못되었기 때문이다. 드디어 '주범'을 찾아냈다. 신제품이 시장에서 실패하는 가장 흔한 이유는 그냥 그 제품이 시장이 원하는 제품이 아니기 때문이다. 우리는 제품을 제대로 만들지만, '될 놈'(The Right It)을 만들지 않는 것이다. 한 문장으로 요약하면 '제대로 만들기 전에, '될 놈'을 만들어라.'가 된다. '될 놈은 유능하게 실행할 경우 시장에서 성공할 신제품 아이디어다.' 될 놈인 아이디어를 잡아서, 유능하게 실행하면, 그 아이디어는 시장에서 성공한다. 그렇다면 누구라도 '될 놈'인 아이디어를 유능한 실행력과 결합하면 성공이 보장될까? 미안하지만 그렇지는 않다. 첫째, 비즈니스에서 보장되는 것은 아무것도 없다. 둘째, 앞의 정의가 말해주는 것처럼 '아이디어'가 성공하는 것이지, 당신이 성공하는 게 아니다. 다른 누군가가 똑같은 아이디어를 더 훌륭하게 혹은 더 빨리 실행하는 것은 늘 벌어지는 일이다.

출시(Launch) 또는 운영(Operation)이 아무리 좋더라도 전제(Premise)가 잘못되었다면 이는 반드시 실패한다. 소위 '안 될 놈(The Wrong It)'이다. 이는 '될 놈'의 사악한 쌍둥이다. 안 될 놈은 유능하게 실행해도 시장에서 실패할 신제품 아이디어다. 안 될 놈인 아이디어를 시장에 내놓는 것은 희망이 없는 일이다. 처음에는 어떻게 좀 화제가 되고 관심을 불러일으킨다 하더라도 장기적인 성공 가능성은 0퍼센트다. '될 놈'과 '안 될 놈'에 대한 정의를 하고나면 간단해진다. 그러면 다음 두 가지 핵심 질문에 답해보자. 첫째, 왜 그렇게 많은 노련한 사람들이 안 될 놈을 실행하는 데 경험과 능력을 낭비하는 함정에 빠질까? 둘째, 어떻게 하면 이미 너무 많은 투자를 하기 '전에' 그 아이디어가 될 놈인지 여부를 알 수 있을까? 바로 프리토타이핑으로 해결할 수 있다.

프리토타이핑(pretotyping)은 시제품, 즉 '프로토타이핑(pretotyping)'보다 먼저 온다. 그리고 명사 '프리토타입(pretotype)'은 시제품(prototype)보다 먼저 나오는 물건이다. 시제품과 프리토타입은 목적이 다르다. 시제품은 주로 어느 제품이나 서비스 아이디어를 실제로 만들 수 있는지, 어떤 식으로 만들어야 하는지, 어떤 식으로 작동할지, 최적의 크기나 모양은 무엇일지 보기 위해 설계한다. 반면에 프리토타입은 주로 어느 아이디어가 추구하고 만들 가치가 있는지를 값싸고 빠르게 검증하기 위해 설계한다. 목표가 다르기 때문에 서로 다른 기법을 사용해야 하고, 그러니 자체 명칭이 필요하다. 프리토타입의 유형 및 활용방법은 제5장에서 별도로 기술한다.

반짝 성공인가, 지속적 성장인가

소비자에게 '다른 제품이 아닌 바로 이 제품을 구매해야 하는 이유'를 제시한 것이 마케팅 콘셉트이다. 일반적으로 콘셉트를 사물과 현상에 대한 이해라고 한다면 마케팅에서의 콘셉트는 제품과 서비스가 제공하는 고객가치에 대한 이해라고 할 수 있다. 마케팅 콘셉트는 시장으로부터의 발상과 행동의 개념이다. 그 출발점은 먼저 명확한 시장을 설정하는 것이고 초점은 표적고객의 욕구(needs)와 필요(wants)이다. 기업은 고객의 만족에 영향을 주는 모든 활동을 통합, 조정하여 고객만족을 창조하고 유지함으로써 이익을 달성한다. 이처럼 마케팅 콘셉트는 시장과 고객을 명확하게 설정하고 그 욕구와 필요를 분명하게 밝히는 것에서 시작한다. 그리고 그것들을 충족시키기 위해서는 어떠한 제품과 서비스가 필요한지, 또 그것을 어떻게 제공해 갈지를 생각하고 실천함으로써 고객 만족을 획득하고 이를 통해 이익을 실현해 가는 것이다.

마케팅 콘셉트에서 제공하려는 가치가 제품이면 제품 콘셉트가 되고 서비스이면 서비스 콘셉트가 된다. 제조기업의 마케팅에서 가치창출 활동은 제품콘셉트의 개발에서부터 시작된다. 기업은 대상제품에 대한 니즈를 토대로 제품 콘셉트를 설정한다. 제품 콘셉트가 좋으면 소비자는 제품가치가 높다고 판단하고 그 제품을 선택한다. 제품을 사용한 후에는 그 가치를 경쟁상품과 비교하여 평가한다. 제품의 사용 전에 제품의 콘셉트로 가치를 평가하는 것을 '콘셉력'이라고 한다. 그리고 제품의 사용 후에 느끼는 편익으로 가치를 평가하는 것을 '제품력'이라고 한다. 반복구매가 있는 성공제품은 1차평가(콘셉력)와 2차평가(제품력)에서 모두 소비자의 기대를 충족시키는 제품이다. 반대로 제품 콘셉트는 좋지만, 고객편익이 부족한 제품의 경우 일정기간 매출이 상승하다가 다시 감소하게 된다. 한편, 제품 콘셉트 자체가 부족한 경우에는 초기부터 매출이 어렵거나, 또는 뒤늦게 제품편익을 알게 된 고객의 구매로 이어져 서서히 상승하는 경우도 있다. 이를 그림으로 표현하면 아래와 같다.[16] 장기간 성장하는 제품은 콘셉력과 제품력 모두 좋은 경우이다.

[콘셉력과 제품력]

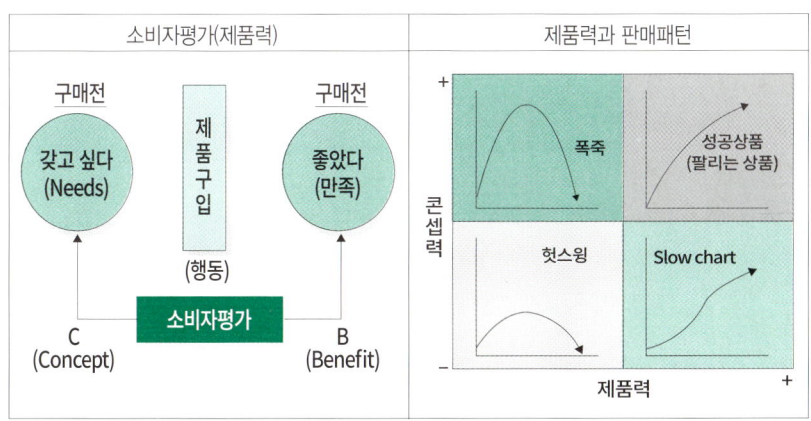

동원데리어푸드의 브랜드 '덴마크'는 2008년에 전년대비 750%의 매출 성장을 기록했다. 흰우유의 비린맛을 잡기위해 넣던 커피용량을 기존보다 2배 가까이 늘리면서 유명화가의 그림을 팩에 집어넣었다.

---

16) 신기철·김재영(2015). 「신제품 마케팅」.도서출판 글로벌. pp33-35

모딜리아니의 '목이 긴 여인'을 삽입한 '모카라떼'는 명화처럼 제품도 명품이라는 품질단서를 제공했다. 그래서 '제품이 좋아 보이도록' 했다. 소비자는 좋아보여서 구매했는데 실제로 먹어보니 모카라떼는 부드럽고 또 달콤했다. 지속적인 매출성장의 비결은 '콘셉력과 제품력' 때문이었다.

3. 될놈의 중간시험

될놈의 출시과정

　신제품은 5단계 절차를 거쳐 시장에 출시된다. 아이디어 콘셉트 평가→사업성 분석→제품개발→시제품테스트→시장출시 단계다. 그러나 창업기업은 통상 반대절차(先개발)로 추진하여 실패하는 경향을 보인다. 정상적인 절차에 따르면 사람들이 원하는 것을 만들 수가 있는데, 실질적으로는 창업자가 원하는 것을 만들어 실패하는 것이다.

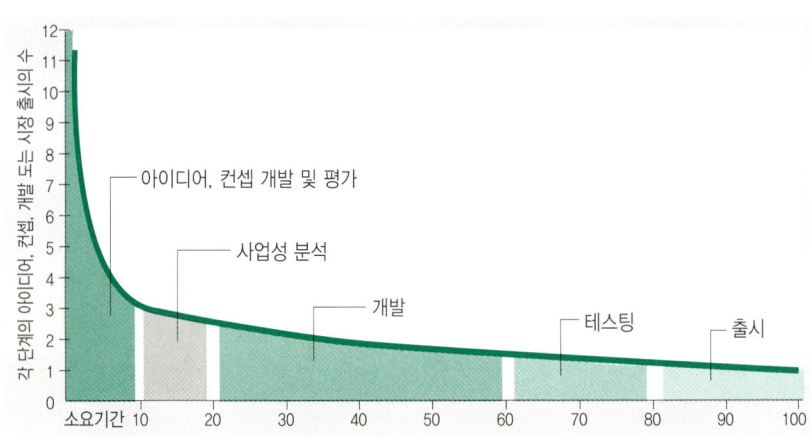

(정석) 아이디어 콘셉트 평가→사업성 분석→제품개발→시제품테스트→시장출시
(실태) (＿＿＿생　　략＿＿＿)→제품개발→(＿＿＿생　　략＿＿＿)→시장출시

신제품 개발 초기 단계에 콘셉 테스트 및 시제품 테스트를 실시하여 사업화성공률을 제고할 필요가 있다. 그렇게 하기 위해서는 각 단계마다 필요한 시장조사를 거쳐야 한다.

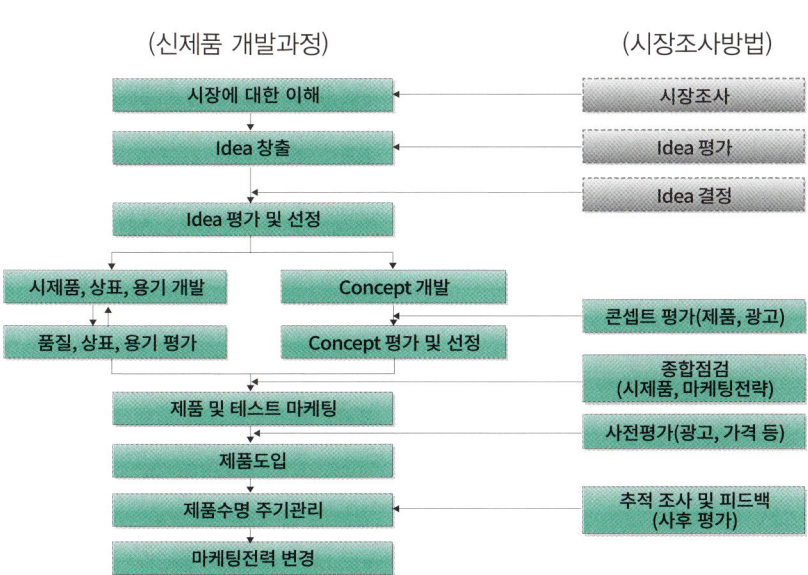

[신제품 개발을 위한 시장조사 방법]

아이디어 개발 및 결정

시장조사방법을 통하여 분석된 시장기회는 신제품 마케팅 담당자 및 경영진에게 제공된다. 이 과정에서 마케팅 담당자들은 신제품에 대한 여러 가지 아이디어를 도출하고 그것에 대한 기술성, 시장성 및 회사전략과의 부합성 등을 검토한다. 여기서는 아이디어 개발과 검색에 대한 조사방법을 중점적으로 검토한다. 아이디어 검색에서 우선적인 심사는 ⅰ) 기술적으로 가능한 것인가, ⅱ) 잠재적 시장크기는 충분한가, ⅲ) 회사의 전략과 맞는가. ⅳ) 재무적으로 가능한가. 등으로 내부적인 검토가 우선시되며 소비자 측면에서의 검토사항은 그러한 아이디어가 소비자에게 충분한 혜택을 줄 수 있는가 하는 것이다.

콘셉트 개발과 테스트

소비자는 제품 아이디어를 구입하는 것이 아니라 제품 콘셉트를 구입하는 것이다. 제품 아이디어와 제품 콘셉트를 구체화하기 위해서는 ⅰ) 누가 이 제품을 구매할 것인가. ⅱ) 제품의 특색은 무엇으로 할 것인가. ⅲ) 어떻게 사용되는가. ⅳ) 언제 사용하는가. 등의 항목이 활용되어야 한다. 제품 콘셉트의 테스트 방법으로는 시장가능성 조사, 차이분석, 컨조인트 분석 등이 있다.

시장가능성 조사(market feasibility study)는 선정된 제품 콘셉트의 시장 가능성을 조사하는 것으로 조사의 주안점은 잠재시장의 크기파악, 예상 소비자 계층파악, 제품 콘셉트의 소비자 혜택 중요성, 예상 소비자 가격, 예상 구매장소 등이다. 조사방법으로는 문장으로 구성된 콘셉트 기술서(concept statement), 그림이나 광고문처럼 준비된 콘셉트 보드(concept board)가 있다. 신제품 개발 담당자는 대체로 3~4가지의 신제품 콘셉트의 후보 안을 마련해 놓고 검토해야 한다. 왜냐하면 소비자들의 반응을 생각하기 이전에 마케터 자신들이 마련한 신제품의 특징이나 기능 등을 과대평가한 나머지 스스로 그 콘셉트를 결정해 버리는 경우가 종종 있기 때문이다.

차이분석(gap analysis)은 제품 속성의 각각의 중요도와 기존의 상표들에 대한 이해도를 파악하는 데에 있다. 상표이미지를 구성하고 있는 요소는 내재적인 속성과 외재적인 속성으로 나누어 볼 수 있다. 내재적인 속성은 제품 자체가 갖고 있는 본원적인 욕구와 관련된 속성이다. 청량음료의 예를 든다면 '맛이 있다', '시원하다', '톡 쏜다' 등과 같은 것이며, 외재적인 속성은 광고, 판촉, 패키지, 라벨, 상표명 등의 영향으로 생성되는 속성 들이다. 예를 들면, '멋이 있다', '세련되었다', '도시적이다' 같은 것들이다. 차이분석은 일반적으로 후발주자가 시장침투 정책으로 이용하는 조사방법이며 완전한 신제품에는 적합하지 않다.

컨조인트 분석(conjoint analysis)은 어떤 제품 또는 서비스가 갖고 있는 특징(속성:Attribute) 하나하나에 고객이 부여하는 가치(효용:Worth)를 추정함으로써 그 고객이 어떠한 제품을 선택할지를 예측하는 기법이다. 컨조인트 분석은 제품의 중요속성 및 수준(Level) 결정, 제품 프로파일의 설계, 자료 수집, 부분가치(Part-Worth) 추정, 결과의 응용 등의 5단계로 나누어진다. 컨조인트 분석의 결과는 세분시장 수준에서 이용되는 경우가 대부분이다. 세분화의 방법은 설문지 중간에 질문한 인구통계적 변수(성별, 나이, 직업 등)에 따라 집단을 나누는 단순 세분화 방법이 있으며, 각 개인의 선호함수, 즉 추구 효익(Benefit)을 기준으로 정교한 세분화를 하는 방법이 있다.

시제품의 생산 및 테스트

콘셉트 테스트(Concept Test) 결과에 의해 기업이 취할 수 있는 길은 콘셉트의 폐기, 수정, 제품화 중의 하나이다. 그러나 콘셉트의 제품화를 결정하였다 하더라도 곧바로 전면 생산에 들어가는 것은 위험하다. 왜냐하면, 아무리 면밀한 콘셉트 테스트를 거쳤다 하더라도 실제의 제품에 비하면 추상적인 요소가 너무 많아서 소비자의 응답에 대한 신뢰성이 문제가 되며, 생산 가능성 또한 확신할 수 없기 때문이다. 따라서 이러한 위험을 줄이기 위해 시제품을 생산하는 것이 필요하다. 시제품의 생산과 아울러 다듬어진 콘셉트를 기초로 하여 마케팅 전략(Marketing Strategy)과 재무계획을 수립한다. 이 시기는 기업의 모든 부문이 총동원되는 시기이며, 시간적으로도 여러 가지 작업이 동시에 이루어지게 되므로 병목 현상을 빚게 된다. 시제품의 생산에 따른 시장조사의 방법과 마케팅 전략 수립을 위한 여러 가지 시장조사 방법을 검토한다.

[각 부서별 작업 내용]

부서	R & D부문 생산 부서	마케팅 부서	재무회계 부서	인사 부서
작업 내용	시제품의 생산	마케팅 전략 수립	재무 계획 수립	충원 계획

시제품 테스트(Product Testing)의 목적은 전반적인 소비자의 수용도, 문제점의 발견 및 개선방안, 그리고 소비자의 선호도를 파악하여 제품을 개선하고자 하는 데에 있다. 그러나 제품을 개선한다고 하여, 특히 경쟁제품이 있는 시장에 뛰어들 경우에 경쟁제품과 유사하게 또는 같은 방향의 우월한 제품을 만들려고 노력할 필요는 없다. 포지셔닝의 방향에 따라 경쟁제품과 차별화되는 제품을 만들어야 한다. 제품 테스트는 자료수집 방법에 따라 크게 가정유치조사와 가두점 제품 조사로 나눈다.

가정 유치 조사(In-home Use Test)는 시제품을 소비자의 가정에서 써보게 하여 그 반응을 파악하는 방법이다. 소비자로 하여금 실제적인 방법으로 장기간 사용케 함으로써 예상치 못한 문제들을 발견하게 된다. 조사 대상자의 선정을 실제적인 시장구조와 같이 무차별적으로 선정하는 방법이 있으며, 예상 소비계층을 선정하여 특정 계층만 사용케 하는 방법이 있다.

가두점 제품조사(Central Location Test)는 시제품을 소비자들이 자주 지나다니는 장소를 선정하여 현장에서 직접 사용케 해 보는 방법이다. 조사자의 직접적인 통제가 가능하기 때문에 불필요한 오류를 방지할 수 있다는 점에서 장점이 있다. 그러나 자연적인 상태의 제품 사용이 아니기 때문에 오류의 발생은 물론이고, 장기적인 제품 사용이 아니면 알 수 없는 문제점들을 간과하기 쉽다는 단점도 있다. 일반적으로 테스트 장소의 수는 20개 정도가 적당하다. 조사 대상자의 선정은 예상 소비계층에만 한정하는 것이 좋다.

4. 이기는 전략, 차별화 전략

월등하게 좋아야 성공할 수 있다.

창업에 성공하기 위해서는 제품이나 서비스가 기존에 비해 월등히 다르고 좋아야 한다. 현격한 차이를 만들어라. 고객, 구매 담당자, 투자자 모두에게 배려를 받으려면 이미 시장에 나와 있는 것보다 어느정도 나은 것에 그쳐서는 안 된다. 월등히 좋아야 한다. 추종자 습성에 대한 예를 들어 보자. 게의 세계를 보자. 어떤 결과로 모아지는가? 게는 자기네들끼리 견제하는 특성을 가지고 있다. 대광주리에 게를 담을 때 한 마리를 담은 광주리는 뚜껑을 달아야 한다. 도망치지 못하게. 반면 여러 마리를 담은 광주리는 뚜껑이 필요 없다. 두 마리 이상이면 다들 동시에 입구로 몰려들어 빠져나갈 공간이 없기 때문이다. 일단 어느 한 마리가 도망치려고 하면 나머지 게들이 끌어당기기 때문에 결국 어느 한 마리도 도망치지 못한다.

경쟁할수록 평준화가 차별화를 압도한다. 앞에서 알아본 게 이야기는 '동조화' 사례이다. 생태계의 원리가 비즈니스에도 그대로 적용된다. 오늘날 비즈니스 세계에서 경쟁을 통한 차별화의 허구성이 드러나고 있다는 사실을 볼 수 있다. 대부분의 기업들은 치열하게 경쟁을 추구하다 보면 차별화는 자연스럽게 확보될 것이라고 믿고 있다. 그러나 상황은 정반대로 돌아가고 있다. 일반적으로 경쟁은 하면 할수록 진화를 거듭하여 산업 전반에 대한 경쟁력을 강화할 것이란 믿음이 지배적이다. 우리가 제품을 생각할 때 일반적으로 경쟁할수록 차별화가 강화된다. 그러나 그렇게 돌아가지 않고 있다. 꼬리에 꼬리를 무는 경쟁 즉 '모방 경쟁'은 결국 모두 한 곳을 향해 달려가므로 차별화보다는 점점 더 비슷해진다. 동조화 현상에 이른다. 이른바 극단적인 성숙의 단계에 이른 카테고리 내에서는 동일화(평준화)가 차별화를 압도한다. 모방경쟁의 대표적 사례는 식품시장의 미투상품이다. 과자시장의 초코파이, 음료시장의 보리탄산음료와 식혜 등은 전형적인 동조화 현상을 보여주고 있다. 시장이 커지는 순기능에도 불구하고 산업경쟁력은 떨어진다. 성숙단계에서는 더욱 그렇다.

  귀사가 파는 것은 '타이레놀'인가, '비타민'인가? 타이레놀은 아플 때, 비타민은 건강을 위해 먹는다. 이를 창업기업의 제품에 비유해 보자. 고객 불편을 해소하는 것은 타이레놀 제품, 더 나은 무언가를 만드는 것은 비타민 제품이라고 할 수 있다. 다시 정리하면 기업이 고객에게 꼭 필요한 것을 파는지, 있으면 좋은 것을 파는지에 대한 문제라고 볼 수 있다. 벤처는 타이레놀을 만들어 팔아야 한다. 이것이 곧 독점이고 성공의 확률을 높일 수 있는 것이다.

  피터 틸은 경쟁과 독점을 다음과 같이 설명하고 있다. 경쟁은 1에서 N으로 확대하는 것이다. 기존의 모범 사례를 따라 하고 점진적으로 발전시켜 봤자 세상은 '1'에서 'N'으로 익숙한 것 하나 더 늘어날 뿐이다. 여기에 자신의 호주머니를 털어줄 사람은 없다. 독점은 Zero(무) to One(유일)이다. '0'에서 '1'이 되는 뭔가 기발한 창조만이 세상을 낯설고 신선하게 만든다. 어떤 기업도 아무도 생각하지 못한 곳에서 새로운 가치를 찾아냈다면, 거기에 대한 보답은 지속 가능한 '독점이윤'이다.[17]

창조적 독점을 위한 차별화

페이팔 창업자 피터틸은 독점을 강조한다. 창업자가 항상 추구해야 할 것은 독점이지 경쟁이 아니다. 성공적인 기업은 모두 독점기업이다. 누구도 모방하지 않고 누구도 따라할 수 없는 기업이 돼야 성공 할수 있다. 대표적인 독점기업은 구글이다. 구글은 '페이지 랭크'라는 전혀 새로운 검색 알고리즘을 개발해 검색 시장을 장악했다. 구글에 필적할 만한 검색 엔진 서비스를 내놓은 기업은 아직까지 없다. 틸은 독점하기 위해서는 '경쟁 중독'을 견제해야 한다고 당부했다. 그는 우리 사회에서 경쟁에서 뒤쳐진 사람은 패자라고 생각하지, 경쟁에 중독된 사람이라고 보지 않는다고 지적했다. 피터틸은 간편결제 핀테크 기업의 원조인 페이팔의 창업자이며, 페이스북의 가능성을 알아보고 초기에 투자하는 등 여러 스타트업을 안착시킨 성공한 투자자이기도 하다. '창조적 독점'을 강조한 그의 저서 '제로 투 원(ZERO to ONE)'은 세계적으로 화제가 됐다. 비즈니스와 스타트업에서 핵심은 독점이란 것이다.

수많은 경쟁자들이 참여하는 시장에선 실패할 수밖에 없다. 창업할 때는 독점 중심으로 생각하라고 그는 주문했다. "창업뿐 아니라 모든 분야에서 다른 사람들이 같은 일에 몰리는 데 안심하는 현상은 놀라운 일이다. 너무 많은 사람들이 동일한 일에 몰린다는 건 그것이 나쁜 아이디

---

17) 신기철(2020. 7. 10). 「이기는 전략, 나만의 차별화」. 이데일리

어란 사실을 입증한다."고도 했다. 구체적으로 창업할 때는 거대 시장보다는 작은 시장으로 시작해 시장 점유율을 높이는 게 중요하다고 조언했다. 피터 틸은 단순히 기업가가 되기 위해 창업하는 건 잘못된 생각이라고 했다. 창업은 정말로 실행하고 싶은 아이디어가 있거나 해결하고자 하는 문제가 있을 때 하는 것이다고도 했다. 그는 암호기술을 화폐와 결합시키는 데 관심이 있어 페이팔을 창업했다. 소규모 신생기업은 어떤 특정한 문제를 해결하는 역할을 해야한다. 유망 벤처 스타트업에 투자해 거액의 이익을 남긴 성공한 투자자로서 피터틸은 '해당 기업이 위대한 기업인지'와 '다른 사람들은 왜 이를 인식하지 못하는지'의 질문을 던진다고 했다. 이 두 가지 질문에 대한 해답의 교집합이 독점적 기업이란 것이다.

디퍼런스를 창조한다는 것은 완전히 새로운 관점에서 사물을 보는 것이다. 사람들이 제기한 문제점이나 니즈를 원점에서 다시 생각해본 뒤, 문제를 해결하기 위해 무엇이 필요한지 결정한다. 이러한 접근법은 게임의 룰을 바꾸고 카테고리와 고객의 경험을 재창조하는 혁신과 해결책으로 우리를 이끌어준다. 경쟁은 대안 찾기이며 대체형이다. 독점은 차별화이며 대체 불가형이다.

5. 일의 시작과 끝, 공감능력

'이해'는 감정의 공감과 상관없이, 그 감정이 들게끔 하는 경위 자체를 안다는 것이다. 그런 점에서, 그 감정을 내가 '공감' 할 수 없는 것이라고 하여도, 그 감정이 도출된 경위만 안다면 충분히 '이해'는 성립 할 수 있다. 한편, '공감'은 경위 속에서 나온 '감정자체'를 타인이 안다고 할 때 사용한다. 그런 점에서 볼 때, '공감'은 경위를 아는 데서 나온 '이해'가 전제된 뒤에서야 비로소 생겨나게 된다. 즉, '공감' 없는 '이해'는 있어도, '이해' 없는 '공감'은 없다는 이야기이다. 이런 이유로 성공한 창업가들은 특히 소비자와의 교감, 즉 공감에 대해서 남다른 감촉을 가지고 있는 것을 볼 수 있다.

우리는 어떤 브랜드를 만드는 한편, 누군가가 만든 브랜드를 소비한다. 사람은 브랜드의 소비자임과 동시에 창조자다. 그래서 브랜드는 '관계'다. 관계는 눈에 보이진 않지만 이를 해부하고 분해했을 때 그 안에 남는 씨앗은 '신뢰'다. 그리고 그 신뢰를 만드는 힘은 바로 '공감'이다. 누군가와의 관계에서 내가 공감 받지 못한다고 느꼈을 때, 우린 불편하거나 불쾌하다. 브랜드는 사람이 만들었기 때문에 인간성, 즉 사람의 감정과 에너지를 그대로 투영한다.

공감이란, 모든 사람을 만족시키거나, 모든 사람에 동조한다는 것이 아니다. 남의 입장에 자기를 놓을 수 있는 이해 능력이다. 딸기 꼭지를 길게 잘라서 진열해 놓은 슈퍼마켓은 고객에게 봄을 느끼게 해준 사례다. 어느 슈퍼마켓에 사람들이 딸기를 사러 줄지어 서 있었다. 그런데 하나 특이한 사항은 딸기 꼭지를 길게 자른 형태로 손님들을 기다리고 있었다. 왜 딸기 꼭지를 길게 잘라 놓았는지를 물었다. 슈퍼 주인은 봄이 오면 엄마와 함께 딸기 밭에 가서 딸기를 따고 한 바구니 사오던 봄의 추억을 갖고 있었다. 그런데 도시 사람들은 너무 바쁘게 살다 보니 계절을 잊고 산다. 봄이 와도 딸기 밭에 갈 여유가 없다. 그래서 슈퍼 주인은 딸기 따는 체험을 통해 봄의 향기를 느끼게 해 주고 싶어서 딸기 꼭지를 길게 잘라서 진열해 놓았다는 것이다. 이처럼 바쁜 도시인에게 작은 봄을 선물하고 싶었던 슈퍼 주인은 고객의 마음을 읽고 기쁨을 줄 수 있었다. 이게 바로 공감이다.

파리의 번화가에 눈 먼 노숙인이 구걸하고 있었다. 좀처럼 사람들의 관심을 끌지 못했다. 지나가던 여성이 종이 보드를 유심히 내려다보았다. 이렇게 쓰여 있었다. "나는 시각 장애인 입니다. 도와주세요." 그녀는 종이 보드 뒤편에 이렇게 다시 썼다. "정말 아름다운 날이에요. 하지만 저는 볼 수가 없답니다." 이것을 본 사람들이 발걸음을 멈추었다. 동전 떨어지는 소리가 빨라졌다. 왜 이런 현상이 벌어졌는가? 새로운 글귀는 지나가는 행인들의 공감을 얻었기 때문이다. 성공한 창업가는 사람들에게 공감하는데서 일을 착수한다. 스타트업 창업가들의 임무는 디퍼런스를 창조하여, 고객의 삶에 '유일한 것'이 되도록 무언가를 만드는 일이다. 이를 위해서는 아이디어를 갖고 출발하는 대신, 사람들의 일상을 조사하는 데서 출발하는 것이 좋다. 고객의 문제와 욕구가 해결되거나 충돌을 일으키는 이 세상에서 우리가 할 수 있는 것이 무엇인지 탐색하는 것이다. 제품은 차별화하되 고객과의 공감을 불러일으켜야 한다.

사람들과 공감하지 못하면 성공적인 비즈니스를 구축할 수도 없다. 공감은 사람들에게 필요한 것이 무엇인지, 제품을 어떻게 만들어야 하는지 이해하는 능력을 갖추게 한다. 공급자 중심의 마케팅 시대에는 제품을 팔기 위한 목적으로 제조했다. 그러나 지금은 사람들에게 필요하고, 더 나아가 중요한 것이 되도록 제품을 만들어야 하며 다른 제품과는 차별화되도록 만들어야 한다. 창의와 혁신의 관점에서 공감이란 그가 했던 경험을 볼 줄 아는 능력이자, 그러한 행동을 하는 이유를 파악할 수 있는 능력이다. 공감하는 능력을 얻기 위해서는 시간과 돈이 필요하다. 그러나 새로운 통찰력을 얻을 때까지 고객들을 가만히 관찰하는 것만큼 좋은 일은 없다. 사람들이 진짜 필요로 하는 것이 무엇인지 이해하면 가장 의미 있는 혁신이 일어난다. 공감은 당신의 아이디어와 접근법을 부각시켜줄 더 나은, 때로는 놀라운 통찰력으로 나아가도록 만드는 하나의 관문이다. 소비자와 공감할 때만 그들을 진정으로 알 수 있고 또한 성공할 수 있다. 기술적 혁신은 좀처럼 남을 이해하고 공감하려고 하지 않는다. 기술에 몰입되어 시장의 요구에 반응하지 않는다. 그러나 성공한 혁신은 소비자와의 공감에 대해서 남다른 감촉을 가지고 있었다는 것을 알 수 있다.[18]

6. 새로운 관점

관점을 디자인하라

고객이 무엇을 생각하는지 알기 위해서는 질문을 잘해야 한다. 직설적으로 물으면 안 된다. 대신 특정제품이나 서비스를 구매하는 이유를 물어야 한다. 해당 제품이나 서비스를 구매해 어떤 일을 하려는지 묻고, 고객이 대답하는 것을 유심히 들어야 한다. 고객이 대답하는 제품이나 서비스의 사용이유와 용도 속에서 혁신의 요소를 찾아낼 수가 있다. 고객의 미충족 요소를 찾아낼 수 있고, 틈새시장을 발견할 수 있다. 그런데 이러한 방법만으로는 한계가 있다. 고객이 모를 때도 있지만, 기업도 고객에게 어떤 정보를 얻고 싶을지 모를 때가 있다. 새로운 관점을 얻기 위한 방법은 여러 가지가 있다.

박용후는 「관점을 디자인 하라」라는 책에서 보이지 않는 것을 볼 수 있어야 한다고 말한다. 관점 디자이너는 보이지 않는 것으로 보이는 것을 디자인하는 사람이다. 남들이 보지 못하는 것, 보이지 않는 것을 보고, 보이는 것을 움직이게 디자인 하는 독창적인 디자이너다. 세상의 흐름이 만

---

18) 신기철(2019). 「혁신과 성장」. 도서출판글로벌. pp127- 128.

들어낸 관성대로 살지 않고 자신만의 관성을 새롭게 디자인한다. 습관적으로 고정관념에 사로잡혀 사는 사람은 당연함의 틀에 갇혀 모든 걸 당연하다고 생각한다. 관점 디자이너는 습관의 적을 물리치고 고정관념이 고착되기 이전에 스스로 새로운 습관의 코드를 만들어 세상을 새로운 관성 법칙에 맞춰 굴러가게 디자인하는 사람이다.

지금부터 약 100년 전, 미국 샌디에이고에 엘코르테즈 호텔이 문을 열었다. 1950년대 이 호텔 사장은 최신식 엘리베이터를 설치하기로 결정했다. 그는 건축가와 엔지니어를 불러 의견을 들었다. 그들은 최소 6개월이 소요된다고 말했다. 호텔 사장은 다른 방법을 찾을 것을 권고했다. 그에게 6개월의 영업 손실은 받아들일 수 없는 일이었다. "다른 방법은 없습니다." 회의에 참석한 전문가 들은 완강했다. 이때 지나가던 청소부가 회의 내용을 듣게 되었다. "저, 제 아이디어를 말해도 될까요?" 엔지니어는 언짢다는 표정으로 청소부의 아이디어를 물었다. "네, 저라면 건물 바깥쪽으로 설치하겠습니다." 얼마 지나지 않아 이 호텔은 건물 바깥에 유리로 된 엘리베이터를 설치했다. 세계 최초의 일이었다. 70여 년 전 승강기는 건물내부에 설치하는 것이 당연한 것이었다. '당연(當然)하다'는 '일의 앞뒤 사정을 놓고 볼 때 마땅히 그러하다'는 뜻이다. 세상을 기존의 틀에서 바라볼 때 흔히 쓰는 표현이다. 이럴 경우 고정관념에 따라 세상의 관성대로 따라간다. 이러한 보편화된 관점을 깨뜨리지 않는다면 혁신은 불가능하다. 으레 그렇다고 생각하는 통념을 깨는 것에서 혁신은 시작된다. '날개 없는 선풍기'는 선풍기 날개를 제거해서 만들었다. '커터 칼'은 칼을 분할해서 만들었다. 날개를 제거하거나 칼을 나누는 것이 당시에는 기발한 생각이었다. 그러나 지금은 당연한 것이 되었다. 기업은 현재가 아닌 미래에 당연해 질 것을 생각해야 생존할 수 있다. 혁신이 일어나기 전, 그

때의 당연함이 있다. 그리고 혁신이후 당연함이 있다. 혁신 이후 기발함이 당연으로 바뀌는 것은 그리 오랜 시간이 필요치 않다. 그래서 지속적인 혁신이 필요 하다.[19]

혁신을 위해서는 틀 밖에서 질문을 던져 뜻밖의 답을 찾아내는 것이 필요하다. 스탠포드 대학의 연구 결과에 따르면 5살 때는 65번 내외 질문을 하지만 40년이 지난 45세가 되면 질문의 숫자가 6번 내외로 줄어든다고 한다. 원래 그렇다, 당연하다, 물론 그렇지, 라는 세 가지 말이 늘어난다. 원래, 당연, 물론이라는 세 가지 말은 세상을 틀에 박힌 방식으로 보기 시작한다. 내가 얻으려는 답을 바꾸려면 내가 세상을 향해서 던지는 질문의 그물을 바꿔야 한다. 질문의 그물이 바뀌지 않으면 거기에 걸리는 답도 바뀌지 않는다. 그런데 당연함의 틀에 갇혀 사는 사람들은 어제와 비슷한 질문을 던지면서 어제와 다른 답을 얻으려고 한다. 틀에 박힌 질문을 던져놓고 뜻밖의 답을 찾으려는 발상 자체가 틀에 박힌 생각이다. 뜻밖의 답은 틀 밖에서 질문을 던져야 얻을 수 있는 감동이다. 저자는 창의적이라는 말도 '당연함에 던지는 왜?'라고 정의한다. 세상에서 가장 강력한 한 마디 말이 바로 왜?라는 질문이다. 관찰과 질문을 통해 불편이나 결핍을 발견하고 여기에서 혁신의 기회를 찾아라.[20]

디자인 씽킹

새로운 관점을 얻기 위한 방법으로 디자인 씽킹(design thinking)이 있다. 디자인의 중요성이 커지면서 많은 기업이 디자인에 관심을 갖기 시작했다. 처음엔 제품의 외양에만 적용되던 디자인이 이제는 고객을 만족

---

19) 신기철(2020.7.14). 「관점을 달리한 혁신」. 무역경제신문
20) 신기철(2019). 「혁신과 성장」. 도서출판글로벌. pp 100-103

사킬 수 있는 모든 것에 적용되고 있다. 제품개발은 물론 제품의 기획, 마케팅, 관련 서비스 등 전 과정에 걸쳐 디자이너의 감수성과 사고방식이 적용되고 있는 것이다. 이것이 디자인 씽킹이다. 디자인 씽킹이 부상한 것은 근본적으로 고객가치와 창의성을 중요시하는 최근의 경영환경 때문이다. 디자인은 공감능력, 즉 디자인하려는 대상에 대한 공감과 이해에서 출발한다. 그래서 자신의 입장보다는 고객의 입장을 먼저 생각하게 된다. 4차 산업혁명시대 기술변화 속도가 빨라지면서 문제를 정의하기가 어려워지고 또한 더욱 복잡해지고 있다는 점도 원인이다. 그리고 고객의 숨겨진 욕구를 찾아 차별적 가치를 제공하고 늘 혁신프로세스를 지속해야만 생존할 수 있기 때문에 디자인 씽킹이 중요하게 되었다.

디자인 씽킹 적용사례는 많다. GE의 어린이 MRI 어드벤처도 그중 하나이다. GE 헬스케어팀은 첨단 의료시스템인 MRI 개발로 산업디자인상을 받았다. 그러나 검사받을 어린이의 마음은 읽지 못했던 것 같다. 개발자는 우연히 MRI 검사가 무서워 울고 있는 여자아이를 목격했다. 충격적인 것은 어린이에게 마취를 하고 검사를 진행하는 것이었다. 검사기기 속에서 폐쇄감과 소음에 움직일 수 있기 때문이었다. GE 헬스케어팀은 고심 끝에 MRI 기기 내부를 해적선처럼 디자인했다. 어린이가 기기에 들어가면 항해 장면이 저절로 뜨도록 했다. 아이들은 기기 안에서 정글과 바다로 탐험을 하는 듯 한 과정을 거치면서 검진을 마쳤다. 당연히 소아환자에 대한 마취제 투여도 감소했고, 환자 만족도 지수도 높아졌다.

다른 예는 '임브레이스 인펀트 워머'다. 지구촌에는 매년 2천만명의 조산아가 출생하고 4백만명 사망한다. 사망의 이유는 저체온증이다. 치료를 하기 위해서는 2만 달러의 고가 장비인 인큐베이터가 필요했다. 외딴 지역 산모를 위한 디자인으로 저비용 인큐베이터인 '임브레이스 인펀트 워머'를 개발했다. 어디서든 사용 가능한 체온유지 장치다. 아기 체온 유지 장치를 만들어 외딴 지역의 부모들로 하여금 죽음에 노출된 아기들에게 생존의 기회를 주게 되었다.

디자인 씽킹의 특징은 고객의 경험과 공감에서 출발한다. 빠른 실패를 통해 성장할 수 있고 집단 지성을 활용, 다양한 전문가들과 협업할 수 있다. 기업에서는 고객의 니즈 혹은 미처 발견하지 못한 니즈 발굴을 통한 사업아이템 검증과 혁신프로세스를 지속하게 하는 도구로 활용할 수 있다. 디자인 씽킹의 프로세스는 다음 5단계로 나뉜다.

[디자인 씽킹 5단계]

1단계	공감	고객이 느끼는 불편을 공감하는 단계
2단계	정의	무엇이 진짜 문제인지 정의하는 단계
3단계	발상	집단지성을 활용, 창의적 해결방법을 찾는 단계
4단계	시제품 제작	신속하게 시제품을 만드는 단계
5단계	테스트	고객으로부터 검증 및 피드백 받는 단계

공감 단계는 고객의 불편함을 파악하기 위한 단계이다. 공감을 할 수 있어야 설득을 할 수 있다. 공감의 방법은 관찰, 대화, 인터뷰, 듣기 등이 있다. 문제정의 단계는 공감 단계에서 획득한 통찰로부터 의사결정을 수행하는 수렴적 사고단계이다. 꼭 해결해야 할 문제인가? 타겟은 누구인가? 어떤 가치를 제공해야 하는가? 문제가 발생한 근본 원인 등을 파악한다. 발상단계는 브레인스토밍, 스토리보드 등을 통하여 창의적인 아이디어 창출에 집중하고 고객에게 적합한 해결방안을 제시하는 단계다. 창의성, 시너지 등이 중요하다. 아이디어는 많을수록 좋다. 남의 의견을 비판하기보다 여러 아이디어를 결합하고 개선하는 것이 중요하다. 프로토

타이핑 단계는 아이디어를 단순하게, 저렴한 비용으로, 신속하게 시제품으로 만들어 보는 단계다. 이를 통해 잠재고객과 소통 할 수 있다. 어떤 것이 효과가 있는지, 사람들의 선호도는 어떤 지 등을 파악할 수 있다. MVP(Minimum Viable Product)는 고객입장에서 최소 기능의 요건을 제품으로 제작한 것이다. 개량될 여지가 있으면 바꾸면 된다. 얼마든지 바뀔 수 있기에 시제품에 집착할 필요가 없다. 테스트는 프로토타입의 피드백 단계이다. 고객에게 프로토타입을 보여주고 사용하게 한다. 고객의 사용모습을 지켜보고 고객의 소리를 들어야 한다. 프로토타입을 통해 고객이 경험하고 느낀 것을 파악하고 이를 통해 제품화를 실행하면 된다.

에어비앤비의 디자인씽킹 적용 사례를 보자. 1단계 공감하기에서는 자사의 사이트를 고객입장에서 유심히 살펴봤다. 사진이 좋지 않아 숙소를 이용하려는 고객이 돈을 쓰고 싶지 않을 것 같다는 데 의견을 모았다. 2단계 문제정의에서는 객실 사진들이 휴대폰 카메라로 찍거나 이미지 사진이어서 품질이 좋지 않다는 점을 발견했다. 3단계 발상에서는 숙소가 있는 뉴욕에 가서 숙소 주인들과 시간을 보내며 의견과 정보를 나누었다. 기존 이미지를 아름답고 해상도 높은 사진으로 바꿔 올리기로 결정했다. 4단계 시제품 제작에서는 뉴욕으로 가서 제시된 아이디어대로 사진의 질을 높였다. 5단계 테스트에서는 수입이 두 배로 올랐다는 것을 확인했다. 고객으로부터 검증이 성공한 셈이다.

새로운 관점을 얻기 위한 방법으로 명사들을 만나는 것도 중요하다. 세계적인 액셀러레이터에서는 평소 만나기 힘든 명사들을 만날 수 있다. 멘토, 파트너 등을 만날 수 있다. 사업에 가장 이로운 방법으로 네트워트를 이용하면 된다. 그들과 대면하면서 새로운 관점을 얻을 수 있다.

제3장
스타트업, 기회포착

1. 창업하는 이유, 이 사업을 왜 하지?

　창업가는 궁극적으로 '내가 이 사업을 왜 해야 하는지', 그리고 이를 위해서는 '뭘 해야 하는지'를 끊임없이 생각해야 한다. 그렇지 않으면 힘든 상황에서 길을 잃을 수도 있다. 피터 틸은, 창업을 정말 실행하고 싶은 아이디어가 있거나 해결하고자 하는 문제가 있을 때 하는 것이다, 고 정의했다. 무엇보다도 해당 비즈니스가 새로운 가치 창출을 통하여 사회에 기여할 수 있어야 한다. 자신이 무엇을 열망하는지 잘 모르겠다면, 다음의 세 가지 질문을 생각해보라. 이 세 가지 질문에 답하고 나면, 자신의 열망이 무엇인지 알게 될 것이다. 첫째, 평생 돈 걱정을 할 필요가 없다면, 무엇을 하면서 살겠는가? 둘째, 어떤 종류의 일을 하고 싶은가? 셋째, 어떤 대의를 위해 살고 싶은가? 창업하기로 했다면 다음 체크포인트를 검토할 필요가 있다.

- 젊음을 일과 맞바꾸는데 불만이 없다.
- 비록 실패하더라도 다시 일어날 자신이 있고 절망하지 않는다.
- 사업 아이템을 얘기하면 투자할 만한 사람이 3명 이상 있다.
- 스타트업과 관련된 책을 여러 권 읽었다.
- 성공한 스타트업과 실패한 스타트업 사례를 10개 이상 잘 알고 있다.
- 스타트업을 시작하면 두 명 이상 목숨을 걸고 같이 참여할 멤버가 있다.
- 내가 시작하는 분야에서 적어도 1년 이상 일하였거나 전문지식을 갖췄다.
- 현재 빚이 없으며 신용에 문제가 없다.
- 스타트업 사람들과 친분이 있고 그들의 과정과 상황을 사전에 접했다.

창업을 한다면 한 가지 아이디어에 집중해야 한다. 자신의 가치관 및 관심사와 일치하고 최대한 전문성을 발휘할 수 있는 분야를 선정해야 한다. 잡스가 이야기한 것처럼, 위대한 일을 하는 유일한 길은 당신이 하는 일을 사랑하는 것이다. 재능만으로는 충분하지 않다. 재능도 열정적인 노력이 뒷받침되어야 빛을 발한다. 그런데 그 열정은 자신이 진정으로 좋아하는 일이 아니면 안 된다. 그리고 그것이 사람과 사회를 위해 기여할 수 있는가이다. 마약을 팔아 돈을 버는 것이 무슨 가치가 있겠는가. 내가 잘 할 수 있고, 내가 하고 싶은 일이면서 재미를 느낄 수 있는 일이고, 사람에게 가치를 줄 수 있는 일이라면 아이템으로 선정할 필요가 있다. 다만, 미래 디지털 기술, 생물학 기술 등 4차 산업혁명 관련기술의 변화를 반영할 필요가 있다.

2. 창업 실패의 주요 원인

스타트업이 실패하는 이유는 기업의 수만큼 많다. 모든 것이 완벽하더라도 기업을 경영하는 요인 중 어느 하나만이라도 부족하면 그것이 성패를 결정하는 요소가 된다. 조사결과를 바탕으로 주요 실패요인을 정리하면 다음 다섯 가지이다. 시장이 원하지 않는 제품(No Market Need) 42%, 운전자금 부족(Ran Out of Cash) 29%, 팀원 구성 문제(Not the Right Team) 23%, 경쟁사에 뒤쳐짐(Get Outcompeted) 19%, 고가격, 낮은 수익(Pricing/Cost Issues) 18% 순이었다.

스타트업 실패원인이 겉으로 드러난 현상이라면, 실패원인이라고 할 수 있는 본질은 무엇일까. 이것은 주로 창업초기 고객이 누구인지, 고객은 무엇이 불편한지, 그리고 이것을 해결하기 위한 제안가치는 무엇인지 등 기업의 비즈니스 모델에 해당하는 질문이다. 이것 또한 다음 다섯 가지로 요약할 수 있다. 고객이 원하는 것을 안다고 생각하는 것, 문제를 해결하기 위해 어떤 기능이 필요한지 안다고 생각하는 것, 제품 출시에만 집중하는 것, 실행을 강조하고 가설, 검증, 학습, 반복을 고려하지 않는 것, 그리고 시행착오나 오류를 고려하지 않는 사업계획을 세우는 것 등이다.

현상과 본질을 보면서 흥미로운 점을 발견할 수 있다. 스타트업 실패원인 중 자금부족과 팀원 구성 문제를 제외하면 모두 마케팅 요소들이다. 비즈니스 모델에 대한 질문을 보면 대부분 마케팅에 대한 것이다. 여기서 마케팅은 고객을 분석하고 문제 해결을 위한 제품을 테스트하고 출시하여 피드백하는 과정을 의미한다. 결국 스타트업에서도 마케팅이 가장 중요한 것이다. 이는 곧 마케팅을 제대로 모르면 성공확률보다는 실패 확률이 훨씬 크다는 점을 증명하고 있다. 특히 강조하고 싶은 것은 시장이 원하지 않는 제품으로 인해 실패할 확률이 가장 높다는 점이다. 결국 시장이 원하는 제품을 내 놓아야 한다. 이를 위해서는 창의적인 아이디어에서 출발해서 상업화 과정을 꼼꼼히 거쳐야 한다.

'선 개발 후 판매'의 기존 마케팅 방식에서 벗어나라. 많은 비즈니스가 출발점을 잘못 잡고 있다. 사람들이 이 제품과 서비스를 왜 찾는지 알려고 하지 않은 채, 기존의 제품개발 모델에 의존하여 기획, 제작(개발), 판매에 돌입한다. 그러고선 이렇게 묻는다. '이 아이디어를 어떻게 팔지?' 우리는 잘못된 지점에서 잘못된 질문을 갖고 출발하고 있다는 사실을 분명히 깨달아야 한다. 요즘 후발주자는 좀 달라야 한다. 종전에는 1등 주자를 쳐다보며 모방했다. 혁신이라고 해봤자 살짝 고쳤을 뿐 모방과 다를 바 없었다. 그러하니 선두주자를 앞지르는 사례는 드물었다. 그런데 세상이 달라졌다. '레드오션'이라고 판정 내려진 포화상태의 시장에 뒤늦게 나타나서는 시장을 뒤흔들고 시장의 규칙까지 바꿔버리는 무서운 후발 기업이 속속 등장하고 있는 것이다.

이 같은 후발 기업들을 집중 분석했다. 대상은 2010년대에 급부상한 10개의 기업이다. '우버'는 스마트폰 앱 하나로 택시 서비스에 혁신을 불러오면서 '공유(共有)경제'라는 새로운 가능성을 열었고, '에어비앤비'는 현지인의 집을 여행자 숙소로 만들어 여행의 관행을 바꾸고 있다. 이들 기업의 혁신 DNA를 추적한 결과 기존 기업들과는 '제품을 만드는 순서'가 달랐다는 사실을 발견했다. 일반적으로 후발 기업은 1등 제품을 분석하면서 개발 사업에 착수한다. 그 분석 결과가 나오면 어떤 새로운 아이디어를 추가할지 궁리한다. 반면, 이들 기업은 경쟁사 제품은 안중에도 없었다. 그들은 단지 '이거 뭔가 불편한데?' 하는 지극히 개인적인 경험으로 사업에 착수해 '디퍼런스(Difference, 차이점)'를 창출했다.

기존 기업들이 제품을 시장까지 내보내는 과정은 다음과 같다. 반면 디퍼런스 전략가의 접근법은 다르다. 그들의 출발점은 기존 제품을 어떻게 개선할 것인가 하는 고민이나 아이디어가 아니다. 그들은 사람들에게 공감할 수 있는 데서 일에 착수한다. 공감은 사람들에게 필요한 것이 무엇인지, 제품을 어떻게 만들어야 하는지 이해하는 능력을 갖추게 한다. 이런 방식으로 디퍼런스를 창출하여 상품이나 서비스를 탄생시키는 것, 그것이 바로 마케팅이다. 디퍼런스 씽킹을 통해 발전된 아이디어는 다음과 같은 과정을 밟아서 세상에 나온다.

기존기업	아이디어(Idea) ▷ 개발(Develop) ▷ 출시(Launch) ▷ 시장(Market)
디퍼런스	진실(Truth) ▷ 사람(People) ▷ 아이디어(Idea) ▷ 출시(Launch)

우버의 예를 들어보자. 갑자기 비가 내리는데 빈 택시가 보이지 않는다. 그 시간 다른 지역에서는 승객을 기다리는 택시들이 길게 줄을 서 있다. '우버'의 창업자들은 이런 불편을 스마트폰 앱으로 해결할 수 있겠다고 여겼고, 그 결과 세계적인 성공을 거둔 것이다. 이러한 혁신제품은 어떻게 만들어지는가? 지금까지 우리는 경쟁에서 우위를 선점하거나 뭔가 더 낫도록 만드는 것이 성공으로 가는 지름길이라고 믿어왔다. 하지만 다르게 만든다는 말은 무슨 뜻인가? 우리의 관심은 상품 자체보다는 경쟁자를 이기는 데 쏠려 있다. 접근방식을 바꾸지 않는 한 근본적으로 경쟁자와 같은 페이지, 같은 카테고리에서 단 한 걸음도 벗어나지 못하게 된다.

그와 반대로, 디퍼런스를 창조한다는 것은 완전히 새로운 관점에서 사물을 보는 것이다. 사람들이 제기한 문제점이나 니즈를 원점에서 다시 생각해 본 뒤, 문제를 해결하기 위해 무엇이 필요한지 결정하다. 해소되지 않은 인간 욕구의 아주 작은 틈을 어떻게 메워야 하는지 밝혀내어 이전에 없었던 새로운 기대치를 갖도록 만드는 일이다. 즉 틈새시장을 노려 새로운 산업을 창출하는 것이다. 당신이 해야 할 일은 경쟁자와 구별될 기회를 찾거나, 혹은 경쟁자보다 한 걸음 앞서 가기 위한 방법을 탐색하는 것이 아니다. 대안 찾기에 골몰해서는 안 된다. 고객의 삶에 '유일한 것'이 되도록 무언가를 만드는 일이다. 사람들이 느끼는 방식을 바꾸지 않고서는 그들의 생각과 행동 양식을 바꿀 수 없기 때문이다.

3. 일상에서 창업 기회를 찾아라

아이디어는 자신의 경험이나 고객관찰 혹은 창업자가 보유한 기술 등에서 출발한다. 불편, 결핍, 당혹감 등 이런 곳에 아이디어가 있다. 아이디어가 새로운 카테고리를 만들 수 있는가? 요즘 너를 짜증나게 하는 요인이 뭔지 말해봐! 그게 바로 고객친화형 아이디어라고 할 수 있다. 우리가 진짜 알고 싶어 하는 것과 가장 가치 있는 몇 가지 데이터들은, 지금 우리 눈앞에 펼쳐져 있는 일상속에 살아 있다. 사람들이 하루를 시작하는 방식만 잘 살펴보아도 통찰을 얻을 수 있다. 사람들이 지금 하고 있는 행동을 살피는 게 종종 더 가치 있다. 클라우드 서비스 드롭박스(Dropbox)는 파일공유 서비스를 제공한다. 이 서비스 개발 아이디어는 어디서 나왔을까? 드루 휴스턴(Drew Houston)은 파일을 담아둔 USB 메모리를 집에 두고 왔다는 것을 알아차렸다. 그러다 문득 잃어버리기 쉬운 USB 대신 파일을 공유할 수 있는 무언가가 있다면 어떨까 생각이 떠올랐다. 그는 곧 드롭박스 프로그램을 개발하기 시작했다. 지금은 180여 국가에서 6억명 이상 사용자가 드롭박스에 등록했다. 2019년부터는 스마트 협업공간을 제공하는 기업으로 변신하고 있다. 이처럼 고객 불편은 창업의 시작이고, 과정이며, 끝이다.

첫째 작은 불편에서 창업기회를 찾을 수 있다. 사람들이 어떻게 느끼는지 궁금한가. 대중은 무엇을 원하는지 확실하게 알지 못한다. 대중은 불편함을 호소하면서도 무엇을 원하는지, 문제를 어떻게 해결해야 할지 모르지만 기업은 대중 연구를 통해 해결책을 찾을 수 있다. 우리의 숙제는 대중을 깊이 이해하고 그들에게 필요한 걸 제안하는 것이다. 처음부터 성공을 확신하려면 어떻게 해야 하는가? 그래서 창업하려면 다음과 같은 기본적 질문에 답을 할 수 있어야 한다. 우리 제품은 타 제품과 어떻게 다른가? 어떤 문제를 해결해주는가? 사람들의 삶을 어떻게 더 낫게 하는가? 그 답이 분명해야 한다. 기존 시장의 틈새를 발견해야 한다. 물론 기존 시장의 틈새를 파악했다고 해서 바로 창업으로 뛰어들어야 한다는 말은 아니다. 독특한 아이디어는 이미 다른 사람들도 생각했을 수 있다. 그렇게 뛰어난 아이디어라면 다른 사람들이 벌써 시도하지 않았겠는가? 다른 말로 하자면, 이미 다른 사람들이 실패를 맛본 데서 어떻게 당신은 성공할 수 있을까? 이 질문에 설득력 있는 답을 내놓지 못한다면 매우 신중하게 진행해야 한다.

새로운 카테고리를 만드는 아이디어는 일상생활에서 쉽게 발견할 수 있다. "좀 더 편리하게 만들 수 없을까?" 이런 생각이 들었다면 새로운 카테고리에 대한 아이디어의 절반은 완성된 것이나 마찬가지다. 이처럼 '작은 불편'을 해소해 주는 제품을 개발한다면 그것은 분명 새로운 카테고리다. 미국에서는 주부에게 기업가로 변신하는 사람들을 '맘프레너(어머니 기업가)'라고 부른다. 왜 맘프레너가 많은 것일까? 그 이유 중 하나는 주부나 여성의 눈으로 세상을 바라보면 사회적 불편이나 불만이 더 잘 보이기 때문이다. 새로운 카테고리에 멋진 아이디어가 떠올랐다고 가정해 보자. 다음 단계에서는 '아이디어는 괜찮은 것 같은데 시장성은 어떨까?' 하는 점을 생각해야 한다. 5년, 10년 후에 새로운 업계를 만들었다고 말할 수 있는 회사를 만든다고 생각해야 한다. 인스타그램은 모바일 사진 공유 한 가지만 집중하여 창업에 성공했다. 단번에 실리콘밸리 최고의 스타트업으로 떠올랐다.

둘째, 불편함을 해결하는데 돈을 줄만한 가치 있는가. 사소한 불편함이 혁신을 만드는 세상이다. 최고의 아이디어를 내는 사람이 승자가 아니다. 사람들이 실제로 겪고 있는 문제, 즉 고객의 불편이 무엇인지 가장 잘 파악하는 사람이 바로 승자다. 그리고 불편함이 커야 해결책도 빛난다. 어떤 종류의 문제를 어떻게 해결할 것인가? 국내 벤처기업인 비바리퍼블리카는 페이팔로부터 550억원의 대규모 투자를 유치했다. 혁신성과 미래성장성이 있다는 방증이다. 이 회사는 간편하게 송금할 수 있는 서비스 프로그램인 '토스(TOSS)'를 개발하여 이용자의 번거로움을 해결해주고 송금 수수료도 아껴주고 있다. 2019년 기준 세계 100대 핀테크 기업 중 35위에 선정되는 등 유니콘으로 성장한 스타트업이다. 국내 부동산 시장의 강자로 떠오른 직방도 650억원의 누적 투자금을 유치했다. 부동산 정보 불균형과 허위매물로 인한 불편함을 해소하는 서비스가 이용자에게 주효했다. 두 기업은 금융과 부동산으로 업종은 전혀 다르지만 한 가지 공통점이 있다. 바로 이용자의 불편을 해소하고 또한 그 비용도 줄여준다는 점이다.

셋째, 가설없이 관찰하고 경험하라. 사람들의 말과 행동에는 차이가 있음을 명심하라. 친구나 초기 사용자들이 당신의 제품이 훌륭하다고 해도 속지 마라. 당신 제품의 성공 여부는 그들이 진짜 당신 제품을 사용 할지에 달려 있다. 고객이 표현하지 못한 욕구를 찾기 위해서는 그들의 생각이나 말이 아니라 행동을 봐야 한다. 그 행동 속에 그들의 욕구를 추적할 수 있는 단서가 들어 있다. 보다 정확하게 말한다면, 사람들은 자기가 원하는 게 무엇인지 알고는 있어도 이를 분명하게 표현하지 못한다. 오랄비의 어린이용 칫솔 'Gripper'은 관찰과 경험을 통해 흥미로운 인사이트를 발견한 사례다. 5~8세 어린이들을 위한 특별한 칫솔을 개발하기로 결정했을 때도 이 회사는 어린이용 칫솔은 작아야 한다는 고정관념을 갖고 있었다. 그러나 관찰결과 어린이는 손이 작기 때문에 칫솔 잡기가 어려워 더욱 그러쥐고 있다는 것을 발견했다. 이런 관찰에 기반을 둬서 만들어진 '꼭 쥐다(Gripper)'라는 이름의 어린이용 칫솔은 손잡이 부분을 어른용 칫솔보다 크고 두툼하게 디자인했고, 손잡이 부분에 거북이 등딱지 모양의 돌기를 집어넣었다. 이 제품은 어린이용 칫솔의 기준이 됐다. 잘 관찰한다면 복잡한 문제를 훨씬 단순한 방법으로 해결할 수 있을 것이다. 관찰이 먼저이고, 디자인은 그 다음이라고 할 수 있다.

　맥도널드 사는 밀크세이크 판매를 늘리기 위해 고객들이 원하는 것이 무엇인지를 알아보려고 연구를 시작했다. 밀크세이크를 좀 더 걸쭉하게 만들어야 할까? 아니면 더 달게? 혹은 더 차갑게? 대부분의 연구는 제품 자체에 초점을 맞추었다. 그렇지만 제럴드 버스텔(Gerald Berstell)은 밀크세이크 자체는 싹 무시하고 대신에 고객에 초점을 맞추어 조사했다. 그는 맥도널드 가게에서 하루 18시간 동안 죽치고 앉아 어떤 사람이 어느 시각에 밀크세이크를 사는지 조사했다. 그렇게 해서 놀라운 사실을 한 가지 발견했는데, 이른 아침 시간에 밀크세이크를 사가는 사람이 많았다. 오전 8시에 밀크세이크를 마시는 것은 베이컨과 달걀로 아침을 때우는 것으로 알려진 미국인의 이미지하고는 잘 어울리지 않았다. 버스텔은 아침에 밀크세이크를 사러 온 고객들의 행동에서 세 가지 단서를 더 얻었다. 밀크세이크를 사러 온 사람은 항상 혼자였고, 밀크세이크 외에 다른 것은 거의 사지 않았으며, 가게 안에서 밀크세이크를 마시고 가는 사람은 아무도 없었다. 아침에 밀크세이크를 사가는 사람들은 대부분 직장에 출근하는 사람들로, 일터로 차를 몰고 가는 도중에 그것을 마시려고 샀다. 이런 전후 사정을 파악하고 나자 그 행동은 충분히 수긍이 갔지만, 다른 연구자들이 미처 그것을 생각하지 못했다. 왜냐하면 그런 행동이 밀크세이크나 아침 식사에 대한 통념에서 벗어났기 때문이다. 현장에 가서 관찰하면 해법을 찾을 수 있다.

넷째, 불편의 원인을 근본적으로 해결하라. 사람들이 제기한 문제점이나 니즈를 원점에서 다시 생각해본 뒤, 문제를 해결하기 위해 무엇이 필요한지 결정한다. 2014년 일본의 통신업체인 KDDI는 흥미로운 우산꽂이 상품을 시장에 내놓았다. 이 우산꽂이는 스마트폰과 연동되어 집을 나서기 전에 우산을 챙겨야 할지를 미리 알려준다. 스마트폰이 우산꽂이 근처로 다가오면 우산꽂이에 있는 센서가 날씨 정보를 스스로 파악해 본체에 부착된 LED 조명의 색깔로 바깥 날씨를 알려준다. 이 우산꽂이가 있으면 바쁜 출근 시간에 우산을 챙기려 다시 엘리베이터를 타고 집으로 돌아가지 않아도 될 것이다. 갑자기 비를 만나 편의점에서 비싸게 우산을 사야 하는 경우도 줄어들 것이다. 단순히 우산을 보관하는 기능만 하던 우산꽂이가 날씨를 알려주고, 행동의 변화를 가져오고, 낭패를 막아주는 기능까지 갖게 된 것이다. 사물에 IT와 인터넷이 담기면서 새로운 가치가 생겨난 것이다.[21]

---

21) 교육부(2016. 12. 29). 「구글은 왜 2주에 한 개씩 회사를 사들일까.」. 자유학기제 웹진 꿈트리 VOL.14 요약

4. 디지털 전환시대의 창업기회

앞으로 전자제품들은 모두 사물인터넷으로 간다고 봐도 무방하다. 한국의 대표 기업인 삼성전자는 2020년까지 자사의 모든 제품을 사물인터넷으로 연결하겠다는 계획을 갖고 있다. 삼성전자는 모바일 제품뿐만 아니라 TV, 냉장고, 전자레인지, 에어컨, 세탁기, 청소기, 공기청정기 등 많은 전자제품을 생산하고 있다. 이 모든 제품들이 서로 연결돼서 정보를 주고 받게 된다. 냉장고에 이미 소리, 빛, 온도, 압력 등을 계측할 수 있는 각종 센서가 달려있다. 이 센서가 인터넷으로 연결된다면 다양한 서비스가 가능해진다. 오래되어 부패한 음식이 생기면 스마트폰을 통해 알려준다. 채소 칸에 채소가 떨어지면 센서가 자동으로 인지해 인터넷쇼핑 주문에 들어간다. 냉장고가 스마트 홈의 허브 기능을 맡게 된다면 집주인이 퇴근하기 전 자동으로 밥을 지을 것을 전기밥솥에 주문하고, TV에는 주인이 좋아하는 프로그램을 선별해 켜 놓을 것을 지시할 것이다.

구글은 2014년 서모스탯(thermostat, 자동온도조절장치)을 만드는 네스트 랩(Nest Labs)이라는 회사를 인수했다. 집의 온도와 습도를 자동으로 조절하는 물건(Nest)에 사물인터넷과 인공지능을 연결하기 위해서다. 네스트는 스스로 온도와 습도를 조절하는 것을 넘어 사용자의 행동을 인공지능으로 학습해 가장 효율적인 방법으로 집 전체의 온도와 습도를 조절해 준다. 이러한 점에 주목한 구글은 네스트를 스마트 홈의 허브로 활용하겠다는 계획을 세우고 거금을 들여 회사를 사들인 것이다. 네스트에는 각종 센서가 많이 달려 있다. 온도와 습도 센서 외에도 모션 센서, 광선 센서 등이 있어 집주인의 외출 시간과 귀가 시간 등을 파악하는 것은 물론, 학습까지 할 수 있다. 네스트가 주인의 자동차 GPS와 연계되면 퇴근이 가까워질 무렵 자동으로 집안의 공조 시스템이 동작할 것이다.

　기존 산업의 영역에서도 사물인터넷은 뜨거운 이슈이다. GE도 전통 제조업체에서 벗어나 소프트웨어 업체로 변신하고 있다. GE는 항공 엔진, 발전 설비 등 자사의 제품에 센서를 심고, 이 센서로부터 나오는 데이터를 분석해 새로운 서비스를 고객들에게 제공하기 시작했다. 각종 산업장비에 담긴 센서가 기계의 성능 상태, 교체 여부 등을 미리 알려주니 GE는 장비가 고장이 나기 전에 고객들에게 AS를 제공해 주는 서비스를 선보일 수 있었다. GE도 생산성과 효율성이 높아지고 있다. GE는 기계나 장비를 팔아서 벌어들인 이익보다 판매한 기계에서 수집한 데이터로 더 큰 이익을 창출해 내는 회사가 됐다. 사물인터넷을 산업 분야에 적용한 '산업인터넷(Industrial Internet)'의 강자가 된 것이다. 이를 가능하게 한 것은 전통 제조업과 ICT의 융합이었다.

　창조는 점과 점을 연결하는 융합이다. 현존하는 기술들을 융합해서 새로운 제품을 만들 수 있다. 세계가전박람회(CES 2015)에서는 셀카봉을 대체할 발명품이 등장했다. '닉시(Nixie)'라는 미국의 벤처기업이 공개한 셀카용 드론(selfie drone)이 그것인데, 손목에 착용할 수 있을 정도로 작게 만들어진 드론(무인 항공기) 형태의 카메라이다. 손목에 감겨 있던 드론을 펼쳐 날려주면 약 3미터 정도 떨어진 거리에서 사진을 촬영한 뒤 주인에게 돌아온다. 촬영된 사진은 무선 통신을 통해 SNS(소셜네트워크서비스)로 공유할 수도 있다. 이 제품에는 ICT의 트렌드가 담겨있다. 먼저 스마트폰 사용자들 사이에 인기 있는 '셀카'와 관심이 부쩍 높아진 '드론'이 접목됐다. 스마트 시계처럼 착용할 수 있는 웨어러블 기기이면서, 인터넷과 연결되는 사물인터넷(IoT) 기기이기도 하다. 내부에는 인텔에서 만든 손톱정도 크기의 초소형 컴퓨터가 내장돼 있고, 제작 과정에는 3D

프린터가 사용됐다. ICT는 우리 생활과 깊이 융합되고 있다. 스마트홈, 모바일 헬스케어, 자율주행 자동차, 전자지갑 등 다양한 분야에서 ICT와의 융합은 더욱 본격화될 것으로 점쳐지고 있다. 초연결시대로 한 걸음 더 다가서게 되는 것이다. 초연결시대의 성패는 수많은 사람과 기기들이 얼마나 원활히 '연결'될 수 있느냐에 달려 있다고 해도 과언이 아니다. 사물인터넷을 비롯한 기술의 발전이 초연결시대를 불러오고 있고, 사물인터넷 인프라를 구축하는 데 기업과 국가가 노력해야 하는 상황이다. 사물인터넷 인프라는 무엇보다 '연결'을 가능케 하는 통신 네트워크가 핵심적인 인프라다. 초연결시대가 되면서 통신망에 연결될 기기의 수와 오고갈 정보의 양이 폭증할 것이기 때문에 통신의 역할은 더욱 중요해 질 수 밖에 없다.

제3부
스타트업, 어떻게 할 것인가

제1장. 창업 아이디어 발견
제2장. 진정한 고객은 누구인가
제3장. 비즈니스 모델 설정
제4장. 고객이 얻는 가치를 제안하라
제5장. 시장검증, 프리토타입과 될 놈 측정
제6장. 제품검증, 프로토타입과 MVP
제7장. 제품 출시와 마케팅
제8장. 핵심 사업을 확장하라
제9장. 자금조달 방법

제1장
창업 아이디어 발견

1. 좋은 아이디어와 피해야 할 아이디어

스타트업의 성공과 실패는 제품/시장 적합성(PMF, Product Market Fit)에 달려있다. PMF는 제품이 시장의 니즈에 잘 부합해 고객에게 인정받는 것을 말한다. 아무리 좋은 제품을 만들어도 PMF를 달성하지 못하면 의미가 없다. 이것을 알기 위해서는 검증이 필요하다. 검증과정은 뒤에서 단계별로 설명하기로 한다.

우선, 스타트업에 중요한 비즈니스 아이디어는 어떤 것이 좋을지 알아본다.[22] 무엇보다 문제의 본질에 집중한 아이디어가 좋은 아이디어다. 해결해야 할 문제가 고객이 고민하는 문제인가, 비즈니스 아이디어가 이미 시장에 존재하는가, 등 다양한 각도에서 검토하면 문제의 질은 좋아진

---

22) 다도코로 마사유키 著 · 이자영 譯(2020). 「창업의 과학」. pp 14–37. 요약

다. 문제의 질이 높은데 솔루션의 질이 높으면 비즈니스 아이디어는 좋다고 볼 수 있다. 그러나 반대의 경우는 성립하기 어렵다. 기술력이 좋아서 어떤 솔루션의 질이 좋은 상황에서 문제를 찾으면 가짜 문제를 만들어 낼 수가 있다. 이러한 경우에는 실제는 시장에서 찾지 않는 제품이 된다. 제5장에서 강조한 될 놈(The right it)이 아닌 안 될 놈을 만드는 것과 같다. 구글 글라스나 애플워치는 기업이 갖고 있던 기술력으로 제품을 만든 경우다. PMF 보다는 자금력과 기술력, 그리고 브랜드 힘으로 시장을 만들어 가려했으나 실패했다. 하물며 이 3가자를 갖지 못한 스타트업의 경우 어떻게 될 것인지는 보지 않아도 알 수 있다.

두 번째는 누가 봐도 좋은 아이디어는 피해야 한다. 비즈니스 아이디어를 말했을 때 누구든지 좋다고 해주는 것을 기대해선 안 된다. 그런 아이디어라면 이미 누군가 시작했을 수도 있다. 좋은 아이디어에 솔루션을 갖고 있는 일반 기업과 경쟁해서 이긴다는 것은 잘 못된 방향이다. 페이팔 창업가 피터틸은 경쟁은 패배자가 하는 것이라고 말했다. 시장이 있는 것이 확인되었고 누구에게나 좋은 제품 아이디어라면 이는 대기업의 영역이다. 스타트업은 매력적이지 않은 아이디어인데 실제 좋은 아이디어를 찾아내야 한다. 그것은 힘든 길이지만 스타트업이 살 수 있는 길이기도 하다. 사실 에어비앤비는 성공한 최악의 비즈니스 아이디어라는 말이 있다. 외부인에게 자기 집을 내주고, 잘 모르는 사람의 집에 가서 잠을 자는 것이라니. 우버 같은 경우도 당시에는 시장형성이 안되었으나 미래에 대한 통찰력으로 시장을 본 것이다. 좋은 아이디어는 전문지식 및 현장경험, 그리고 시장에 대한 통찰력에서 나올 수 있다.

세 번째는 다른 사람이 모르는 기발한 아이디어다. 스타트업이 기발한 아이디어를 찾게 된 것은 IT기술의 발전 때문이다. IT기술을 토대로 한 스타트업이 유니콘 기업으로 성장하는 데는 긴 시간이 필요치 않다. 지수적인 성장 때문이다. 이처럼 패러다임 전환이 빠르게 이루어지는 시점에는 기존의 사고방식으로는 시장의 변화를 따라 잡지 못한다. 따라서 시장에서 승자가 되기 위해서는 다른 기업보다 먼저 제품시장적합성(PMF)을 달성해야 한다. 기존의 이노베이션 상황에서는 제품을 검증하는 어느 정도의 시간이 있었다. 초기시장에서 얼리어댑터 다음에 캐즘(chasm)을 넘으면 전기 다수수용자가 있고 후기 다수수용자가 있는 상대적으로 완만한 성장이었다. 그런데 지금은 정보통신기술의 발달로 초기 시범(trial) 사용자에서 폭발적 다수수용자로 넘어간다. 고객의 수가 어느 수준을 기다리지 않고 초기 시범(trial) 사용자의 피드백을 토대로 순식간에 다수수용자로 넘어가 시장을 장악하게 된다. 보통 피처폰 확산 이후 스마트폰이 나오지만, 일부 신흥국은 피처폰의 보급보다 스마트폰의 확산속도가 빠르다.

좋은 아이디어가 있다면 그 반대의 경우도 있을 것이다. 문제에 집중하지 않거나 누가 봐도 좋은 아이디어, 그리고 시장의 변화속도를 따라잡지 못하는 아이디어 일 것이다. 문제보다는 자사가 가진 기술 중심의 아이디어와 극심한 경쟁에 뛰어드는 아이디어도 좋지 않다. 또한 너무 작은 시장을 목표로 하는 비즈니스 아이디어는 성장에 한계가 있어서 피해야 한다.

2. 아이디어 개연성 검증

스타트업 아이디어는 시장에서 성공할 만한 가치가 있는가를 검증하는 것에서부터, 고객의 문제가 정말 존재하는지에 대한 문제(가설) 검증, 문제를 해결하기 위한 시제품 검증 및 제품의 기능성 검증까지 단계별 검증을 거쳐 최종 제품에 이르게 된다. 이러한 검증은 각 단계별로 진행할 계획이다. 여기서는 문제(가설)을 검증하는데 있어서 시장 환경의 변화 및 PEST 분석을 통해 변화흐름에 맞는지, 그 개연성을 검토해 보기로 한다.

시장은 항상 진화한다. 빨라지고 효율화를 추구한다. 통신은 2G에서 5G로 진화했고, 휴대전화는 스마트폰으로 진화했다. 스타트업이 아이템을 선정하는데 있어서 왜 지금이 적기인가, 하는 판단이 필요하다. 다만, 아이템을 정하는 타이밍에서 지금이라는 시점을 현재시점이라고 받아들이면 곤란하다. 축구 선수가 패스를 할 때는 서 있는 그 지점으로 하지 않는다. 달리는 방향의 전방에 패스를 하듯 창업아이템을 선정하는데 있어서도 미래를 내다보고 해야 한다. 미래 5년 이상을 내다보고 미래에 필요한 것, 미래에 부족한 것을 예측하고 해야 한다. 제1부에서 기술한 것처럼 디지털 전환시대에 산업지형이 어떻게 변할 것인가에 대한 고찰이 필요하다. 로봇, 드론, 핀테크, 증강현실(AR), 블록체인, 무인자동차, 바이오, 스마트 팜, 스마트 팩토리 등 혁신산업 등은 앞으로 10여년 가까이 산업의 패권을 잡을 것이다. 세상의 흐름을 읽고 지금 어디에 있는 것이 적정한지를 알아야 한다.

세계 최대 규모의 인터넷 쇼핑몰 중 하나인 알리바바는 인터넷 시대를 예상한 창업자 마윈에 의해 1999년에 설립됐다. 그리고 마윈은 2004년 미국 뉴욕증시에 알리바바를 상장했다. 그런 그가 2015년에 '인터넷 시대는 끝났으며 바이오 혁명이 시작될 것'이라고 예측했다. 2020년 6월 SK바이오팜 회사의 공모주 청약에 사상최대인 31조원이 몰렸다. 이 기업은 17년 전 신약개발을 시작했다. 구글이 시대를 앞서가는 이유 또한 미래를 예상하고 사업을 전개했기 때문이다. 구글은 인공지능을 활용한 검색엔진을 2002년부터 준비했다. 인공지능 기술에 꾸준한 관심을 보이던 구글은 지난 2014년 세계적인 인공지능인 알파고를 개발한 딥 마인드를 인수했다.[23] 스타트업 비즈니스 아이디어의 미래전망을 시장 흐름 속에서 찾아볼 수 있다.

5년 또는 10년 후 미래사회를 예측하는 방법으로 PEST 분석이 있다. PEST(Political, Economic, Social-cultural, Technological)분석은 글자 그대로 정치, 경제, 사회, 기술 분석을 말한다.[24] 정치(P)는 시장규칙을 변화시킨다. 법률과 조례의 개정 속에 기회가 있다. 큰 기회는 오랫동안 지켜온 영역이 규제완화로 개방되는 시기에 나타난다. 경제(E)는 가치사슬에 영향을 미친다. 경제동향의 변화와 소득의 격차 속에서 온라인 교육은 새로운 기회를 제공한다. 사회(S)는 수요구조에 영향을 미친다. 인구구조의 변화나 구매층의 기호가 향후 어떻게 변할지 예측하는 것도 중요하다. 건강을 추구하는 사람들의 바이오 및 헬스산업 수요와 노령인구 증가로 인한 실버산업의 활성화가 예상된다. 기술(T)은 경쟁단계를 변화시킨다. 기술혁신은 산업의 대전환을 가져온 것처럼 비즈니스 환경을 송두리째 바꿀 것이다. 인터넷이 그랬고 스마트폰이 그랬다. 전기차는 내연기관 자동차의 수요·공급체계를 전면 변화시킬 것이다. 기술 중심의 비즈니스 모델이 아니더라도 기술변화를 외면한 채 창업을 하는 것은 불가능하다. 트렌드를 파악하고 요구되는 기술을 파악하는 것이 패러다임 전환에 따른 충격을 미리 대비할 수 있는 길이다.

---

23) 신기철(2020.8.7.) 「나만의 창업아이템을 찾는 방법」. 이데일리.
24) 다도코로 마사유키 著 · 이자영 譯(2020). 「창업의 과학」. pp 57-80. 요약

3. 창업 아이템 선정방법

일상적인 풍경으로 시선을 돌려라. 무엇이 문제인지 궁금한가. 사람들의 표현되지 않는 욕구는 지금도 미해결, 불만족 상태로 우리 주위에 가득하다. 소비자 중심을 집요하게 추구해야 한다. '촉이 있는 육감' 위에 자신의 일에 능숙한 '전문가적 직감'으로, 나아가 번득이는 통찰력으로 '전략적 직관'이 발휘될 때 그 아이디어는 빛을 발할 수 있다. 한 가지 아이디어는 무수히 다른 방식으로 실현될 수 있고 이에 따라 다른 결과를 가져올 수 있다.

스캠퍼(SCAMPER)는 아이디어를 얻기 위해 의도적으로 시험할 수 있는 7가지 규칙을 말한다. 어떤 문제를 해결하는 방법에는 수렴과 분산이 있다. 집중적 사고를 통해 해법을 제시할 수 있는 수렴과 확산적 사고를 통한 아이디어를 창출할 수 있는 분산이 있다. 스캠퍼는 분석적이며 통합적 사고를 통한 아이디어 발상도구이다. S(Substitute, 대체하기)는 불편하거나 문제가 있는 것을 개선하거나 대안을 생각해 보는 것을 말한다. C(Combine, 결합하기)는 물건이나 방법의 좋은 점을 합쳐보는 것을 말한다. A(Adapt, 응용하기)는 다른데 적용한 아이디어를 빌려 문제를 해결하는 것을 말한다. M(Modify, 수정하기)은 본질을 그대로 두고 모양, 방법, 소재를 바꾸어 본다. P(Put other purposes, 용도 바꾸기)는 기존의 원리나 쓰임을 다른 용도로 바꾸어 새로운 제품으로 생각해 보는 것을 말한다. E(Eliminate, 빼보자)는 기존의 것에서 무언가를 제거하여 새로운 실마리를 찾는 것을 말한다. R(Reverse, 반대로 해보자)은 기존의 모양, 크기 방향, 수, 성질 등을 반대로 해보는 것을 말한다.

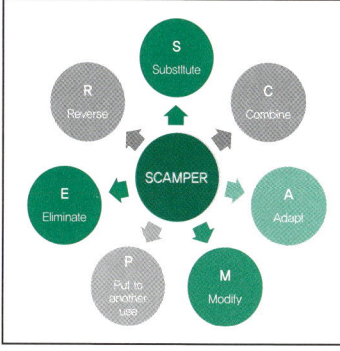

SCAMPER : 7가지 아이디어 도구

S(대체) : 팥빙수 – 설빙(떡)
C(결합) : 복사기와 팩스
A(응용조정) : 치간 칫솔, 치실
M(변형) : 미니선풍기
P(용도변경) : 머드팩, 베이킹 소다
E(제거) : 어른용 휴대폰
R(역발상) : 에어프라이기, 직수정수기

스캠퍼 개념을 확대 해보자. 아이디어 창출법의 하나인 일명 '가정질문 CREATORS'를 활용할 수 있겠다. 이 방법을 통해 어떤 충족수단들을 개발할 수 있을까.[25] 이 방법을 활용하는데 있어서 가장 먼저 고려해야 할 것은 두 속성을 결합하고 상호의존하게 만드는 것이다. 전체 혁신사례의 35%가 "결합해서 상호의존하면?"이라는 질문을 적용해서 나온 것으로 밝혀졌다. 따라서 가장 먼저 적용해야 할 가정질문은 '결합해서 서로 의존하게 만들기'이다. 또 한 가지, 가정질문 "반대로 하면?"에서는 아주 획기적인 충족수단이 나온다. 「하버드 창업가 바이블」의 저자 다니엘 아이젠버그는 창업가 27명의 성공사례를 통해 역발상이 성공비결임을 밝혔다.

통념과 상식에 도전하는 데서 좋은 아이디어가 나온다. 이처럼 본말을 전도하는 콘셉트는 혁신을 넘어 혁명을 가져오기도 한다. 코페르니쿠스의 지동설은 지구와 태양과의 관계에서 움직임과 정지를 서로 바꿔 과학혁명을 이끌어냈다.

---

[25] 김근배(2018). 「끌리는 컨셉 만들기」. 중앙일보 플러스. pp260-278.

[10개의 가정질문 CREATORS]

번호	약자	영어단어	가정질문	SIT 용어	사례
1	C	combine & independent	결합해서 상호 의존시키면?	속성의존(attribute dependency)	코골이 해결 침구류, 물온도에 색 변하는 샤워기
2	C	combine	결합하면?	과제통합(task unification)	컵라면, 물통과 바퀴의 Q드럼,
3	R	replace	다른 것으로 대체하면?	–	온수매트
4	E	eliminate	없애면?	핵심제거 (subtraction)	날개 없는 청소기, 콘택트렌즈, 분말수프
5	A	add	추가해서 다르게 하면?	다수화 (multiplication)	LG트윈 위시, 질레트 3중 날면도기, 듀얼 뷰카메라
6	T	total & alone	전체와 부분을 따로 하면?	–	지하철 약냉방칸
7	O	opposite	반대로 하면?	–	런닝머신
8	R	reserve	미리 조치하면?	–	에어백, 씻어 나온 쌀
9	S	segment	나누면?	요소분할 (division)	커터칼, 미백치약, 비즈캡
10		외관	색,형,동,물,촉을 바꾸면?	–	–

　디자인 씽킹(design thinking)은 디자이너들이 무엇인가를 디자인하며 문제를 풀어가던 사고방식대로 사고하는 방법이다. 사용자와 깊이 공감할 수 있는 감수성과 비즈니스적인 전략적 사고가 필요하다. 여기에는 분석 및 통합적 사고, 수렴, 분산, 실험주의와 낙관적 인식 등이 요구된다. 수렴은 집중적 사고로 문제에 대한 최선의 해를 도출하는 방법이고 분산은 확산적 사고로 주제에 대해서 다양한 아이디어를 얻을 수 있는 방법이다. 디자인 씽킹은 제2부 제2장에서 충분한 논의를 하였기에 여기서는 생략한다.

제2장
진정한 고객은 누구인가

1. 고객발견의 중요성

　자사제품이 모두에게 필요한 제품이란 착각에서 벗어나야 한다. 창업을 꿈꾸는 젊은이 중 상당수가 막연하게 '이런 제품을 만들고 싶다'는 이유로 창업한다. 자신이 알고 있는 것, 만들고 싶은 제품의 아이디어는 대부분 이미 시장에 나와 있는 것들이다. 소비자들은 어디선가, 어떻게든 욕망을 채우고 있다. 따라서 시장조사부터 철저히 하고 차별화할 수 있는 포인트를 찾아야 한다. 창업자들이 그들 스스로가 내가 생각하는 '이상적인 제품'이 모든 소비자에게 필요한 물건일 것이란 착각에서 벗어나야 한다. '인구의 1%만 구매해줘도 1차 년도 매출액이 10억 원에 이를 것이다'고 말하는 창업가를 보면 말문이 막힌다. 창업가가 해야 할 일은 고객에게 제발 우리를 한 번만 돌아봐 달라고 애원하는 것이 아니다. 고객을 진짜로 알아가는 것이 요구된다.

시장에 관한 진실을 알아야 한다. 업계나 시장의 상황은 어떠한가? 진입하려거나 변화를 일으키고자 하는 업계 및 시장의 상황은 어떠한가? 그리고 고객에 관한 진실을 알아야 한다. 잠재고객이 감수하며 살고 있는 현실의 벽은 무엇인가. 그들은 무엇을 믿는가, 그리고 이러한 믿음이 그들의 현재 행동 방식과 어떤 연관이 있는가. 나아가 그들의 미래를 바꿀 수 있는 방식에 어떤 영향을 끼치고 있는가. 잠재 고객 앞에 놓인 문제, 즉 당신이 해결하려고 하는 그 문제는 무엇인가. 고객의 니즈는 무엇이며, 표현하지 않은 욕구는 무엇인가. 그 어떤 비즈니스라도 고객의 세계관과 이들이 감수하며 살고 있는 현실의 문제가 무엇인지 이해하는 것보다 중요한 일은 없다.

마케팅은 고객의 니즈를 충족시켜주는 것이다. 고객의 니즈를 넘어 기대하는 것 이상의 감동을 줄 수 있다면, 다소 가격이 비싸더라도 고객은 만족할 것이다. 단골손님이 되어 주는 것은 물론 다음 사람들에게 추천해 주기도 한다. 따라서 마케팅의 첫 걸음은 고객의 니즈를 아는 것이다. 이를 위한 첫 번째 질문이 당신이 서비스를 제공하고 싶은 사람은 누구인가? 그들은 무엇에 가치를 두고 있는가? 그들은 무엇에 관심을 기울이고 있는가? 그들이 처한 현실은 어떤가? 이다. 인구통계학적 관점에서만 생각하지 말고 고객이 어떤 가치관에 따라 하루하루를 살아가는지 생각하라. 이러한 질문에 대답하기 위해서는 구체적으로 고객 한 사람 한 사람에 대해 깊이 있는 분석을 함으로써 그들의 생각을 이해해야만 한다. 다음에 설명하는 고객 분석의 각 단계를 따라가 보자.

창업 기업은 고객이 누구인지, 영위하는 업종의 시장 범주가 어디까지인지 잘 모르고 시작할 때가 많다. 사업계획서에서 언급하고 있는 시장과 고객의 규모는 해당 스타트업 제품을 원하지 않는 고객과 시장이 다수

내포되어 있다. 그럼에도 많은 스타트업이 시장 규모를 추정하기 위해 톱다운 방식의 시장 규모 추정 방법을 활용하고 있다. 그렇다면 스타트업이 적정 시장 규모를 산출하는 효과적인 방법은 무엇일까? 톱다운 방식보다는 바텀업 방식의 시장 규모 추정이 더욱 효과적이다. 바텀업 방식은 실제 고객 수를 기준으로 이들의 구매율과 제품 단가를 곱해서 추정하는 방식이다. 이러한 방식으로 시장 규모를 산출하기 위해서는 가장 먼저 확인해야 할 내용이 실제 제품을 구매해 줄 고객을 정확히 정의해야 한다.

 시장규모를 파악하는 첫 단계는 잠재 수요자 전체 숫자를 확인하는 것이다. 예상 잠재고객의 연령층, 분포 상황, 구매력 등을 파악하면 마케팅 전략을 짜기가 훨씬 수월하다. 제품 생산 방식 결정에도 유리하다. 예상 생산 수량이 나오면 직접 설비라인을 구축할지, 아니면 외주 생산할지 판단할 수 있다. 많은 의사결정 관련 연구는 직관적 사고가 분석적 사고보다 유의미한 결과를 가져왔음을 확인했다. 창업 초기 불확실성이 날로 증폭되고 환경이 급변하는 상황에서 신속하고 기민하게 대응하는 능력이 그 어느 때보다 중요해지고 있다. 이러한 상황에서 직관을 활용한 의사결정은 상황에 따라서는 더욱 유효한 결과를 이끌어 내는 방편일 수 있다. 정글에서 맹수를 마주치게 되면 어떻게 대처해야 할지에 대한 분석적 사고보다는 일단 맹수를 피하기 위한 반사적이고 재빠른 대처가 훨씬 좋은 결과를 가져올 수 있다. 이처럼 어떤 상황에서는 의사결정 과정과 내용보다 의사결정을 수립한 시점이 언제인지가 더욱 중요할 때가 있다.

 직관을 이용한 의사결정은 분석적 의사결정보다 더 빠르게 작용하기 때문에 우리는 많은 일을 직관에 따라 결정한다. 다만 직관을 이용한 의사결정이 유효한 때는 의사결정 과정에서 적시성이 무엇보다 중요할 때이다. 그렇다고 해서 직관에 의존한 의사결정을 무조건 맹신해서는 안 될다. 여기서 말하는 직관적 의사결정이라는 것이 일시적 감정 내지 막연한 순간적 느낌에 근거한 의사결정이 아니라는 사실이다. 직관적 의사결정에 능한 경영자의 공통점은 해당 분야에서의 오랜 경험과 노하우를 갖고 있는 사람이다. 즉 그들이 사용한 직관은 아무 근거 없이 도출된 감(感)이 아니라 다년간의 경험을 기반으로 한 직관이었음을 주의할 필요가 있다. 따라서 이미 관련 분야에서 다양한 경험을 갖고 있는 창업가라면 자신의 경험과 노하우를 믿고 적시성 있는 판단을 내리는 것이 무엇보다 중요하다.

2. 고객발견 단계별 방법

먼저 시장 쪼개기이다. 비슷한 이유로 특정 제품을 원하는 잠재그룹을 찾아라. 시장 세분화가 필요하다. 시장 세분화란 고객을 좁혀가는 방법으로 여러 항목을 기준으로 고객층을 세분화시키는 작업을 말한다. 시장은 개인으로 이루어졌다. 이제 세상 모든 사람들과 교류할 수 있는 인터넷을 통해, 우리는 '개인으로 이루어진 아주 작은 시장들'이 존재한다는 사실을 깨달았다. 대중은 죽고 별종의 시대가 시작된 것이다. 더 이상 대량 판매 시장은 존재하지 않는다. 대신 대중에 속하는 평범한 사람이 아니라 대중이기를 거부하는 개인에 맞춰진 시장이 그 자리를 대체했다. 즉 '나'의 관심을 끄는 제품과 서비스가 시장 판도를 바꾸었고, 이를 만든 기업이 성공의 자리에 올랐다. 사람들은 스스로를 '대중'이라고 느끼길 원치 않는다. 오히려 대중과 구별되고 싶어 한다. 남과 다르게 선택하고, 남과 다르게 보이길 바란다. 무리 속에 파묻히지 않는 특별한 누군가가 되기를 원하는 것이다. 고객에게 '우리는 당신이 표현하지 못한 그 마음을 잘 알고 있다'고 속삭이고 싶다면 다양한 정보에서 의미를 끌어낼 수 있는 통찰이 필요하다. 그 통찰을 얻는 사람만이 향후 가장 영향력 있는 브랜드를 만들 수 있다. '진실'을 알아낼 수 있는 기회가 우리 앞에 열려 있다. '나 좀 보라'고 외친다고 사라진 대중 시장이 다시 돌아오는 것은 아니다.

시장세분화는 쪼갤수록 답이 보인다. 시장을 세분화하는 간단한 방법으로 다음의 3단계를 거쳐 진행할 수 있다. 물론 대기업의 경우 과학적인 시장 세분화 방법을 통해서 진행하지만 창업의 경우 이런 과정을 거칠 수 없는 것이 현실이다. 1단계는 브레인스토밍이다. 시장을 분할하면 많은 세분시장이 존재한다는 사실을 알 수 있다. 넓은 범주 안에 다시 다양한 특성을 지닌 그룹이 존재하는 것이다. 그 다음 어떤 기준으로 범주화 할지 결정한다. 2단계는 목록 줄이기다. 잠재시장 목록을 줄여 매력적인 시장기회를 판단하는 기준은 다음과 같다.

- 목표고객의 지불 능력이 충분한가?
- 목표고객이 판매조직에 쉽게 접근할 수 있는가?
- 목표고객이 구매할 수밖에 없는 절박한 이유는 무엇인가?
- 난공불락의 경쟁자가 버티고 있는가?
- 세분시장의 성공을 발판으로 다른 시장으로 진출할 수 있는가?
- 회사의 가치관, 열정, 목표에 부합하는 시장인가?
- 협력업체와 함께 완제품을 당장 출시하는 것이 가능한가?

3단계는 직접적인 시장조사다. 시장조사에서 고객과 이야기하고 그들을 관찰해 최고의 시장기회를 판단하는데 필요한 근거를 모은다. 시장조사를 할 때는 잠재고객을 직접 만나 그들이 놓인 상황, 불편한 점, 기회시장 등에 관해 풍부한 자료를 얻어야 한다. 시장조사에서 수집해야 할 정보는 일반적으로 최종사용자, 용도, 혜택, 선도고객, 시장특성, 파트너, 시장규모, 경쟁자, 필수 보완재 등을 검토해야 한다.

3. 거점시장 선택과 재세분화

거점시장 선택은 '한 점'에서 시작해서 '전체'를 얻어야 한다. 창업을 시작할 때는 수익을 실현할 수 있는 범위 내에서 가장 작은 고객군을 설정하라. 거점 시장 선정 후엔 자신의 핵심역량을 찾아야 한다. 그러기 위해서는 다음 문제에 대답해야 한다. 내가 이 일을 다른 사람들보다 더 잘 할 수 있는가? 고객들이 다른 사람이 아닌 내가 만든 제품을 사려고 할까? 성공한 창업가는 모든 사람을 만족시키겠다는 생각 따위는 품지 않는다. 대신 시장의 가장자리에 존재하는 개개인을 위해 혁신하고 창조한다. 이어서 우물파기 전략이 있어야 한다. 1만명의 그저 그런 고객보다 1백명의 만족 고객이 낫다. 모든 이들을 다 만족시키려는 것은 회사를 파산으로 몰고 가는 가장 확실한 길이다. 시장은 가장 뛰어난 제품과 서비스에 가장 비싼 가격을 지불한다. 그저 그런 제품이나 서비스에 대해선 그저 그런 가격만을 지불할 뿐이다. 회사의 자원과 인력을 여러 제품이나 서비스에 분산하게 되면 결국 각각은 최고가 아닌 그저 그런 수준의 제품과 서비스만이 될 뿐이다.

그리고 틈새시장에서 작게 시작해서 독점화해라. 비즈니스 세상은 소수의 강자와 다수의 약자가 모인 곳이다. 작은 규모의 약자들은 골리앗의 빈틈을 노린다. 한마디로 틈새 전략에 초점을 맞춘다. 거점시장의 선택은 결정적 한 방에 에너지와 열정을 집중하는 과정이다. 창업을 시작할 때는 수익을 실현할 수 있는 범위 내에서 가장 작은 고객군을 설정하라. 단 하나의 시장만을 선택하는 거점시장은 장점이 있다. 강력한 포지션과 안정적이고 용이한 현금 흐름을 구축할 수 있고, 타깃을 한정하면 '팬'을 만들 수 있다. 그리고 거점시장에서 지배력을 확보해야 인접 시장을 공략할 기회와 기업 성장의 발판을 마련할 수 있다. 볼링 앨리(bowling ally)처럼 거점시장이 헤드핀 역할을 한다. 볼링 앨리는 볼링에서 스트라이크를 치기 위해 1번 헤드핀을 집중 공략하는 것을 말한다. 볼링에서 헤드핀이 쓰러지며 다른 핀과 충돌해 줄줄이 쓰러지는 것처럼 거점시장 장악은 인접 시장에 진출하거나 다른 제품을 출시할 때 초석이 된다.

그러나 거점시장 선정 시 주의할 점이 있다. 분석 결과 거점 시장이 너무 크다면 거점 시장으로 적합하지 않을 수도 있다. 처음 발을 들여놓는 시장은 학습의 장이기 때문이다. 따라서 작더라도 빨리 진입해 존재감을 드러내고 배울 수 있는 무대가 낫다. 운동을 배우는 원리를 생각해보자. 운동할 때는 실력이 좀더 나은 상대와 경기를 하면서 성장하게 마련이다. 처음부터 최고의 선수와 맞붙으면 프로는 확실히 다르다는 사실을 재차 확인하는 것 말고는 얻는 게 없다. 따라서 소규모 지역에서 사업을 시작할 경우 지역 내 거점을 확보해 성공한 다음 더 큰 지역으로 진출하라.

거점시장을 선택한 후에는 재 세분화가 필요하다. 거점시장에 초점을 두고 자세히 들여다보면 다시 세분화가 가능하다는 사실을 깨닫는다. 그렇다면 얼마나 좁혀야 충분한 걸까? 시장을 정의하는 조건을 충족시킬 때까지 시장을 세분화해야 한다. 시장 내의 고객은 모두 유사한 제품을 구매하고, 고객에 대한 영업주기가 유사하고 제품에 대한 기대치도 비슷하며, 고객 사이에 '입소문'이라는 강력한 구매 준거 기준이 존재한다. 명심

할 것은 하나의 시장만을 선택하라는 것이다. 그리고 세 가지 조건을 충족시키는 완전히 동질적인 시장을 찾을 때까지 계속 세분화해라. 집중만이 살길이다.

초기에 좁은 틈새시장을 공략하는 이유가 있다. 먼저, 좁은 틈새시장을 정해 그곳의 고객들에게 확실한 제품과 서비스를 제공하면 중간에 걸친 넓은 고객층에 모호한 접근을 하는 것보다 장기적으로 훨씬 더 큰 시장을 창출할 수 있다. 이는 일종의 등대효과라고도 할 수 있다. 현재 큰 성공을 누리는 거대한 기업도 처음에는 작은 틈새시장 고객에 집중하면서 점점 몸집을 키웠다. 그리고 작은 표적을 겨냥하면 매우 충성스러운 고객층을 만들 수 있다. 우리 회사보다 낮은 가격을 제시하는 경쟁자는 언제든지 나타날 수 있다. 특히 우리 회사가 내놓는 것이 프리미엄급 제품이라면 말이다. 그러나 충성스러운 고객은 다른 브랜드가 일시적으로 더 낮은 가격에 비슷한 제품을 판매해도 언제나 당신 곁에 머물 것이다. 또한 신제품을 선뜻 구매할 가능성도 높아진다. 적극적인 옹호자들은 당신의 새로운 아이디어도 위험부담을 감수하고 기꺼이 받아들일 용의가 있기 때문이다. 예를 들어 보자. 벤처기업 제품인 스마트 스킨케어가 있다. 회사는 피부에 막을 씌워 약물이 24시간 동안 서서히 스며들게 하는 피부 치료제를 개발했다. 하지만 자외선 차단제 시장은 너무 방대하고 경쟁자가 많았다. 따라서 자외선 차단제 시장을 재 세분화하여 '철인 3종 경기 등 익스트림 스포츠를 즐기는 30대'를 위한 자외선 차단제 시장을 거점으로 선정하여 시장에 진출했다.

4. 페르소나와 함께 창업하라

'고객과 함께 창업한다.'는 것은 창업가의 문제가설이 고객에게 정말 중요한 것인지를 검증해야 한다는 의미다. 이것을 고객/문제 적합성(CPF, Customer Problem Fit)이라 한다. 적합성을 검증하는 가장 첫 단계는 마케팅 첫 단계인 '페르소나' 예상이다. 페르소나는 예상고객의 이미지를 구체화하기 위해 만든 가상의 인물을 말한다. 창업기업에 맞는 비즈니스 모델인 '린 캔버스'의 고객군 중 한사람을 설정하면 된다. 고객군이라는 이름으로 표현하면 사용자 특성을 제대로 구체화 할 수 없다.

페르소나를 정하기 위해서는 첫째, 최종 사용자 프로파일을 파악해야 한다. 동질성이 강한 핵심 최종 사용자의 특징을 묘사하라. 이제 시장조사 자료를 토대로 거점 시장의 최종 사용자의 특징을 구체적으로 정의한다. 최종 사용자의 인구 통계학적 특징과 세계관을 파악해 초점을 좁혀야 한다. 비교적 동질성이 강한 핵심 최종 사용자에게 초점을 유지해야 한다. 특히, 창업멤버 중에 최종 사용자 프로파일과 일치하는 사람이 있다면 큰 행운이다. 왜냐하면 최종 사용자를 얼마만큼 이해하느냐가 성공을 좌우하기 때문이다. 이렇게 고객군을 세밀하게 설정해야 제품 판매 및 마케팅, 유통 전략을 짤 수 있다. 인구 통계적 관점에서만 생각하지 말고 고객의 세계관이 어떤지 그리고 고객들이 어떤 가치관에 따라 하루하루를 살아가는지 생각하라.

둘째, 고객을 대표하는 인물을 선정하여 특성을 묘사하는 것이 중요하다. 거점 시장이 확인되면 '내 물건을 사줄 소비자는 어떤 사람인가'를 설정해야 한다. 이를 위해 전형적인 고객을 대표하는 단 한 명의 인물, 즉 고객 페르소나를 만들어 봐야 한다. 구체적으로 페르소나를 설정해야 하는 이유는 목표 고객이라는 추상적인 개념이 손에 잡힐 듯 구체적인 인물로 바뀌기 때문이다. 이제 비즈니스에 단 한 사람의 고객을 만족시킨다면 그 사람은 누가 될지 구체적으로 표현해 본다. 딱 한 명의 '고객 페르소나'를 만들어라.

셋째, 고객의 입장에서 생각한다는 것은 고객의 입장에서 생각하는 페르소나를 분석하는 것이다. 페르소나 설정은 고객과의 벽을 허무는 것이다. 고객의 입장에서 가설을 만들기 위해서는 먼저 완벽하게 한 사람의 고객이 되어, 고객 입장에서 자신의 스토리를 말하는 것에서 시작해야 한다. 이를 위해 사용하는 방법이 페르소나다. 페르소나는 '한 사람의 인격'이라는 점이 포인트다.

넷째, 스토리는 페르소나의 관점으로 만들어라. 페르소나를 설정하는 좋은 방법은 밖에 나가서 사람들을 직접 만나고 어울리고 관찰하는 것이다. 페르소나 정보를 시각화해 제품개발 멤버와 공유하고 모든 의사결정 및 활동의 준거 기준으로 삼는다. 이후 제품개발에는 보편적인 최종 사용자가 아니라 오로지 개별 사용자에게 집중해 제품을 개발해야 한다. 여기서 중요한 정보는 페르소나의 구매 기준 우선순위다.

다섯째, 고객의 사용 시나리오 설정이다. 고객이 제품을 구입한 다음 실제로 사용하고 재 구매에 이르는 고객의 사용 시나리오를 설정하라. 앞에서 살펴본 것처럼 비즈니스에 단 한 사람의 고객을 만족시킨다면 그 사람은 누가 될지 구체적으로 표현해 보았다. 이제 그 사람이 제품을 가장 효과적으로 이용하게 되는 대표적인 상황을 시나리오(이를 '고객의 사용 시나리오'라고 한다)로 만들어 본다. 고객의 사용 시나리오는 기존 제품이 페르소나의 요구를 충족시키지 못한다는 판단 아래 그 대안을 찾는 과정을 알기 쉽게 설명하는 것이다.

마지막으로 가치제안이다. 제품이 제공하는 효용과 고객이 얻는 가치에 초점을 두고 제품의 특성을 함축적으로 설명하는 단일 메시지를 만들어라. 지금까지는 제품의 상세 이미지가 흐릿한 상태에서 고객에게 몰두해 그들의 욕구와 행동을 분석했다. 이제 고객에 대한 이해를 바탕으로 제품을 정의하는 과정이다.

5. 고객 공감지도로 파고들어라

페르소나의 예를 들어보자. 페르소나를 정하기 위해서는 다음과 같은 요소를 포함해야 한다.

- 이름, 나이, 성별, 직업, 취미, 성격, 생활스타일, 거주지, 출신지 등
- 사용하는 미디어, 관심주제, 일상생활에 대한 생각 등
- 행동특징, IT 기기 및 핸드폰의 활용능력, 직업이나 직무 등

페르소나를 깊이 이해하고 싶을 때는 공감지도를 활용한다. 공감지도를 그려보면 페르소나 심리상태를 이해할 수 있다. 공감지도에서는 페르소나가 느낄 감정의 미묘함을 자세하게 써야한다. 항목에 맞춰 내용을 자세히 써보면 고객과 더 강한 공감대를 형성할 수 있다. 공감지도에서 작성할 6가지 항목은 다음과 같다.[26]

- 생각과 느낌(think) 무엇을 생각하고 어떤 걱정을 하는가. 무엇을 바라는가.
- 듣는 것(hear) 무엇을 듣는가. 지인들(친구 등)은 어떤 이야기를 하는가.
- 보는 것(see) 무엇을 보는가. 시장을 어떻게 바라보는가.
- 말과 행동(say) 어떤 말과 행동을 하는가. 행동방식은 어떠한가.
- 고민과 고통(pain) 고민은 무엇인가. 불안과 불만, 두려움은 무엇인가.
- 원하는 것(gain) 무엇을 얻고 싶은가. 원하는 것, 필요한 것이 무엇인가.

---

26) 다도코로 마사유키 지음, 이자영 옮김(2019). 「창업의 과학」. 한빛미디어. pp122-128. 재정리

공감지도에서 설정한 페르소나는 27세 기업인으로 해외여행을 자주한다. 저렴하지만 추억에 남는 여행을 하고 싶다. 여행지에서는 좋은 추억을 쌓고 현지문화에서 비즈니스 통찰력을 얻고 싶다. 이를 공감지도로 표현하면 다음과 같다.

[고객 공감지도]

제3장
비즈니스 모델 설정

1. 비즈니스 모델정의

　창업가에게 비즈니스 모델이 무엇인지 질문하면 여러 가지 답이 나온다. 어떤 사람은 사업아이템으로 대답하고 어떤 사람은 제품의 콘셉트를 말한다. 또 고객을 위한 모델이라거나 솔루션 모델이라고도 한다. 어떤 대답이든 비즈니스를 실현하기 위한 것과 관련된 것이라면 전혀 틀렸다고 말하기는 어렵다. 그러나 창업기업의 멤버가 비즈니스 모델에 대한 개념을 서로 다르게 갖고 있다면 이 또한 효율적이지 못하다.

　비즈니스 모델은 기업이 어떻게 가치를 창출하고 전달하여 수익으로 연계할 것인가를 논리적으로 묘사한 것이다. 단순하게 표현하면, 기업이 제품이나 서비스를 제공하여 고객 문제점을 해결하고 반대급부로 돈을 받는 방안이다. 사업유형에 따라 판매수익, 광고수익, 수수료, 로열티, 임대수익 등으로 구분된다. 비즈니스 모델은 또한 고객, 상품, 채널 등의 관점에서 변화를 주면 기업의 수만큼 많아진다. 그럼에도 비즈니스 모델로서 가능하려면 다음 세 가지 질문에 답할 수 있어야 한다. 고객, 누구인가? 문제점, 어떤 불편이 있는가? 가치, 어떻게 창출하고 고객에게 제공할 것인가?

한 창업가는 자동차 완구모형의 '모빌리티'를 소개했다. 유아에게 맞을 것 같은, 있으면 좋을 것 같은 탈 것이었다. 현재의 어떤 문제점을 해결하고 싶은지, 그래서 어떻게 수익을 창출할 것인지에 대해 물었다. 그는 기존 유모차에 어린이용 자동차 기능을 더한 전동 모빌리티 제품을 만들고 싶다고 설명했다. 비즈니스 모델에 대한 질문에 그는 사업아이템으로 답했다.

먼저 목표고객을 설정하고 현재 문제점을 정확하게 짚어야 한다. 유모차를 만들고 싶다면 사용자와 구매자를 확정하고, 문제점을 찾는 것에서 시작해야 한다. 아이와 관련된 제품은 안전이 우선이다. 유모차의 안전가드, 브레이크, 차양 막, 안전벨트 등에서 안전성을 요구한다. 거기에 기존 제품의 불편함까지 개선해 엄마에게 덜 번거롭게 해 줄 수 있어야 승산이 있다. 유모차에 모빌리티 기능을 더해 유아에서 어린이까지 고객 대상을 확장하는 것은 위험하다. 특히 동력을 넣는 것은 유모차 제품의 본질을 망각한 행위다. 고객 욕구를 어떻게 충족시킬 것인가에 집중해야 한다. 고객을 벗어난 사업계획은 '고객은 이런 걸 좋아할 것이다'라고 전제하고 들어간다. 그리고 다른 회사는 이것을 못하는데 나는 잘할 수 있을 것 같다는 자기논리로 시작한다. 관념적이고 막연한 접근은 문제를 더 복잡하게 만든다. 사소하지만 분명한 것을 찾아야 한다.

마지막으로 핵심역량을 키워 가치를 창출하고 제공해야 한다. 가치는 실용적 가치와 정서적 가치로 구분할 수 있다. 전자가 안전함, 고통해소와 같은 것이라면 후자는 소중함이나 여유로움을 느끼는 것이다. 유모차라면 실용적 가치인 아이의 편안함과 정서적 가치인 엄마의 여유로움을 제공할 수 있어야 한다. 이 같은 가치 창출과 전달이 있어야 비로소 고객의 지갑이 열린다.

만약 유모차가 아닌 완구형 모빌리티를 만들고 싶다면 그에 맞는 비즈니스 모델을 따로 정립할 필요가 있다. 어린이를 대상으로 '즐거움'을 제공할 수 있어야 한다. 제품중심의 사고에서 벗어나 가치제공을 통해 수익을 창출하는 방안이 중요하다. 창업가의 제품이 어떤 경우이든 이미 고객은 어디선가 욕구를 충족시키고 있다. 그 욕구를 자사제품으로 이전시키기 위해서는 기존 대체제가 제공하는 가치에 비해 상대적인 격차를 만들 수 있어야 한다.

창업가의 비즈니스 모델은 언제든 바뀔 수 있다. 고객의 반응이 호의적이지 않다면 그게 정석이다. 처음 비즈니스 모델을 무조건 밀고 나가는 것은 진짜 고객에서 벗어나는 길이며, 더 위험하다. 다시 시도하면 될 일이다.

[비즈니스 모델]

협력자 (cooperator)

고객 (Custormer) → 문제 (Problem) → 상품 (Product)

상품 (Product) → 공감 (Empathy) → 고객 (Custormer)

수익모델 (Profit Model)

기타: 조직, 프로세서, 자원, 역량 등

기업이 생존하기 위해서는 비즈니스 모델에 혁신을 담아내야 한다. 코닥의 실패사례는 디지털시대에 과거의 비즈니스 모델과 충돌한 것이다. 코닥은 미국시장 점유율 79% 상황에서 이미 오래전에 디지털 기술을 확보했다. 그러나 필름시장에서의 수익원천을 포기할 수 없어 카메라를 팔고 필름시장과 인화시장에서 수익을 남기는 구조를 계속 가져갔다. 그러나 디지털 카메라가 대중화 되면서 필름과 인화시장은 점차 사라지게 되었다. 결국 비즈니스 모델에서 혁신을 담아내지 못하면서 역사의 뒤안길로 사라진 것이다. 사업유형별 수익모델을 정리하면 다음과 같다. 크게 구분하면 광고, 소매, 임대, 로열티, 기획, 시스템 벤더, 운용대행 등이 있다.

[비즈니스 모델 유형]

구 분		내 용
광고	광고제공형	사이트 일부에 광고 게재, 광고료 징수, 배너형, 팝업형, 버튼형, 검색표시형 등
	스폰서제공형	사이트 일부 코너 또는 전부 특정 고객에게 제공, 광고료 수수, TV프로그램 협찬 등
소매	제품/서비스 판매형	상품 및 서비스 판매를 통한 수익
	거래수수료형	타사의 상품 및 서비스를 판매, 일정 수수료나 로열티 징수
임대	장소임대형	사이트 일부를 전자상점을 열 수 있는 공간으로 제공, 사용료 징수
로열티	회비징수(고객)	유료회원을 모집, 그들에게 메리트 제공
	회비징수(판매자)	판매자로부터 회비를 징수, 고객을 소개
기획	제작대행	사이트 디자인 또는 시스템 설계를 대행, 제작료 징수
시스템밴더	도구/엔진공급	사이트 제작에 필요한 각종 엔진이나 도구를 판매하거나 대여, SW 판매등
	하드웨어공급	서버 등 사이트 구축, 운영에 필요한 인프라를 판매/대여
운용대행	운용대행	사이트 운영에 필요한 인재 및 노하우를 계속 지원

2. 비즈니스 모델 캔버스

　비즈니스 모델 분석방법은 분석 변수를 어떻게 정의하느냐에 따라 3가지로 구분할 수 있다. '최소변수 BM분석'은 간단하게 4개 변수로 정리한 것이다. 주요내용은 가치제안, 수익공식, 핵심자원, 핵심프로세스이다. 우리가 많이 활용하고 있는 '비즈니스모델 캔버스(BMC)'는 아이디어의 스케치나 기존 비즈니스 모델의 분석 및 재구축 과정에 유용한 도구다. 9개의 사업화 구성요소를 배치하고 핵심요소들 간의 관계와 흐름을 분석함으로써 아이디어를 구체화하는 과정이다. 9개 사업화 구성요소는 수익구조의 고객세분화, 가치제안, 유통채널, 고객관계, 수익흐름 등 5개요소와 비용구조의 핵심자원, 핵심활동, 핵심파트너, 비용구조 등 4개요소다. 이것은 최소변수 BM을 더 세분화 한 것이다.

[비즈니스 모델 캔버스]

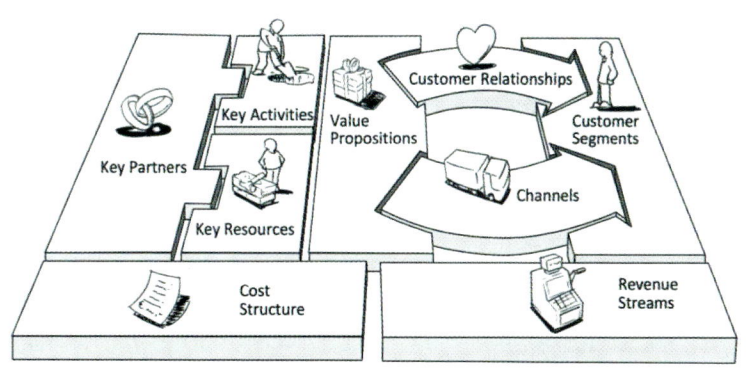

비즈니스 모델 캔버스 작성법은 다음과 같다.

먼저 수익흐름부터 시작한다. 수익흐름은 고객세분화, 가치제안, 유통채널, 고객관계, 수익흐름 순으로 파악한다.

[비즈니스 모델 수익흐름]

ⅰ) 고객세분화(customer segments) 어떤 비즈니스 모델이든 고객이 없다면 비즈니스 자체가 성립할 수 없다. 고객의 요구나 행동상의 특징, 그 외의 특성에 따라 적절한 대응과 접근이 필요하다. 기업은 세부 고객별로 그에 맞는 상품이나 서비스를 제공한다. 따라서 고객이 얼마나 상이한 유형의 사람들인지를 규정해야 한다. 해당고객에게 접근하는 유통채널이 다르다. 전혀 다른 유형의 고객관계를 필요로 한다. 수익성에 있어서도 현저한 차이가 있다.

ⅱ) 가치제안(value propositions) 기업은 고객이 처한 문제를 해결해주고 욕구를 충족시켜주는 특정한 가치를 제공한다. 가치란 고객이 처한

갈증을 해결해 주거나 니즈를 충족시켜주는 바로 그 요소이다. 가치제안의 고려요소는 새로운 성능, 커스터마이징, 디자인, 가격, 비용절감, 리스크 절감, 접근성, 편리성 및 유용성 등이다.

iii) 유통채널(channels) 기업이 제공하는 가치는 커뮤니케이션, 물류, 판매 채널 등을 통해 고객에게 도달한다. 고객에게 가치를 제안하기 위해 커뮤니케이션을 하고 상품 및 서비스를 전달하는 방법이다. 마케팅 프로세스에 따른 인지, 평가, 구입, 제공, AS의 5단계를 포함한다. 이것은 고객경험에 매우 지대한 영향을 미치는 접촉 수단이다. 채널의 기능은 고객 이해도를 향상시키고, 기업이 전달하는 가치제안을 고객들이 평가하도록 해준다. 그리고 고객에게 가치제안을 전달하고 고객의 구매를 도와주며 구매고객에게 AS를 제공한다.

iv) 고객관계(customer relationships) 고객과의 관계는 각각의 고객 세그멘트별로 특징적으로 확립되고 유지된다. 특정한 고객 세그먼트와 어떤 형태의 관계를 구축할 것인가? 고객을 확보하고 유지하고 확대하기 위한 조치를 포괄한다. 고객관계 구축의 유형들을 보면 개별지원, 헌신적 지원, 자동화, 커뮤니티 등이 있다.

v) 수익흐름(revenue streams) 기업은 고객이 원하는 가치를 성공적으로 제공했을 때 수익을 획득할 수 있다. 수익원은 고객 세그먼트에서 창출하는 현금을 의미한다. 각 고객의 세그먼트는 어떤 가치를 위해 기꺼이 돈을 지불하는가? 그리고 그것은 일회적인가, 또는 지속적인가 하는 것이 중요하다. 수익원 창출 방안은 물품판매, 라이센싱, 이용료 가입비, 광고, 임대료 등이 있다.

다음에는 비용구조를 파악한다. 비용구조는 핵심자원, 핵심활동, 핵심파트너, 비용구조 순으로 파악한다.

[비즈니스모델 비용구조]

[KP(핵심파트너)]
· 핵심파트너는
  누구인가?
 	
· 파트너가
  실행하는 주요활동은
  무엇인가?
 	
⑧
	[KA(핵심활동)]
	· 가치제안을 위해
	  필요로 하는 핵심
	  활동은 무엇인가?
	⑦
	
	[KR(핵심자원)]
	· 가치제안을 위해
	  필요로 하는 핵심
	  자원은 무엇인가?
	⑥
		[VP(가치제안)]
		· 우리가 전달하고자
		  하는 가치는 무엇인가?
		
		· 우리가 만족시키는
		  고객 요구는 무엇인가?
			[CR(고객관계)]
			· 어떤 유형의 고객
			  관계를 형성하고
			  유지할 것인가?
			
			[CH(유통채널)]
			· 세분화된 고객별로
			  어떤 채널을 통해
			  전달하는지?
				[CS(고객세분화)]
				· 우리가 창출하는
				  가치는 누구를
				  위한 것인가?
				
				· 우리에게 가장
				  중요한 고객들은
				  누구인가?

[CS(비용구조)] · 우리 BM에서 발생하는 주요 비용은? ⑨			[RS(수익흐름)] · 고객이 기꺼이 지불할 만한 가치는 무엇인가? · 현재 고객이 지불하고 있는 것은 무엇인가?	

vi) 핵심자원(key resources) 비즈니스를 원활하게 진행하는데 가장 필요한 자산이다. 기업은 이 핵심자원을 활용하여 가치를 창출하고 고객에게 제안하며 고객과의 관계를 유지함으로써 수익흐름을 창출한다. 핵심자원은 소유할 수 있지만 리스하거나 핵심파트너에게서 획득하는 것도 중요하다. 핵심자원의 유형들은 물적자원, 인적자원, 재무적 자원, 지적자원이 될 수 있다.

vii) 핵심활동(key activities) 기업이 비즈니스를 제대로 영위하기 위해 꼭 해야 하는 중요한 활동이다. 핵심활동은 가치를 창출하고 고객에게 제안하며 고객과의 관계를 유지함으로써 수익흐름을 창출한다. 핵심활동은 제품을 생산하거나 새로운 해결책을 제시하는 것이다. 플랫폼과 네트워크를 활용하여 문제를 해결하고 가치를 향상시키는 것 등이 포함된다. 병원에서는 환자를 치료하는 것이다.

ⅷ) 핵심파트너 (key partners) 여러 이유로 파트너 십을 구축하고 있는데, 파트너 십은 많은 비즈니스 모델의 근간으로 그 의미가 증가하고 있다. 비즈니스 모델을 원활히 작동시켜줄 수 있는 '공급자-파트너'간의 네트워크를 의미한다. 구축이유는 비즈니스 모델의 최적화, 규모의 경제, 리스크 및 불확실성 감소, 자원 및 활동 획득 등이다. 파트너십의 유형들은 비경쟁자들 간 전략적 동맹, 경쟁자들 간의 전략적 파트너십, 새로운 비즈니스를 개발하기 위한 조인트벤처, 안정적 공급을 확보하기 위한 '구매자-공급자' 관계 등이다.

ⅸ) 비용구조(cost structure) 비즈니스 모델의 운영에서 발생하는 모든 비용을 말한다. 특히 핵심적인 비용을 의미하며, 핵심자원(key resources), 핵심활동(key activities), 핵심파트너(key partners) 등을 정의하면 비용구조를 쉽게 파악할 수 있다. 비용구조의 분류 및 구성항목으로는 비용주도 및 가치주도 등이 있다. 비용주도는 비용절감, 가능한 최소 비용구조 구축 및 유지 등 활동을 말한다. 여기에는 저가정책, 최대한의 자동화, 아웃소싱 확대 등 활동이 여기에 포함된다. 최근 저비용항공사의 저가활동이 해당된다.

다시 비즈니스모델을 4대 영역으로 구분하면 아래와 같다.

제품서비스 영역에는 가치제안이 해당하고, 고객접점 영역은 고객관계, 유통채널, 고객세분화가 해당된다. 재무적 측면은 수익흐름과 이에 대비되는 비용구조가 해당된다. 경영기반은 핵심자원, 핵심활동, 핵심파트너 등이 해당한다.

[비즈니스 모델의 4대영역]

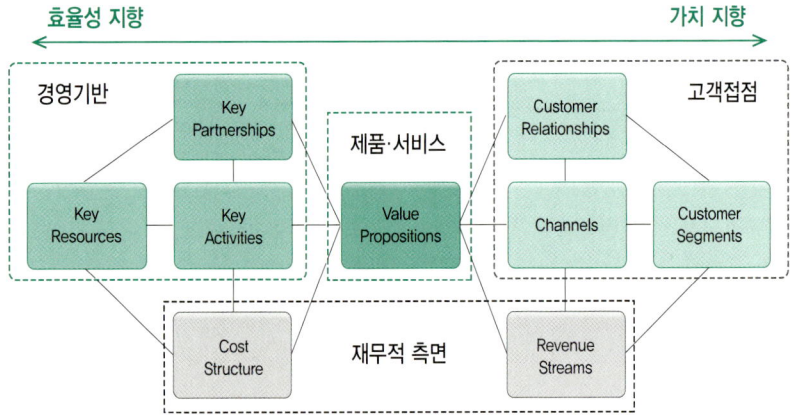

　비즈니스모델 캔버스를 토대로 교육회사를 대상으로 그림을 그리면 다음과 같다. 고객세분화는 일반, 기업 및 대학 고객 등으로 나눈다. 또 기업 고객이라면 공통교육과 전문교육으로 구분한다. 대학 고객이라면 학부생 및 MBA과정으로 구분할 수 있다. 가치제안은 고객 니즈를 충족시켜주는 요소다. 체험교육 및 실용교육, 그리고 전문교육 및 인문교육으로 구분할 수 있다. 유통채널은 홈페이지, 교육 카페를 활용하는 방법 및 직접교육 방법이 있다. 고객관계는 온라인 커뮤니티나 콜센터 등을 활용할 수 있다. 수익창출은 교육비, 콘텐츠 이용료, 컨설팅 비용 등이 있다. 수익흐름은 일회적인가 또는 지속적인가 하는 것이 중요하다.

[교육회사 비즈니스 모델 캔버스]

[KP(핵심파트너)]	[KA(핵심활동)]	[VP(가치제안)]	[CR(고객관계)]	[CS(고객세분화)]

· 강사
· 시스템 개발자
· 교육/유통회사
	· 교육콘텐츠 개발
	· 교육 프로그램 개발
	· 교육 서비스 제공
		· 체험 중심의 교육
		· 실용적인 교육
		· 몰입할 수 있는 교육
		· Plan-Do-See 교육
		· 재미있는 교육
			· 인터넷커뮤니티
			· 콜센터
			· 뉴스레터
				· 기업고객
				  – 대기업/중견기업
				    : 핵심 인재 육성
				· 대학 및 대학원
				  – 경영학부 및 MBA

	[KR(핵심자원)] · 연구인력 · 강사 · 개발인력 · 교육 상담요원 · 특허 및 브랜드		[CH(유통채널)] · 홈페이지 · Cafe · 직접 유통 · 교육/유통회사	

[CS(비용구조)]	[RS(수익흐름)]
· 시스템 개발 및 유지비 · 강사비 · 판매 및 관리비	· 교육비 · 콘텐츠 이용료 · 컨설팅 비용

3. 린(Lean) 캔버스(BMC)

예비창업자 K는 중소기업 창업자금을 신청하고서 사업계획을 발표할 날짜를 통보받고 소정양식에 따라 사업계획서를 작성했다. 그는 만남을 주선하는 어플리케이션(L)을 개발하여 서비스를 제공하고자 했다. 그런데 비즈니스 모델을 어떻게 작성하고 검증해야 할 것인지에 대해 고민에 빠졌다. IT분야를 전공하여 앱을 개발하는 데는 경험이 있었지만, 자신이 생각하고 있는 사업모델을 분석하는 것은 아무래도 서툴렀다. 주변에서 흔하게 볼 수 있는 경우이다. 창업가에게 비즈니스 모델이 무엇인지 질문하면 여러 가지 답이 나온다. 제품 콘셉트라거나 또는 고객을 위한 모델이라고도 한다. K는 아마 솔루션 모델이라고 했을 것이다. 비즈니스를 실현하기 위한 요소들이기에 틀렸다고 말하기는 어렵다. 그러나 창업기업의 멤버가 비즈니스 모델에 대한 개념을 서로 다르게 갖고 있다면 이 또한 효율적이지 못하다.

창업 팀이 공통적으로 이해할 수 있는, 비즈니스 모델의 분석 틀을 마련할 필요가 있다. 비즈니스 모델 분석방법은 분석 변수를 어떻게 정의하느냐에 따라 3가지로 구분할 수 있다. '최소변수 BM분석'은 간단하게 4개 변수로 정리한 것이다. 주요내용은 가치제안, 수익공식, 핵심자원, 핵심프로세스이다. 우리가 많이 활용하고 있는 '비즈니스모델 캔버스(BMC)'는 기존 비즈니스 모델의 분석 및 재구축 과정에 유용한 도구다. 9개의 사업화 구성요소를 배치하고 핵심요소들 간의 관계와 흐름을 분석함으로써 아이디어를 구체화하는 과정이다. 이것은 최소변수 BM을 더 세분화 한 것이다. BMC 작성은 수익흐름 파악이 먼저다. 그리고 비용구조를 파악한다. 수익흐름은 고객세분화, 가치제안, 유통채널, 고객관계, 수익흐름 순으로 파악한다. 다음 비용구조를 파악한다. 비용구조는 핵심자원, 핵심활동, 핵심파트너, 비용구조 순으로 파악한다.

BMC는 객관적으로 자원이 많은 대기업이 신규 사업을 검증하기 위한 프레임이다. 고객관계가 설정되어 있지 않고 핵심파트너 구축이 안 된 스타트업에는 잘 맞지 않는 항목이 있다. 스타트업을 위한 분석방법으로 '린(Lean) 캔버스'가 있다. 이 방법은 창업에서의 실패와 성공경험을 토대로 고안한 분석모델이다. 린 캔버스는 BMC와 마찬가지로 9개 블록으로 구성되어 있다. 다만, 창업기업에 맞게 고객관계를 경쟁우위로, 고객세분화를 고객군으로 변경하고, 핵심파트너십은 중요한 문제, 핵심자원을 솔루션, 핵심활동을 핵심지표로 바꾸었다. 린 캔버스는 스타트업에 중요한, 특히 고객문제와 가치제안에 집중한다. 먼저 예상고객의 해결해야 할 문제점을 찾는다. 문제는 확인되지 않은 것이므로 가설로 존재한다. 그리고 고객을 특정 한다. 고객군은 얼리어댑터를 중심으로 설정하는 것이 좋다. 이 그룹은 정보에 민감하고 문제가 있으면 피드백을 제공하기도 한다. 마지막으로 고유 가치제안이다. 고객문제에 대해 어떤 제품이나 서비스로 어떤 가치를 제공할 것인가이다. 이로써 스타트업이 해결하려는 문제가 고객의 문제와 일치하는지, 즉 고객과 적합성을 실현하는 핵심 내용을 설정했다. 이 세 가지를 채웠다면 이를 실현하기 위한 구체적인 실행계획 6가지를 순차적으로 작성하면 된다. 린 캔버스 작성방법은 다음과 같다.

ⅰ) 문제와 고객군이다. 이 두 개를 축으로 다른 영역을 채워나간다. 고객들이 해결해 주기를 바라는 최소 3개 문제점을 '문제'칸에 적는다. 현재 고객들이 이 문제를 풀고 있는 대체방안들을 1칸에 제시한다. 사용자와 고객을 구분하여 2번 칸을 채운다. 1번 칸의 문제점을 생각하며 타겟 고객을 구체화한다.

ⅱ) 고유가치제안이다. 린 캔버스에서 가장 중요한 칸이다. 이 칸에는 기존 제품이 충족시키지 못한 부분을 당신의 신제품이 어떻게 충족시킬 수 있는지, 그 차별화 가능에 중점을 두고 작성해야 한다. 그러나 제품의 기능보다는 그 기능으로 인해 고객이 얻는 가치를 중점적으로 작성해야 한다.

ⅲ) 위 세 가지를 채웠다면 이를 실현하기 위한 구체적인 실행계획 6가지를 순차적으로 작성하면 된다. 린 캔버스는 계속해서 수정될 수 있기 때문에 정답을 찾기보다는 일단 작성하고 또 수정하는 것이 낫다.

[린 비즈니스 모델 캔버스]

[문제] 가장 중요한 문제 1~3가지를 나열하라 **1** [대안] 현재 문제들이 어떻게 해결되는지를 나열하라	[솔루션] 각 문제에 대해 가능한 솔루션의 개요를 적어라 **4** [핵심지표] 사업현황을 알려주는 핵심 숫자들을 나열하라 **8**	[가치 제안] 제품구매 이유와 다른 제품과의 차이점을 설명 하는 분명하면서도 설득 력 있는 하나의 메세지 **3**	[경쟁우위] 다른제품이 쉽게 흉내낼 수 없는 특징 **9** [채널] 고객 도달 경로 **5**	[고객군] 타깃 나열하라 **2** [얼리 어답트] 이상적 고객 특징을 나열하라
[비용 구조] 고정비와 변동비를 나열하라 고객 획득 비용(COCA) **7**			[수익 흐름] 매출원을 나열하라 고객생애 가치(CLV) **6**	
제품 · 서비스			시장	

K의 만남을 주선하는 앱(L)을 린 캔버스에 맞춰 분석해보자. 서비스 영역에서 문제는, 만남 사이트에는 진정한 연애를 위한 매칭이 없어 신뢰성 없다는 점이다. 시장영역에서 고객군은, 자연스럽고 거짓 없는 만남을 원하는 남녀가 있다. 고유 가치 제안은 진정한 연애를 원하는 남녀에게 신뢰도 높은 만남을 주선하는 것이다. 문제에 대한 솔루션은 네이버계정으로 로그인하도록 하여 신뢰성을 높인다. 고객에게 도달하는 채널은 미디어를 활용한다. 수익모델은 서비스 수수료와 광고수익이 있다. 비용구조는 시스템개발비와 마케팅 비용이 있다. 핵심지표는 서비스 가입자 수이며, 경쟁우위는 유사 사이트에 비해 신뢰성이 높다는 점이다. 린 캔버스는 한 장의 그림으로 표현함으로써 창업기업의 비즈니스 모델에 대한 이해를 높일 수 있다. 또한 비즈니스 모델을 새롭게 창출하거나 변경하기에도 매우 유용하다.

['만남주선' 앱의 린 캔버스]

① 문제 만남앱(app) 장사꾼 변질	④ 솔루션 공식계정 로그인	③ 고유가치제안 진정한 만남 위한 기회제공	⑨ 경쟁우위 신뢰성 높은 비즈니스모델	② 고객군 진솔한 만남 원하는 남녀
	⑧ 핵심지표 서비스 가입 인원·기간		⑤ 채널 미디어 광고	
⑦ 비용구조 시스템개발, 마케팅비용			⑥ 수익흐름 서비스수수료, 광고수익	
제품·서비스			시장	

4. 비즈니스 모델과 사업계획서

비즈니스 모델

비즈니스 모델은 '어떻게 조직이 가치를 창출하고 전달하고, 수익을 획득하는 지'를 논리적으로 정리한 것이다. 사업계획서는 어떤 비즈니스의 목적과 그것이 달성가능하다는 근거, 그리고 이를 위한 구체적인 계획이 포함된 공식문서를 말한다. 사업전략은 불확실한 상태에서 하나 이상의 목적을 쟁취하기 위한 높은 차원의 계획이다. 비즈니스 모델과 사업전략을 연결하면 다음과 같다.

[비즈니스 모델, 전략 그리고 전술]

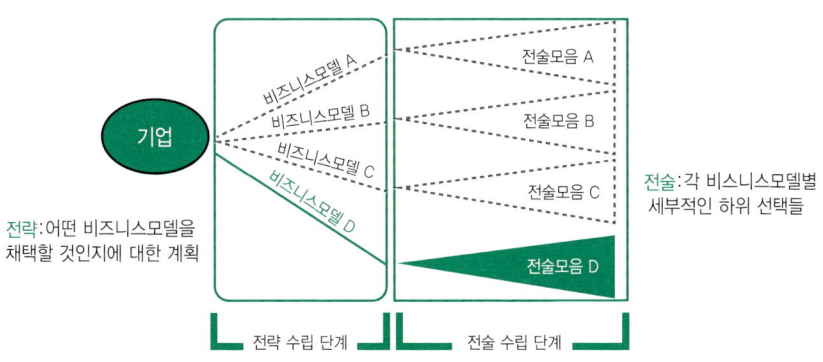

비즈니스 모델의 핵심내용을 종합한 결과는 고객중심 비즈니스 모델이다. 이 모델은 고객가치에 기여하는 것을 중심으로 핵심 비즈니스모델을 설계한 것이다. 이 모델은 push가 아닌 pull 중심의 시각이다. 시장과 제품의 차이를 확인하고 변화를 모색한다.

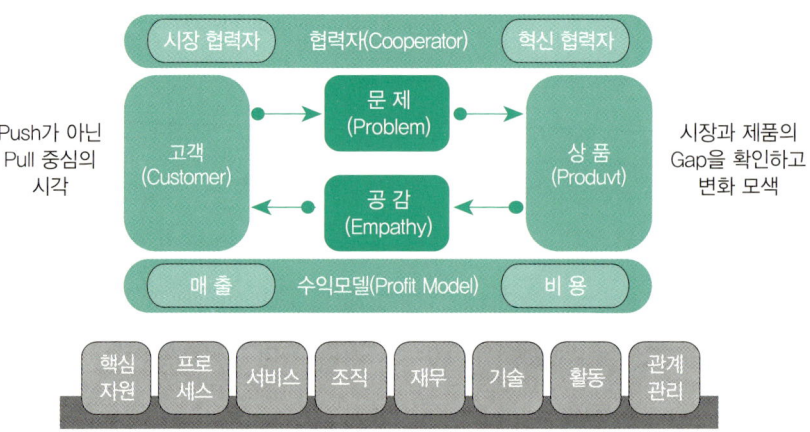

　비즈니스 모델은 고객, 상품, 채널, 수익모델 관점에서 변화시키면 여러 가지 유형이 나올 수 있다. 비즈니스 모델 매트릭스를 적용하면 다음과 같다. 먼저 비즈니스 모델의 다양한 유형을 만들기 위해 핵심요소를 고른다. 비즈니스 모델의 핵심요소와 사칙연산의 조합으로 다양한 비즈니스 모델 유형을 창출하는 것이 가능하다. 교육회사를 대상으로 전개하면 다음과 같다. 고객요소에서의 (+)항목은 고객을 추가적으로 확보하기 위한 것이다. 신규고객을 확보하는 것도 중요하지만 수익에 도움이 안 되는 고객은 디마케팅을 통해 배제(-)할 수도 있다. 한사람의 고객이 1개 과정을 들었다면 점차적으로 2개 과정이나 3개 과정(x)을 들 수 있다. 기존 고객을 세분화(%)하여 별도의 그룹을 위한 프로그램을 만들 수도 있다. 상품요소에서도 학습과목을 고객시장에 따라 통합하거나 분할하고 또한 커스터마이징할 수 있다. 채널에서는 여러 경로의 채널을 활용할 수도 있고, 다른 채널과 협력하여 보상프로그램을 운영할 수도 있다. 수익모델에서는 직접 교육비, 콘텐츠 이용료, 또는 컨설팅 비용을 수익으로 잡을 수 있다.

[비즈니스 모델 매트릭스]

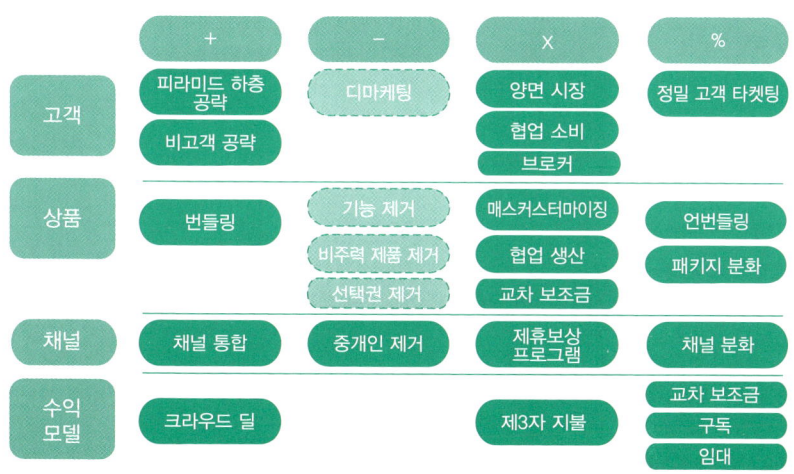

사업계획서

사업계획서는 사업계획을 문서로 구체화한 것이다. 사업계획을 수립한다는 것은 사업목표를 달성하기 위한 회사전략 및 사업전략을 세운다는 것이다. 사업계획서에 포함되어야 할 내용은 대체적으로 다음과 같다.

[사업계획서 주요내용]

요 소	주 요 내 용
- 제품	무엇을 팔것인가
- 시장	누구에게 팔것인가
- 경쟁분석/핵심역량	잘 팔릴 것인가
- 마케팅	어떻게 팔 것인가
- 개발/구매/생산/판매	경영은 어떻게 할 것인가
- 경영진	경영 주체는 누구인가
- 재무예측	돈을 벌 수 있을 것인가
- 자금회수	언제쯤 사업이 자리를 잡을 것인가

사업계획서는 용도에 따라 여러 가지 형태로 작성될 수 있다. 금융지원을 받고자 하는 경우, 투자를 받고자 하는 경우, 또는 내부 보고용 등이 있다. 여기서는 외부에 사업제안을 하는 경우의 사업계획서를 가정한다.

[사업계획서 구성]

	구 성	주 요 내 용
1	표지(제목)	(제목) 사업 성공가능성 및 잠재성을 간략하게 표현
2	정의(요약)	(목적) 사업목적을 한문장으로 정의 (요약) 사업계획서 조망 가능한 매우 중요한 부분
3	문제(problem)	(배경) 창업 아이디어를 발견한 배경 제시 (문제) 해결하고 싶은 문제점 제기
4	해결책(solution)	(가치) 문제점 해결방안 및 가치제안 제시 (설득) 프리토타입, 데모버전 등 제시하여 설명
5	시장·경쟁분석	(시장) 환경분석, 타겟 이해, 시장규모 및 성장성 (경쟁) 산업내 경쟁구조에 대한 분석
6	비즈니스 모델	(모델) 수익창출의 근원과 수익흐름을 제시 (작성) 비즈니스 모델 캔버스 활용
7	마케팅/영업	(전략) 제품출시 전략과 마케팅 전략 수립 (실행) 스타트업에 적합한 4P 전략 구체화
8	재무계획	(자금) 자금 사용목적 및 확보계획 마련 (재무) 추정재무제표 작성, 손익분기점(BEP) 제시
9	회사(팀)	(회사) 조직구성 및 주주현황 (팀구성) 팀원의 업무관련 경험 및 강점(성공이력)
10	운영계획	(일정) 사업운영 타임테이블 구성
11	첨부자료	(근거) 사업계획서 작성에 근거가 된 자료 작성

창업기업의 사업 계획은 창업단계별로 다소 차이가 있을 수 있다. 창업기업의 단계는 창업준비, 창업, 매출실현전, 매출실현, 이익실현 등 5단계로 구분된다. 사업계획서는 일반적으로 창업준비, 또는 창업단계의 계획서를 말한다. 세계의 유명 액셀러레이터인 YC(Y Combinator)에서 제안하는 사업계획서 내용도 이와 비슷하다. 이에 대해서는 제4부에서 별도로 자세하게 설명한다.

[YC 사업계획서 구성]

	구 성	주요 설명내용
1	제목	회사명, 로고, 비즈니스 한줄 설명
2	문제(problem)	기존에 고객이 어떤 문제를 겪고 있는지 설명
3	솔루션(solution)	고객 문제를 어떻게 해결할 것인지?
4	트랙션(traction)	숫자로 제품의 마켓규모를 증명(성장세)
5	경쟁분석	누가 경쟁상대이고 경쟁강도는 어떠한지?
6	비즈니스 모델	사업의 본질에 집중
7	비전	어떻게 글로벌 회사가 될 것인지?
8	회사(팀)	적합한 사람 포함여부(팀의 강점)
9	자금용도	비즈니스에 얼마의 돈을 어떻게 사용할 것인지?

사업계획서 대부분은 외부에서 자금을 조달하거나 투자를 받으려고 하는 경우이다. 이때 중요하게 판단하는 요소들이 있다. 국내외 액셀러레이터의 주요 포인트는 비슷하다. 특징이 있다면 해외에서는 기업의 본질에 초점을 맞춘다. 주로 고려하는 사항은 팀(Team)과 기술과 매출이다. 창업팀은 사업을 추진하기에 적합한 사람들로 구성되어 있는지 여부에 대한 것이다. 팀이 필요로 하는 덕목으로는 판매 및 설득 노하우, 협상 노하

우, 경쟁사에 대한 해박한 지식, 시장은 물론 자사의 기술에 대한 이해와 지식이다. 기술은 적절하고 확실한 기술을 확보하고 있는지를 중점적으로 본다. 매출(Traction)은 사업초기 뿐만 아니라 지속적으로 성과를 낼 수 있을지를 검토한다. 만일 상기 3개 중 2개의 사항이 적합하다면 투자자들이 투자를 할 수 있는 여건을 갖춘 것으로 본다.

다른 한편으로는 사람, 기회, 통찰력에 중점을 두는 경우도 있다. 사람은 인적자원의 강점을 뜻한다. 창업기업은 미래 예측이 어렵다. 그래서 알려진 창업가(팀)을 선호하는 경향이 있다. 창업팀 구성원의 이력서를 보고 의외의 리스크를 줄이려고 하는 경향이 있다. 아이디어에 투자하는 것보다는 사람에 투자하는 성향을 말한다. 그리고 기회를 중요한 요소로 본다. 기회는 수익기회를 말한다. 사업의 경쟁자와 그들의 강점과 약점, 그리고 경쟁자의 반응에 대해 면밀한 검토를 한다. 또한 외부환경에 대한 통찰력도 중요하다. 환경의 변화는 사업의 매력도와 관련성이 매우 높다. 코로나19 같은 감염병으로, 또는 강대국 무역분쟁으로 인해 어떤 사업은 매력도가 올라가기도 하고 어떤 사업은 반대의 경우도 생긴다. 이 같은 환경변화를 빠르게 감지하고 사업에 미치는 영향을 간파하는 통찰력이 중요하다.

사업계획의 구성 내용중 필수적인 내용을 보면 다음과 같다. 환경 분석, 목표 수립, 전략수립, 판매계획 및 생산·구매 계획, 조직운영 계획, 투자계획, 추정손익 등의 순으로 작성한다. 환경 분석은 외부 환경 분석, 산업구조 분석, 경쟁 환경 분석으로 구분된다. 외부 환경 분석은 외부환경의 변화가 기업경영에 위협이 되는지, 또는 기회가 되는지를 분석한다. PEST(Political, Economic, Social-cultural, Technological)분석은 글자 그대로 정치·경제·사회·기술 분석을 말한다. 이 내용은 제1장에서 자세하게 기술했다. 산업구조분석은 마이클 포터의 5-Forces Model이 있다. 이 모델은 산업내 경쟁, 잠재적 경쟁자, 대체재 위협, 구매자 파워, 공급자 파워 등 5가지 분석모델을 말한다.

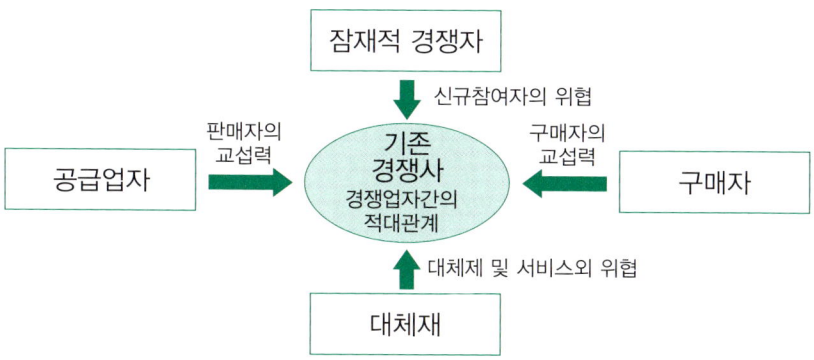

경쟁 환경 분석은 시장분석과 경쟁분석을 말한다. 내부 환경 분석은 외부 환경 변화에 대한 대응방향을 선택하고 회사가 보유한 경영자원과 경쟁역량의 강점과 약점을 파악한다. 여기에는 재무 분석, 내부역량 분석, 제품 및 고객 분석 등이 해당된다. 외부와 내부 환경 분석 결과를 토대로 시장의 기회와 위협, 자사의 강점과 약점을 가지고 SO, WO, ST, WT 전략방향을 도출한다.

외부환경 \ 내부환경	Strength	Weakness
Opportunity	SO전략(우선수행) -채널확대, 사업다각화-	WO전략(약점보완) -틈새시장, 기술개발-
Threat	ST전략(리스크 해결) -전략적 제휴-	WT전략(생존전략) -매각, 철수-

전략방향이 도출되면 회사 목표를 수립해야 한다. 회사 목표는 전사매출 목표와 이익목표를 수립하고 이를 달성하기 위한 부서별 핵심성과지표 목표를 수립한다. 매출목표는 최근 년도 실적에 최근 3년간 평균성장율과 원가상승률 등을 고려하고 회사가 달성하려는 의지목표를 반영하여 수립한다. 이익목표 또한 매출목표와 유사한 방법으로 산출한다.

전략수립은 기업목표를 달성하기 위한 회사전략, 사업전략, 기능별 전략 등을 말한다. 회사전략은 회사목표를 달성하기 위해 미래 사업영역 및 사업포트폴리오 구축에 대한 것이다. 사업전략은 사업목표를 달성하기 위해 지속적인 경쟁우위를 어떻게 확보할 것이냐에 대한 것이다. 기능별 전략은 각 부서별, 기능별 목표를 달성하기 위해 경영자원을 어떻게 배분할 것이며, 사업전략과 정합성을 어떻게 확보할 것인가에 전략이다.

이어서 조직운영 계획, 투자계획, 예산운영 계획, 추정손익 분석 등을 하게 된다. 조직운영 계획은 현재인원과 향후 충원계획, 그리고 교육훈련계획 등을 포함한다. 투자계획은 시설과 설비 등의 투자내용 및 투자소요금액, 장기투자일 경우 향후 투자소요 금액 등을 포함한다. 추정손익은 해당년도 및 향후 년도의 손익을 추정하는 것을 말한다. 그러기 위해서는 매년도 손익계산서를 작성하여 추정해야 한다. 손익계산서는 회사가 한 회계기간 동안 벌어들인 총수익에서 수익을 얻기 위해 쓰는 비용을 차감해 이익이 얼마나 발생했는지를 보여주는 재무제표다. 여기서 중요한 것은 손익분기점이다. 손익분기점은 기업의 매출수익과 총비용이 일치해 손실도 이익도 발생하지 않는 매출액, 즉 영업이익이 제로(0)인 매출수준을 말한다. 손익분기점을 계산하기 위해서는 기업의 고정비용과 변동비용을 파악한 다음 변동비율을 계산해야 한다.

사업계획서 작성에서 판매 전략은 필수이다. 최고 기술제품이라 할지라도 고객이 구매하지 않으면 어떠한 성과도 거둘 수 없다. 잘 팔리는 제품이 최고의 제품이 된다. 잘 팔리는 제품은 영업에서 오는 성과가 아니다. 신제품 기획 단계부터 시작된다. 마케팅을 영업과 혼동하는 경우가 있는데, 마케팅은 영업을 포괄하는 개념이다. 최근에는 인플루엔서 마케팅을 통해 수요를 창출하는 경우가 있다. 뷰티제품이나 주얼리 제품 같은 경우 유명 연예인에게 자사의 제품을 사용해 줄 것을 요청하는 경우이다. 연예인은 드라마에 출연할 때 해당 회사의 액세서리를 착용하거나 또는 사용 후기를 남김으로써 많은 사람에게 해당 회사의 제품을 알리는 기회를 만들기도 한다.

제4장
고객이 얻는 가치를 제안하라

1. 가치제안이란?

가치 제안이란 '소비자들의 욕구를 만족시키기 위해 고객들에게 기업이 전달하기로 약속한 가치 또는 이익과 혜택의 집합'이다. 쉽게 이야기하면 고객의 문제를 해결하기 위해 제품이 제공하고자 하는 가치다. 그러므로 제품이 제공하는 효용과 고객이 얻는 가치에 초점을 두고 구체적이고 함축적으로 묘사해야 한다. 유튜브 가치는 '동영상을 공유하는 가장 쉽고 빠른 방법'이다.

자사 제품과 서비스가 고객을 위해 창출한 가치는 무엇인가? 고객의 인식, 니즈, 표현하지 않은 욕구를 충족시키는 제품과 서비스란 무엇인가? 고객의 마음을 움직이려면 기업 제품이나 서비스에 무엇이 필요한가? 가치제안은 고객에게 제공하는 자신만의 가치를 간결하게 서술한 것이다. 가치제안의 구체적인 예를 몇 가지 살펴보자. 우버가 초창기에 만들었던 가치제안서는 다음 내용을 포함하고 있다. 앱으로 차를 부른다. 기사는 어디로 가는지 정확하게 안다. 현금없어도 결제가 완벽하게 이루어진다. 예약이 필요치 않다. 이 모든 것이 스마트폰 하나로 이루어진다.

집카(ZIPCAR) 가치제안은 카 셰어링(Car sharing)서비스이다. 이 회사는 2013년 렌터카 회사인 AVIS에서 인수했다. 공동창업자인 로빈 체이스(Robin Chase)는 환경운동가였다. 그는 화석연료를 절감하는 방안 중의 하나로 카 셰어링 서비스를 시작했다. 핵심 가치제안은 '환경'에 두고 '녹색 미국을 건설하는 카 셰어링 서비스'로 설정했다. 세부가치로 편의성, 경제성, 환경보호를 택했다. 편의성은 보험가입 불필요, 연료비 불필요, 렌탈장소 편리 등을, 경제성은 기존 렌터카보다 저렴한 가격을 뜻한다.

공유경제의 핵심은 소속감이다. 사람들은 어딘가에 소속되어 있을 때, 편안함을 느끼고 행복을 빨리 찾을 수 있다. 에어비앤비는 자신의 회원들이 단순히 집을 빌려주는 것이 아니라 '온라인에서 만난 사람과 가족이 되어 내 집과 같이 쓸 수 있는 커뮤니티'를 추구한다. 이 소속감은 새로운 에어비앤비의 정체성이다. 사실 에어비앤비의 업태는 여행, 호텔, IT 등 여러 업계의 특수성을 조금씩 빼닮은 숙박중개업체다. 하지만 에어비앤비는 '소속감'이라는 단어로 자신들의 업무 정의를 달리했다.

사람들은 제품의 기능이 아니라 '불편을 해소해 줄' 약속을 산다. 마케터들은 종종 '이건 꼭 고객들에게 제공해야 할 기능이자 그들이 누려야 할 이점이야'라는 생각의 함정에 빠진다. 그래서 '사람들에게 이 제품이 어떤 역할을 하는지 조금이라도 더 알리고 싶다'는 생각에 갇혀 다른 생각을 못한다. 그게 문제다. 고객들은 대부분 제품의 기능이나 이 기능으로 무엇을 할 수 있는지 따위에 별로 신경을 쓰지 않는다. 왜 그럴까? 사람들은 '무언가 하고 싶기' 때문이 아니라, '어떤 상태에 있길' 원하기 때문에 그 제품을 구매한다. 고객들은 덜 바쁘고 더 생산적이기를, 덜 외롭고 더 인간관계가 충실해지기를, 덜 걱정하고 더 평안하기를 바란다. 사람들은 제품의 기능이 아니라 그 기능이 내게 가져다 줄 '어떤 상태를 기대하며' 제품을 구매한다. 즉 고객은 제품이 아니라 약속을 구매하는 것이다.

소비자들은 진정으로 무엇을 구매하는가? 핵심제품(Core product)은 소비자들이 구매하려는 제품으로부터 기대하는 핵심혜택, 즉 고객이 기대하는 제품의 편익을 말한다. 유형제품(Actual product)은 핵심제품이 구체화 된 실체로서의 제품을 말한다. 제품 그 자체, 품질, 부가기능, 디자인, 브랜드, 포장 등 일체의 실체적 제품 속성들이 여기에 해당한다. 확장제품(Augmented product)은 핵심제품과 유형 제품 이외에 추가적으로 소비자에게 제공되는 서비스나 혜택들을 말한다. 배달, 품질 보증, A/S, 등 부가적인 요소 등이다. 고객이 원하는 가치를 창출할 방법을 찾았다면 이제부터는 고객이 제품을 구매하는 것에 관심을 가질 차례다. 고객이 제품을 구매하는 단계별로 수익창출 전략을 살펴보자.

2. 고객가치와 수익창출 연계

고객에게 제공하는 가치에 수익을 창출하기 위한 비즈니스 모델을 설계해야 한다. 가치를 수익으로 전환시키는 것이 비즈니스 모델의 핵심이다. 창업가는 고객을 위해 창출한 가치에서 자신의 몫(수익)을 획득하는 방법을 좀 더 깊이 고민해야 한다. 비즈니스 모델 측면에서 볼 때 '최종적으로 누가 제품에 돈을 지불할 것인가'를, 즉 수익화(Monetization)를 생각해야 한다. 많은 스타트업은 수익 창출이라는 동기를 갖고 사업을 시작한다. 따라서 창업가는 단기적 또는 장기적 수익 흐름을 증가시킬 사업계획을 수립해야 한다. 수익 모델을 구상할 때는 다음을 짚어 봐야 한다. 제품을 직접 판매하는가, 아니면 제품 라이센스를 판매하는가? 다른 기업으로부터 광고 수수료를 받아 수익 창출이 가능한가? 비즈니스 모델을 설정하는 데는 고객, 가치창출, 경쟁자, 그리고 유통을 중심으로 하여 고려하여야 한다. 또한 경쟁자의 가치창출과 획득방법은 어떠한지 검토해야 한다.

마지막으로 고객의 평생가치를 고려해야 한다. 기업을 설립하면 바로 고객이 오는 것이 아니다. 고객채널은 세분화된 고객에게 가치를 제안하기 위한 커뮤니케이션 경로이다. 마케터는 영업 프로세스를 단축하고 비용의 효과성을 높이는 방법을 찾아야 한다. 그렇게 하려면 고객 획득 과정의 모든 단계를 자세히 이해한 뒤 이를 바탕으로 획득 비용을 결정하는 요소를 명확히 분석해야 한다. 고객 획득비용은 초기에는 매우 높고 시간이 흐를수록 줄어든다. 영업 프로세스는 시기에 따라 세 가지 유형(단기, 중기, 장기)으로 구분해 분석하는 것이 일반적이며, 시기별로 각기 다른 영업 전략과 방법론을 적용해야 한다. 두 가지 지표가 효과적인 유통의 한계를 정해준다. 어느 한 고객과의 관계에서 고객으로 있는 전체기간에 얻을 수 있을 것으로 추정되는 재무적인 공헌도의 합계를 고객평생가치(Customer Lifetime Value)라 한다. 특정고객을 통해 얻을 수 있는 총 순익은 새로운 고객 한 명을 유치할 때 사용하는 총 비용(고객확보비용, Customer Acquisition Cost)보다 많아야 한다. 일반적으로 제품의 가격이 높을수록 판매하는데도 더 많은 돈을 써야 하며, 그렇게 하는 것이 합리적이다. 영업초기에는 고객유치 비용이 고객생애 가치를 월등히 상회한다. 그러나 경쟁력을 갖춘 사업은 고객획득 비용이 점차 줄어들다가 생애가치 아래로 떨어지는 시점이 온다. 이러한 사업의 제품은 콘셉력과 제품력 모두 우수한 제품이다. 콘셉력이 초기에 제품구매를 유인하는 힘이라면, 제품력은 그 제품이 지속적으로 구매로 이어질 수 있도록 하는 힘이다.

3. 구매결정 영향분석

먼저, 구매를 결정하는 의사결정권자가 누구인지를 확인한다. 구매 의사결정은 한 사람이 하는 경우도 있지만, 한 사람 이상으로 구성된 고객집단이 하는 경우도 있다. 후자의 경우 고객집단의 각 개인의 역할과 관심사항을 정확히 이해하는 것은 제품 기획 및 설계 단계에서도 매우 중요하다. 구매를 결정하는 최종 의사결정권자가 누구인지를 확인한다. 그리고 구매결정 과정에 영향력을 행사하는 사람과 구매를 강하게 원하는 옹호자를 알아야 한다. 마지막으로 제품의 가치를 체험하는 최종 사용자도 중요하다. 최종 사용자와 옹호자는 같은 것이 가장 좋지만 그렇지 않는 경우도 많다. 아기 제품의 경우 의사결정자는 엄마이지만, 최종사용자는 아기이다. 수험생 책상과 의자를 사용하는 사람은 학생이지만, 의사결정자는 부모이다. 회사에서 야식을 주문할 때 어떤 업체를 부를지 고르는 건 막내이다. 그래서 배달음식점은 최종 구매 결정권자에게 주목한다.

고객이 구매에 이르는 과정을 이해할 필요가 있다. 의사결정권자가 실제로 구매를 결정하는 과정과 각 단계에서 발생 가능한 걸림돌 등을 정확히 이해해 구매 과정에 완벽히 들어맞는 제품을 기획해야 한다. 고객이 구매에 이르기까지 어떤 과정을 거치는지 상세하게 규정할 필요가 있다. 소비자의 구매의사 결정은 어떤 제품을 어떤 상황에서 구매하는지에 따라 다양한 형태로 이루어진다. 구매의사 결정이 단순한 형태로 이루어지는 경우도 있고, 복잡한 형태로 많은 시간과 노력을 기울여야 하는 때도 있다. 편의점에서 생수를 구하는 것과 처음 자동차를 구매하는 것은 의사결정과정이 다를 수 밖에 없다. 일반적으로 EKB(Engel-Kollat-Blackwell Model)모델이 소비자 행동을 설명해주는 이론적 근거가 된다. EKB 모델에 따르면, 사람들은 문제를 인식하면 정보를 탐색하고 대안을 평가한 후 구매에 이른다. 그러나 이것은 한계가 있다. 사람들은 의사결정 과정에서 친구의 말을 듣기도 하고, SNS 평판을 참고하기도 한다. 이런 과정들은 상호 영향을 미치게 된다. 또 일상 생활을 하다가 갑자기 충동구매를 하는 경우도 있다.

4. 가치제안과 블루오션 전략

블루오션 전략은 UVP(unique selling proposition)를 재정의 하는 전략이다. 블루오션의 예로 소개하는 것 중의 하나가 소니의 워크맨이다. 워크맨은 1979년에 소니가 발매하여 크게 히트한 휴대용 카세트테이프 전용 재생기다. 당시에는 라디오 카세트가 인기 상품이었다. 라디오 카세트의 UVP는 고품질 음악을 즐기는 간편한 기계라는 것이었다. 그러나 워크맨의 UVP는 외출할 때나 이동 중에도 간편하게 음악을 즐기는 것이었다. 이것은 기존의 라디오 카세트로는 충족할 수 없는 새로운 라이프 스타일이었다. 기존 라디오 카세트가 레드오션이었다면 워크맨 시장은 새롭게 개척한 블루오션이다.

콘셉트를 추출하여 가치제안의 스토리를 만들어라. 찾아낸 가치제안 중 비슷한 것이 보이면 그것을 더욱 깊게 파고들어 가서 통일감 있는 스토리로 만든다. 구글, 아마존, 애플, 인스타그램, 언니의 파우치. 이들의 공통점은 무엇인가? 물론 큰 사업의 성공을 거둔 브랜드들이다. 그런데 여기서는 가치제안에서 적절히 독특한 네이밍을 추출해 냈다는 것이다. 언니의 파우치는 여성들의 파우치 속 화장품을 공유하고 후기로 올리면서 정보를 교류하는 형태의 앱이다. 여성들의 '파우치'는 비밀 가방이라고 불린다. 화장대를 축소해 놓은 파우치 속에는 각자의 뷰티 노하우가 고스란히 담겨 있기 때문이다. 그래서 가끔 공개되는 톱스타들의 파우치 속 화장품은 품절 사태를 빚기도 한다. 파우치는 우리말로 하면, 물건 등을 담은 작은 주머니로 해석 가능한데, 보통 여성들 세계에서 파우치라 하면 가장 먼저 화장품 가방을 떠올린다. 파우치 속에는 화장에 필요한 필수 도구들이 들어 있다. 값싸면서도 훌륭한 성능을 발휘하는 나만의 아이템이 들어 있다고 한다. 사람마다 화장을 하는 노하우가 달라 갖고 있는 아이템들도 다르다는 것이다. 네이밍의 경우 타겟 고객으로부터 아이디어를 얻은 케이스다. 서비스 기획단계에서부터 약 10명으로 구성된 여성 서포터즈와 함께 했다. 언니의 파우치라는 네이밍은 당시 서포터즈들이 준 다양한 아이디어 중 하나였다. 고객과 소통하고자 노력한 결과물이라고 할 수 있다. 아마존(Amazon)은 현재 이 세상에 존재하는 대부분의 상품을 취급하는 만물상이 되었다. 아마존이라는 이름 자체에도 이 회사의 확장 전략을 압축적으로 표현하고 있다. '아마존' 하면 떠오르는 열대 우림의 생물 다양성은 세상의 모든 책을 포괄하겠다는 아마존의 첫 번째 목표를 반영했다. 지금은 말 그대로 세상의 모든 것을 상징하고 있다.

앞에서 가치 제안을 제품이 고객에게 제시하는 혜택이라 정의했다. 가치 제안만 들어도 어떤 특징을 가진 제품인지 쉽게 이해할 수 있다. 그러나 기술기반 혁신제품이거나 새로운 콘셉트의 제품인 경우 가치 제안만으로 무슨 제품인지 알기 어려운 경우들이 있다. '집카'의 경우 공유경제

(자동차 쉐어링) 또는 자동차 렌탈(시간제 렌탈) 중 어느 것을 선택할 지가 중요하다. 이 문제를 해결하는 것은 제품 카테고리의 정의이다. 어떤 제품군에 속하는가. 이는 한 제품이 어떤 제품과 경쟁하는가를 알게 해준다. 이를 통해 소비자는 그 제품을 통해 성취할 수 있는 목표를 알게 된다. 어떤 제품이 특정 카테고리에 속한다고 하는 고정 관념은 오랜 시간 소비 경험을 통해 형성된다. 하지만 어떤 제품은 A라는 카테고리에 속할 수도 있고, 또한 B라는 카테고리에 들어갈 수도 있다. 카테고리 간의 경계는 탄력적이고 얼마든지 변화가 가능하다. 비즈니스의 세계에서 '새로운 카테고리'란 이제까지 존재하지 않았던 새로운 비즈니스를 가리킨다. 사람의 욕구와 불만은 무한하다. 비즈니스의 세계에서도 사람의 욕구와 불만, 불편을 해소하기 위해 매일 새로운 카테고리가 탄생하고 낡은 카테고리는 사라진다. 샘표식품 연두는 출시 초기, 기존 조미료보다 건강에 좋은 것은 물론 콩을 제대로 발효해 음식의 깊은 맛을 끌어올리는 새로운 조미료로 소개됐다. 시장에서는 '그래 봤자 조미료'라는 인식이 강했다. 이에 연두는 아예 새로운 카테고리로 전환을 시도했다. 바로 '요리 에센스'이다. 아무 변화가 없는 '현재'와 제품을 채택함으로써 바뀌는 '미래'를 비교하라. 가급적 한 문장으로 서술된 가치제안을 통해 새로운 카테고리를 만들어라.

제5장
시장검증, 프리토타입과 될 놈 측정

1. 프리토타입(Pretotype)이란?

　시장에서 실패한 신제품 아이디어를 조사한 결과, 출시와 운영과정에서 훌륭하게 실행했음에도 불구하고 실패한 사례의 목록이 있었다. 이것들은 아이디어의 '전제(premise)'가 잘못된 사례였다. 아이디어 자체가 '안 될 놈'이었던 것이다. 창업가는 시장에서 원하는 것을 만들어야 한다(Make something people want). 잘못된 전제는 가장 흔한 실패의 시나리오일 뿐만 아니라 가장 값비싼 대가를 치르게 하는 고통스러운 실패의 시나리오다. 이를 해결하기 위한 프리토타입을 알아보자.

　프리토타입(Pretotype)은 구글의 혁신전문가이자 개발자였던 알베르토 사이보아(Alberto Savoia)가 처음 제시한 개념이다.[27] 프리토타이핑은

---

27) 알베르토사베이아 著, 이지연 譯(2020). 「아이디어 불패의 법칙」. 인플루엔셜. pp.138~228.

괜찮은 개념이다. 접두사 '프리(pre-)'는 무언가보다 먼저 오는 것을 뜻한다. 이 경우 프리토타이핑은 시제품, 즉 프로토타이핑(prototyping)보다 먼저 온다. 그리고 명사 프리토타입(pretotype)은 시제품(prototype)보다 먼저 나오는 물건이다. 그러니 프리토타이핑이라는 단어는 중요한 두 가지 요소인 '먼저 온다'는 뜻과 '척한다'는 뜻이 결합된 표현이다. '프리토타입'이라는 단어는 이미 시제품(프로토타입)이라는 단어가 모든 의미를 포함하고 있기에 필요성이 없다고 볼 수 있다. 시제품이라는 단어가 모든 의미를 포함하는 것은 맞지만, 바로 그 점이 문제다. 시제품은 너무 포괄적인 용어라서 무슨 뜻이든 될 수 있다. 시제품은 5센트짜리 클립에 고무줄을 매단 장치에서부터 제대로 작동하는 500만 달러짜리 제품까지 모든 걸 가리킬 수 있다. 실제 5분짜리 실험에서도, 수백 명이 5년간 작업한 프로젝트에서도 '시제품'이라는 말이 쓰이고 있다. 게다가 시제품과 프리토타입은 목적이 다르다. 시제품은 주로 어느 제품이나 서비스 아이디어를 실제로 만들 수 있는지, 어떤 식으로 만들어야 하는지, 어떤 식으로 작동할지, 최적의 크기나 모양은 무엇일지 보기 위해 설계한다. 반면에 프리토타입은 주로 어느 아이디어가 추구하고 만들 가치가 있는지를 값싸고 빠르게 검증하기 위해 설계한다. 목표가 다르기 때문에 서로 다른 기법을 사용해야 하고, 그러니 자체 명칭이 필요하다. 프리토타입의 유형에 따라 새로운 이름이 필요하다.

    프리토타이핑 기법은 여러 가지가 있다. 이것들을 단독으로 혹은 몇 가지를 결합해 사용한다면 그 어떤 신제품 아이디어든 검증하게 도와줄 소중한 '나만의 데이터'를 수집할 수 있다. 작업했던 신제품이 '될 놈'이 아니어서 시장에서 실패해본 경험이 한 번이라도 있었을 것이다. 그럴 경우 아래 소개하는 기법 중 한두 개를 사용했더라면 그 실패를 막을 수도 있었겠다는 생각이 들 것이다.

첫째, 미캐니컬 터크 프리토타입이다. 미캐니컬 터크 프리토타입은 값비싸고 복잡한 기술이나 아직 개발되지 않은 기술이 있고, 인간이 은밀히 그 기술을 대신 구현하는 것이 가능할 때 이상적인 방법이다. 이 기법은 기술에 대한 인간행동을 시뮬레이션 하기 위해 구상중인 기계 대신 사람을 활용한다. 표적시장이 그 기계와 상호작용 의향이 있는지 확인하고 싶기 때문이다. 자율주행버스를 개발하려면 수년간 많은 돈을 들여야 한다. 그러나 미캐니컬 터크 프리토타입은 며칠 만에 개발할 수 있다. 버스가 스스로 움직인다고 믿도록 일반버스를 개조하고 노련한 운전사가 숨은 공간에서 운전하면 된다. 승객이 자율주행 버스가 오면 타는지를 확인하기 위한 것이므로 가짜 자율주행버스를 활용하여 검증해도 무방하다.

둘째, 피노키오 프리토타입이다. 사업가인 제프 호킨스가 PDA라는 아이디어를 떠올렸고, 결국 이것이 나중에 팜파일럿(Palmpilot)이 된다. 그러나 호킨스는 팜파일럿을 개발하기로 결정하고 값비싼 시제품을 만드는 일에 본격 투자하기 전에 이 기기에 대한 본인의 몇 가지 가정을 확인해보고 싶었다. 그래서 나무를 깎아 만든 PDA로 실제 사용경험 데이터를 축적했다. 호킨스는 자신이 PDA를 만들 수 있다는 것은 알고 있었다. 하지만 이 제품을 사용하게 될까, 어디에 사용할까, 얼마나 자주 사용할까에 대한 답을 사전에 얻고 싶었다.

시제품과 프리토타입의 주목적은 다음과 같이 구분할 수 있다.

시제품의 주목적은 다음과 같은 질문에 답하는 것임을 잊지 마라.

- 우리가 이걸 만들 수 있는가?
- 이게 의도대로 작동할 것인가?
- 얼마나 작게, 크게, 싸게, 효율적으로 만들 수 있을까?

반면에 프리토타입의 주된 목적은 다음과 같은 질문에 답하는 것이다.

- 내가 이걸 사용할까?
- 언제 어떻게 얼마나 자주 사용할까?
- 남들이 사줄까?
- 사람들은 이 제품에 얼마까지 지불하려고 할까?
- 사람들은 언제 어떻게 얼마나 자주 이걸 사용할까?

셋째, 가짜 문 프리토타입이다. 이 프리토타입의 기본적인 콘셉트는 아직 내놓을 게 아무것도 없다 하더라도 어떤 제품이나 서비스가 존재하는 것처럼 보일만한 '현관문'(예컨대 광고, 웹사이트, 브로셔, 매장 입구 등)을 설치하는 것이다. 그렇게 하면 얼마나 많은 사람이 당신의 아이디어에 관심을 가질지 데이터를 얻을 수 있다는 것이다. 여러분 제품의 현관에 충분히 많은 사람들이 노크를 하지(아이디어에 대해 관심을 보이지) 않는다면 다시 처음으로 돌아가 아이디어나 가설을 재점검해봐야 한다. 그래서 안내판을 만들고 양면테이프로 붙여서 몇 시간 동안 이 안내판을 실험해보았다. 적절한 유형의 보행자가 지나다닌다고 생각되는 여러 동네 거리에서 말이다. 안내판을 붙인 조사자는 길 건너에서 다음과 같은 사항들을 기록했다.

1. 문 앞을 지나는 사람의 수
2. 안내판을 읽어보는 사람의 수
3. 걸음을 멈추고 노크를 하는 사람의 수
4. 노크를 하는 횟수(노크를 많이 할수록 관심이 더 큰 것임에 틀림없다)
5. 노크를 하는 사람의 연령, 성별, 기타 특징
   (예를 들어 옷을 잘 차려입은 중년의 직장인 남성, 여대생 등)

넷째, 외관 프리토타입이다. 외관(Facade) 프리토타입과 가짜 문 프리토타입은 한 가지 중요한 점에서 차이가 있다. 외관 프리토타입은 잠재적 고객이 문을 두드리거나 '구매하기' 버튼을 클릭했을 때 누군가 응답을 하고 어떤 일이 벌어진다는 점이다. 어쩌면 잠재적 고객은 본인이 찾던 바로 그것을 손에 넣을지도 모른다.

다섯째, 유튜브 프리토타입이다. 영화나 영상은 우리가 '척하는 데' 도움을 주었다. 그래서 영상은 처음부터 프리토타이핑에 딱 맞는 도구였다고 할 수 있다. 유튜브 프리토타이핑 기법은 아직 제대로 개발되지 않은 제품 아이디어에 생명을 불어넣고 표적 시장에서 공유할 수 있게 해준다. 유튜브나 기타 영상 플랫폼이나 기기를 이용해서 말이다. 그러면 시장이 여러분의 아이디어에 얼마나 관심을 갖는지 '나만의 데이터'를 수집할 수 있다.

여섯째, 잠입자 프리토타입이다. 만약 우리가 다른 사람의 마케팅이나 세일즈 자원을 이용해 적은 수의 우리 제품이라도 사려는 사람이 있는지 알아볼 수 있다면 어떨까. 잠입자(Infiltrator) 프리토타입은 우리 제품을 다른 누군가의 기존 판매 환경에 몰래 끼워 넣는 일이 필요하다. 평소 비슷한 제품이 놓이는 곳에 우리 제품을 가져다 두고, 사람들이 적극적 위험을 감수하면서까지 이 제품을 구매하는지 지켜보는 것이다. 종종 적은 규모로 신제품을 만들거나 제조하는 데는 별다른 투자나 리스크가 없을 때도 있다. 큰 리스크가 생기는 것은 해당 제품에 대한 충분한 관심이나 수요가 있다는 것을 확증해줄 만한 충분한 데이터가 생기기도 전에 그 신제품을 제대로, 그리고 대량으로 제조하기 위해 너무 많은 것을 투자할 때다.

일곱째, 상표 바꾸기 프리토타입이다. 상표 바꾸기(Relabel) 프리토타입은 기존 제품이나 서비스의 외관을 조금만 바꾸면 새로운 제품이나 서비스의 프리토타입을 만들 수 있다는 점을 이용한다. 제품의 상표를 바꿔서 다른 제품인 척 하며 사람들이 관심을 갖는지 보는 것이다.

이처럼 프리토타입은 여러 형태를 띨 수 있다. 하지만 어떤 경우든지 이름값을 하려면 세 가지 핵심 사항을 반드시 만족시켜야 한다. 프리토타입의 본질은 다음과 같다.

> 1. 프리토타입은 적극적인 투자가 있는 '나만의 데이터'를 생성해야 한다.
> 2. 프리토타입은 빠르게 수행할 수 있어야 한다.
> 3. 프리토타입은 저렴하게 수행할 수 있어야 한다.

이런 요구 사항을 모두 고수하면서도 우리가 선택할 수 있는 프리토타이핑 기법과 조합은 많다. 그래서 다음과 같은 의문이 생긴다. 어떤 프리토타입을 사용할지 어떻게 고르는가. 여러 가지 실험을 몇 가지나 해봐야 하는가. 데이터를 얼마나 많이 수집해야 하는가. 언제 테스트를 중단하는가. 이것은 뒤의 '될놈 측정도구'에서 설명한다.

흔히 시제품하면 프로토타입(Prototype)을 떠올린다. 프로토타입은 그럴싸한 수준의 시제품을 의미한다. 이에 반해 프리토타입은 최소한의 시간과 비용만을 투여하여 가장 핵심적인 내용만으로 구성한 시제품을 의미한다. 어떤 의미에선 프로토타입을 만들기 위한 사전 단계가 프리토타입이라고도 할 수 있다. 프리토타입의 본래 목적은 예상 사용자에게 핵심 내용만을 먼저 선보이고, 이를 바탕으로 사업 내용을 빠르게 검증받자는 데 있다. 하지만 프리토타입은 사업계획서 작성에서도 유용함을 더해줄 수 있다. 사업계획서상에서 프리토타입의 사진 내지 동영상을 함께 제시할 경우, 투자자들은 사업이 보다 구체적인 실현 단계에 와 있다는 느낌을 전달받게 될 것이다. 뿐만 아니라 사업계획서 상에 프리토타입을 실제 예상 사용자에게 제시하고 도출한 시사점을 함께 전한다면 사전 준비가 많이 되어 있다는 인상도 심어줄 수 있다. 단순히 의지만을 표명한 사업계획서는 의미가 없다. 또한 단순히 아이디어나 구상만을 제시하기보다는 프리토타입을 제시하는 것이 더 설득력이 있다.

2. 될 놈 측정도구

창업 아이템이 될 놈으로 알고 선정했는데, 이것이 정말 시장에서 성공할 수 있을지 궁금하다. 정말 될 놈인지, 아니면 사악한 유사품인지 테스트를 할 필요가 있다. 간단하지만 방법이 있다. 먼저 실제 투자자가 포함된 '나만의 데이터'를 수집해서 시장 호응 가설을 확인하는 것이 필요하다. 하지만 원본 데이터 자료만으로는 충분치 않다. 데이터에서 가치를 추출하고 그것을 활용해 합리적이고 충분히 근거 있는 의사결정을 내리려면 데이터를 해석하고, 측정하고, 비교하고, 다른 유관 데이터와 결합할 방법이 필요하다. 예를 들어 혈액 검사 결과 총 콜레스테롤 양이 300인 것을 알게 됐다. 이 숫자 자체는 그리 큰 의미가 없다. 그러나 의사가 차트를 꺼낸 다음 콜레스테롤 수치가 300인 사람은 200인 사람보다 심장 질환으로 사망할 확률이 4.5배 높다는 것을 통계적으로 보여주면, 300의 의미가 커진다. '될 놈 척도'는 객관적으로 수집한 '나만의 데이터'를 해석하는 데 도움을 주기 위해 개발한 시각적 분석 도구다. 조금 더 정확히 말하면 될놈 척도는 어느 아이디어가 시장에서 성공할 가능성이 얼마나 되는지 추정하는 데 도움을 주는 척도다.[28] 다음 그림은 네 번의 프리토타이

---
28) 알베르토사베이아 著, 이지연 譯(2020). 「아이디어 불패의 법칙」. 인플루엔셜. pp.241~243

핑 실험(오른쪽의 흰색 화살표 4개)이 끝난 후의 될놈 척도를 보여준다. 될놈 척도는 다섯 가지의 성공 가능성 카테고리로 나뉜다. '매우 낮음'에서 '매우 높음'에 이르는 이 카테고리는 각각 아이디어가 '될 놈'일 가능성을 나타낸다. 이 척도는 10%에서 90%까지 20%씩 증가한다.

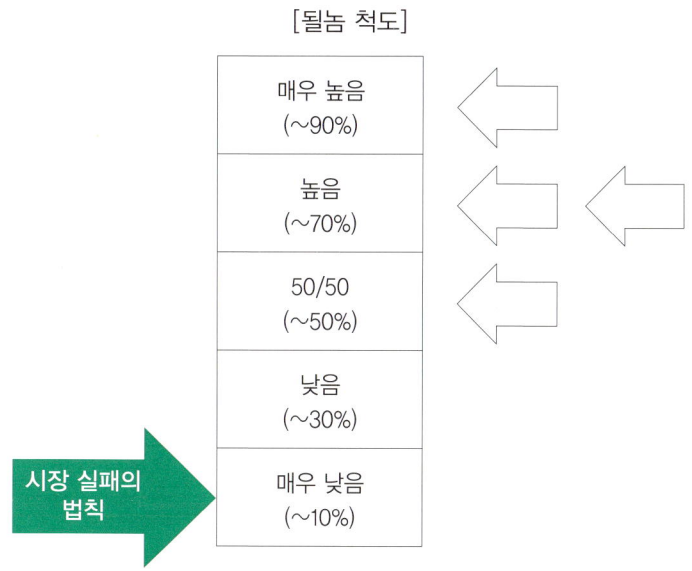

[될놈 척도]

될놈 척도를 사용하기 위해서는 쓸모 있는 데이터를 수집해야 한다. 믿을 만한 '나만의 데이터'를 수집하는 방법은 정확하고 분명하게 아이디어를 표현하는 것이다.

먼저 '사고도구'를 활용해서 가설을 만들어보자. 모든 신제품 아이디어 뒤에는 시장 호응 가설이 있다. 시장 호응 가설이란 시장이 우리 제품에 어떻게 호응할 것이라고 우리가 가정하는지(희망하는지)를 설명한 것이다. 예를 들어 '하루 지난 초밥'의 경우 시장 호응 가설은 다음과 같다. 초밥을 충분히 저렴하게 만든다면 많은 사람이 덜 신선한 초밥을 구매할 것이다. 시장 호응 가설은 반드시 필요한 출발점이다. 하지만 보통 너무 막연해서 사용할 수가 없다. 우리는 '숫자로 이야기' 해야 한다. '적어도 X퍼센트의 Y는 Z할 것이다'라는 형식을 이용해서 애매모호한 시장 호응 가설을 명료한 XYZ가설로 바꾸어야 한다. 적어도 20%의 포장 초밥 구매자는 가격이 절반일 경우 '하루 지난 초밥'을 시도해볼 것이다. 마지막으로 우리는 빠르고 값싸게 테스트해볼 수 있도록 일반적인 XYZ 가설을 더 작은 xyz가설 여러 개로 바꾸어야 한다. 예를 들면 다음과 같다. 오늘 점심으로 학교 카페테리아 포장 초밥을 구매한 학생의 20%는 가격이 절반일 경우 '하루 지난 초밥'을 선택할 것이다. 간단한 세 단계를 통해 우리는 막연하고 고차원적인 아이디어를 분명하고 쉽게 테스트할 수 있는 가설로 바꾸었다. 이제 xyz가설로 무장한 우리는 신제품 아이디어를 표적 시장에서 테스트할 준비가 됐다. 아직까지 가설을 검증할 때 사용할 제품은 없지만, 프리토타이핑을 이용하면 제품 없이도 검증을 진행할 수 있다.[29]

다음은 '프리토타이핑 도구'를 활용하여 테스트 할 수 있다. 프로토타입(시제품)이 답해주는 핵심 질문은 이것이다. '우리가 이걸 만들 수 있나?' 반면에 프리토타입은 전혀 다른 질문에 답해준다. '우리가 이걸 만들어야 하나?' 프리토타이핑을 이용하면 빠르고 저렴하게 이 질문에 대한 답을 찾을 수 있다. 앞에서 설명한 프리토타입 기법을 활용하면 된다. 전통적인 시제품은 개발에만 수백만 달러의 비용과 함께 몇 주, 몇 달, 몇 년이 걸리는 반면 프리토타이핑 실험은 적은 비용으로 몇 시간, 며칠 만에 데이터를 내놓을 수 있다.

---

29) 알베르토사베이아 著, 이지연 譯(2020), 「아이디어 불패의 법칙」, 인플루엔셜. pp.338-347

마지막으로 '분석 도구'이다. 잘 설계한 프리토타이핑 실험을 몇 번 수행하고 나면 마침내 가장 귀중하고 중요하고 믿을 만한 데이터가 생긴다. 이것들의 점수를 매기고 해석해야만 어떤 의사결정의 기초가 될 결론을 도출할 수 있다. '적극적 투자지표'와 '될놈척도'라는 분석 도구를 활용하면 수집한 '나만의 데이터'를 객관적으로 분석하고 해석할 수 있다. 적극적 투자 지표를 이용하면 적극적 투자가 얼마나 동반되느냐를 기준으로 수집한 데이터에 적절한 점수를 할당할 수 있다. 예를 들어 250달러어치의 선주문은 대기자 명단에 오르기 위한 보증금 50달러보다 큰 점수를 받아야 하고, 보증금은 이메일 주소 제출보다는 큰 점수를 받아야 한다. 물론 '의견'의 점수는 '0'이다. '좋아요'나 댓글도 마찬가지다.

될놈척도는 각 프리토타이핑 실험에서 나온 결과를 XYZ가설 및 xyz가설에 견주어 내 아이디어가 '될 놈'일 가능성이 얼마나 되는지 판단하게 도와주는 그래픽 도구다. 될놈 척도는 '매우 높음'부터 '매우 낮음'까지 5단계로 구성된다. 그리고 대부분의 신제품 아이디어는 시장에서 실패한다는 사실을 상기시키기 위해 바닥에는 시장 실패의 법칙을 나타내는 커다란 검은색 화살표가 '매우 낮음'을 가리키고 있다. 이 화살표는 한두 개의 고무적인 실험만으로는 최초의 확률을 지울 수 없다는 사실을 일깨워 준다.

대부분의 새로운 아이디어는 실패하기 때문에 만약 실험을 객관적으로 설계하고 결과를 공정히 평가했다면 첫 될놈 척도에서 '낮음'이나 '매우 낮음'이 나왔다고 해도 놀랄 필요는 없다. 하지만 계속 해나가다 보면 결국에는 될놈 척도에서 아이디어 화살표가 '높음'이나 '매우 높음'을 가리키는 것을 보게 될 것이다. 보장되는 것은 아무것도 없다. 지금까지 내용을 직접 해본다면 익숙해질 것이다.

① 아이디어로 시작한다.
② 시장 호응 가설을 확인한다.
③ 시장 호응 가설을 '숫자로 이야기하는'XYZ가설로 바꾼다.
④ 범위 축소를 통해 더 작고 테스트하기 쉬운 xyz가설을 여러 개 만든다.
⑤ 프리토타이핑 기법을 이용해 실험하고 '나만의 데이터'를 수집한다.
⑥ 될놈척도 및 적극적 투자지표를 이용해서 '나만의 데이터'를 분석한다.
⑦ 다음 단계를 결정한다.

이를 그림으로 표현하면 다음과 같다. (ⅰ) 추진하라! 여러분의 아이디어가 '될 놈'인지 100% 확실한 수는 없는 법이다. 하지만 위험을 감수할 정도로 나만의 데이터가 유망해 보인다. (ⅱ) 폐기하라. 아이디어를 너무나 성공시키고 싶겠지만, 여러분의 '나만의 데이터'는 끝내 그렇지 못할 거라고 말하고 있다. (ⅲ)수정하라. 아이디어를 테스트하는 과정에서 알게 된 사실에 맞춰 최초의 아이디어(혹은 가설)를 수정하라.

[될놈 척도 시나리오]

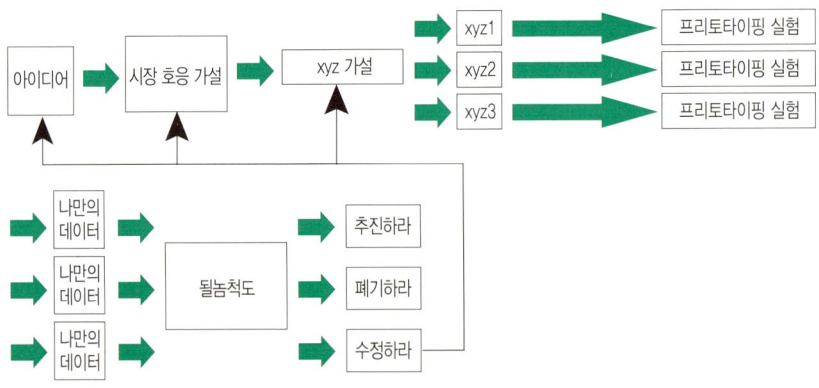

3. 세상을 위한 될 놈인가?

　아이디어는 '될 놈'인가? 앞서 본 것처럼 '될 놈'을 찾는 일은 결코 쉽지 않다. 많은 노력과 창의성, 집요함이 필요하다. 아주 운이 좋은 경우가 아니라면 몇 번이고 테스트하고, 실패하고, 다시 처음으로 돌아가기를 되풀이해야만 우리의 시장 검증 절차를 모두 이겨낸 아이디어를 발견하게 될 것이다. 마침내 그 이기는 신제품 아이디어를 발견하게 되면 제대로 성공시킬 수 있도록 미리 준비하라. '될 놈'을 찾아내는 것은 한 여정의 끝이자 다른 여정의 시작이다. 더 길고 힘든 여정의 시작 말이다. 그 제품을 제대로 만들고, 제대로 마케팅하고, 제대로 팔고, 제대로 서비스하는 과정을 모두 해내면서 '될 놈'인 새로운 아이디어가 발견되었을 때 반드시 등장하는 경쟁사와도 싸워야 한다.

　그런데 그 될놈은 세상을 위한 '될 놈'인지 확인해야 한다. 이 물음은 정말 중요하다. 지금까지는 실용적이고 논리적인 얘기였다. 도구와 기술, 전력을 이야기했다. '테스트하고 시도하고 고치라'고 했다. 이제 모드를 바꿔서 조금은 철학적인 이야기를 해보자. 이제 성공을 도와줄 도구와 노하우가 생겼으니, 더 크고 훌륭하고 가치 있는 아이디어를 추구해야 한다. 모든 아이디어가 똑같이 노력할 가치가 있는 것은 아니다.[30] 기술적으로 '될 놈'이라고 해도 말이다.

　순전히 시장 수요와 시장 성공에만 기초해 '될 놈'을 정의한다면 마약 같은 중독성 있는 여러 제품과 물질까지 합법적이건 불법적이건 모두 그 요건을 충족시킬 것이다. 나쁜 아이디어를 생각해내지 마라. 어느 아이디어가 잘못된 '될 놈', 그러니까 시장에서는 성공하겠지만 관련된 모든 이들

---

30) 알베르토사베이아 著, 이지연 譯(2020), 「아이디어 불패의 법칙」, 인플루엔셜. pp.350-354, 359-361

에게 선보다는 해악이 많은 제품이라면 만들어야 할까. 창업가에게도 도움이 되고 세상에도 도움이 되는 것이 좋겠다. 그것이 의미 있는 제품과 서비스라면 어떤 난관에도 굴하지 않기 때문에 성공확률도 그만큼 높아질 것이다.

제6장
제품검증, 프로토타입과 MVP

1. 제품의 핵심기능 검증, 프로토타입

지금까지 다음 질문에 대한 해답을 찾았다. 고객이 누구인지, 그들에게 어떤 가치를 제공할 것인지, 그들이 어떤 과정을 거쳐 구매에 이르는지, 고객을 획득하는데 드는 비용과 고객에게 얻는 가치는 어느 정도인지. 향후 이 같은 질문과 해법을 재검토해 세상이 돌아가는 이치에 부합하는지를 검증할 차례다. 프로토타입은 어느 제품이나 서비스 아이디어를 실제로 만들 수 있는지, 어떤 식으로 만들어야 하는지, 어떤 식으로 작동할지, 최적의 크기나 모양은 무엇일지 보기 위해 설계한다. 프로토타입을 만들게 되면, 창업팀은 주인의식과 함께 제품에 대한 인식의 차이를 좁힐 수 있다. 고객에게는 '어떤 기능이 있으면 좋겠어요?' 같은 잠재된 니즈를 파악할 수 있다. 또한 다양한 유형의 프로토타입으로 검증할 수 있다는 것이 좋은 점이다.

프로토타입에도 여러 종류가 있다. 손 글씨로 적은 페이퍼 프로토타입에서 실제 사용가능성을 가늠할 수 있는 인터랙티브 목업(interactive mockup) 등 다양하다. 후자가 실제 제품과 유사하며 정확도가 높지만 그만큼 프로토타입을 만드는 데 시간이 많이 필요하다. 처음 만드는 프로토타입은 쉽고 빠르게 만들 수 있는 페이퍼 프로토타입으로도 충분하다. 페이퍼 프로토타입은 수작업으로 하는 애니메이션 제작과정과 비슷하다. 여러 장의 제품 기능을 묘사한 그림을 제작하여 순서대로 설명할 수 있도록 만드는 것이다. 페이퍼 프로토타입 제작의 주요 포인트는 여러 가지 버전으로 빠르게 만들 수 있고, 창업 팀 전원이 공유하면서 시제품을 만들어 나갈 수 있다.

프로토타입을 만들어가면서 주의해야 할 것은 최소한의 UI/UX 디자인 원칙에 따라 제작 속도를 높여 여러 개 버전을 만드는 것이 중요하다. 그리고 페르소나의 공감지도를 떠 올리며 고객이 기대하는 모델을 이해한다.

프로토타입을 완성했다면 프로토타입 인터뷰에 들어간다. 예상 고객에게 프로토타입을 주고 화면 이동, 조작 순서, 콘텐츠 등이 이해하기 쉬운지, 제품의 사용 목적을 달성하기까지 사용이 편리한지 등을 자세히 물어본다. 특히 중요한 검증 항목은 솔루션을 이용해 문제를 해결할 때까지의 일련의 흐름이다. 사용하기 시작하는 활성화 단계부터 결제해서 유료 고객이 되는 등 최종 성과를 내는 전환까지의 흐름이 매끄러운지 창업가가 직접 사용자를 관찰해 확인해야 한다. 프로토타입 인터뷰 질문내용은 다음과 같다.[31]

---

31) 다도코로 마사유키 지음, 이자영 옮김(2019), 「창업의 과학」, 한빛미디어, pp184- 186. 재정리

> ① 무엇을 하는 제품이라 생각하십니까?
> ② 지금 무엇을 하려고 하십니까?
> ③ 이 문구가 어떤 뜻이라고 생각하십니까?
> ④ 이 버튼의 용도가 뭐라고 생각하십니까?
> ⑤ 그 다음에는 무엇을 합니까?
> ⑥ 이 버튼을 눌렀더니 당신이 기대한 대로 움직였습니까?
> ⑦ 이 제품을 구매하면 추가로 지불해야 하는 비용이 있을까요?(비품, 교육)

여러 번의 프로토타입 인터뷰를 해서 인터뷰이에게서 만족스러운 답을 얻었다면 문제해결 적합도(PSF : problem solving fit)가 달성된 것이다. 인터뷰는 고객이 원하지 않는 제품을 만들게 되는 위험을 줄이기 위한 필수 과정이다. 하지만 대부분 스타트업은 솔루션 다듬기에만 전념한 나머지 적기에 고객의 피드백을 받지 못한다. PSF 단계에서 고객의 피드백을 받고 솔루션 가설을 수정하거나 개선하면 최소기능제품(MVP)를 투입한 후에 피벗하는 것보다 자원을 효율적으로 사용할 수 있다. 고객의 소리에 미리 귀 기울이는 스타트업이 살아남을 확률이 높다. 프로토타입 인터뷰에서 체크할 내용은 고객이 지금 바로 제품을 갖고 싶어 하는 반응이 있었는가?, 사용 중 실패하지는 않았는가? 등이다. 그리고 창업가는 문제를 해결할 수 있는 MVP의 이미지를 명확하게 했는가?, 사용자가 무엇을 이루고 싶어 하는지 알았는가? 등이다.

2. MVP와 린스타트업

빠른 물고기가 느린 물고기를 잡아먹는다. 시스코 회장인 체임버스는 "큰 고기가 작은 고기를 잡아먹는 게 아니고, 빠른 물고기가 느린 물고기를 잡아 먹는다."는 말을 자주 써 왔다. 경쟁 우위는 크기가 아니라 속도에 달렸다는 것이다. 이처럼 속도에 메이는 이유는 간단하다. 빨리 변하지 않으면 죽기 때문이다. 앞으로 10년 또는 20년 안에 포천 500대 기업 중 몇 개 기업이나 살아남을까. 사람들은 몇몇 대기업이 세상을 움직인다고 믿지만, 실제로는 세상을 움직이는 회사가 대기업이 되는 것이다. 이 흐름에 벗어나지 않기 위해서 기업들은 끊임없이 새로운 것을 시도해야 한다. 20년 전 아마존이 처음 태어났을 때, 아무도 지금과 같은 미래를 상상하지 못했을 것이다.

이제 스타트업이 제품을 출시할 차례다. 처음부터 완벽한 제품을 만들 필요는 없다. 이 순간 허용되는 무기는 최대한 단순화해 리스크를 극소화한 최소 요건의 제품이다. 고객의 지불의사에 부합하는 최소요건 제품을 정의하고 이러한 기능을 모두 통합한 테스트를 진행한다. 최소 기능 제품은 핵심 기능만을 충족시키는 제품으로 고객의 지불의사를 전제로 한다. 완벽한 제품은 없다. 시장에서 즉각 실험하라. 그런 후 혁신하라. 이동수단을 예로 들어보자. 2020년 직장인들은 감염병 때문에 대중교통을 기피한다. 근거리 사무실을 자가용 아닌 개인이동 수단으로 출퇴근하고 싶다. 이 문제를 가진 고객에게 솔루션을 제공한다면, MVP를 어떻게 제작해야 할까. 첫 번째는 '바퀴달린 보드' 유형이다. 방향전환 요구가 있으면 '핸들 있는 바퀴달린 보드'를 두 번째 MVP로 하면 된다. 속도가 필요하다면 동력을 연결한다. 세 번째 MVP는 요즘 유행하는 '전동 휠' 제품이 될 것이다.

좋은 아이디어에 좋은 제품이 창업 성공을 위한 충분조건은 아니다. 모든 스타트업은 실험과 같다. 전통 경영기업이 아닌 극도의 불확실성에 빠른 속도로 대응할 수 있는 린스타트업(Lean Startup) 경영기법을 통해 성공적인 창업회사를 만들어낼 수 있다. 이러한 과정을 통해 얻을 수 있는 이점으로는 단순 구상 단계에서는 파악하기 어려운 새로운 문제점을 확인할 수 있다는 점이다. 고객 요구에 따라 작고 가벼운 제품을 만들기로 구상했지만, 정작 전원 및 기능 버튼을 놓을 공간이 부족하다는 사실을 뒤늦게 확인할 수 있다. 단순히 개념이나 문서로만 구상했을 때는 파악하기 어려운 새로운 사실을 점검할 수 있는 좋은 기회를 제공해 준다. 심지어 초기 구상한 방향성이 잘못되어 전혀 새로운 접근이 필요하다는 사실을 확인하는 경우도 많다.

MVP(Minimum Viable Product)는 최소한의 범위에서 고객에게 필요한 제품이나 서비스를 말한다. 그냥 최소가 아니라 '고객이 필요로 하는 최소'다. 명칭에서 나타나듯이 가장 핵심적인 기능만 실행 가능한 제품이다. MVP는 외관상 조악하고 부실하게 보일지라도 적어도 창업자가 구상한 아이디어가 무엇인지, 기획 의도가 무엇인지 정도만은 확인할 수 있는 수준의 시제품이면 된다. 최소 기능 제품 MVP를 정의하는 조건은 다음과 같다.[32]

- 첫째, 고객이 제품을 사용해 가치를 얻는다.
- 둘째, 고객이 제품에 돈을 지불한다.
- 셋째, 제품이 고객 피드백 순환 고리를 유도할 만한 충분조건을 갖추고 있고, 피드백을 토대로 제품의 점진적 개선이 이뤄지는 과정이 반복된다.
- 넷째, 일단 최소한의 요구 기능만 갖춘 제품이 완성되면 시장에 출시한다.

'하면서 해결한다.', 또는 'Move Fast and Break Things'라는 제품개발 태도는 성공에 이르는 결정적 모티브가 된다. 실리콘밸리 스타트업의

---
[32] 다도코로 마사유키 지음, 이자영 옮김(2019), 「창업의 과학」, 한빛미디어, pp200-204. 재정리

교본 '린 스타트업(Lean Startup)'도 MVP 개념을 반영한 것이다. 린스타트업은 아이디어를 빠르게 최소요건 제품(MVP)으로 제조한 뒤, 시장의 반응을 보고 다음 제품에 반영하는 것을 반복해 성공확률을 높이는 경영 방법론의 일종이다. 수억 원을 써가며 1년, 2년 째 골방에서 완성된 서비스를 개발하고자 노력해 봤자 성공 확률이 높은 건 절대 아니다. 그 제품이나 서비스가 나왔을 즈음엔 시장이 아예 바뀌어 있을 수 있다. 아니면 원래부터 시장의 수요와 취향을 무시한 제품을 만들 가능성도 있다. 아무래도 아주 작은 서비스라도 먼저 내 놓아 시장의 반응을 보며 바꿔가는 것이 훨씬 효율적이다. 이게 바로 린스타트업이다. 제품 출시 이후에는 고객 피드백이 대단히 중요한 역할을 한다. 개선할 수 있는 부분을 정확히 파악하면 적절한 방향으로 수정할 수 있다. 제품개발, 측정과 학습을 통한 개선활동 과정을 구체적으로 표시하면 다음과 같다.

[린스타트업 프로세스]

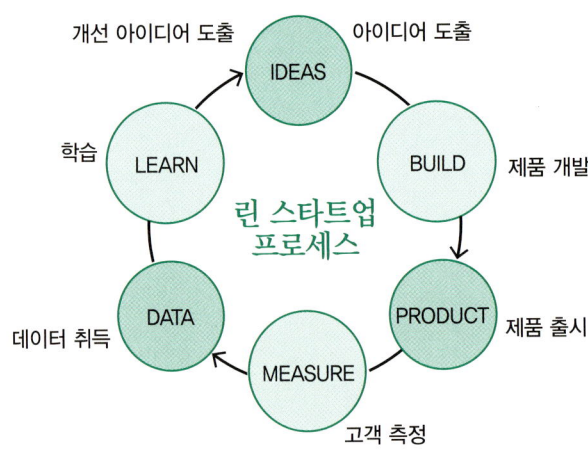

> ■ 빠른 아이디어도출(ideas) → ■ 제품개발(build, develop&test) → ■ 제품출시 및 운영(product) → ■ 고객측정(measures) → ■ 데이터 취득(data) → ■ 학습(learn, analysis & rethink) → ■ 개선아이디어 도출(ideas)

린스타트업에 따라다니는 단어 중 하나가 피벗(Pivot)이라는 용어다. 피벗이란 제품의 시장 적합도를 맞춰보는 과정에서 반응이 없는 경우 새로운 고객과 수익성을 위해 서비스나 제품 혹은 사업 모델을 다른 방향으로 전환하는 것을 말한다.

제7장
제품출시와 마케팅

1. 테스트 마케팅과 제품출시

　지금까지 정리된 모든 결과를 최종적으로 한데 묶어 시장에 시험적으로 출시하는 것이 테스트 마케팅이다. 모든 것을 재점검하고 확인하여 수정할 것은 수정해서 제품 시판(Launching)을 성공적으로 수행하고자 하는 것이 이 방법이다. 테스트 마케팅은 대표성이 있는 몇 개의 도시를 선택하여 국지적으로 광고를 실시하고 유통조직을 가동하여 실제와 똑같이 실시하기도 한다. 그러나 테스트 마케팅도 효과에 비해 너무 큰 비용이 들어가며, 그 효과 또한 신뢰성이 약하다. 여러 부문에서 개발되고 수집된 전략들이 서로 잘 조화되고 상치되지 않는가를 검토하는 것이 필요하다. 테스트마케팅이 끝나면 본격적으로 시장에 제품을 내놓게 된다. 제품을 출시한 이후에는 시장지표조사(Bench Mark Study)를 하게된다. 신제품이 자리를 잡아감에 따라 지속적으로 그 상품력의 증감을 경쟁자 입장에서 측정하는 것으로서 소비자 행태조사와 그 맥락을 같이 한다. 이후 매출량의 변화를 보면서 시설 증설여부 등 후속조치를 취하게 된다. 사후관리는 광고조사 부분에서 이미 다루어진 광고 효과 조사가 주요한 추적조사의 수단이 된다. 제품수명 주기 관리를 위해서는 시장조사 및 포지셔닝 조사 등이 이용된다. 정기적으로 이러한 조사방법을 활용하여 시장을 과학적으로 관리하는 것이 필요하다.

광고는 제품과 서비스에 관심을 둔 사람들을 많이 얻을 수 있으리라는 희망을 품고, 우리가 준비한 메시지를 일방적으로 보내는 방식이다. 이런 접근법은 메시지를 지속적으로 내보내는 동안에는 효과가 있을지 모르지만 계속 땔감을 넣지 않으면 꺼지고 마는 불처럼 지속 불가능하다. 지금 해야 할 일은 사람들이 원하는 것이 뭔지 밝혀내서 그 사람들이 이 제품의 이야기를 화제에 올리도록 하는 것이다.

2. 신제품 마케팅 관리

마케팅 전략의 핵심은 목표시장 전략, 포지셔닝 전략, 그리고 마케팅 믹스전략이다. 대체적으로 이해하고 있는 내용이어서 간략하게 개념만 설명한다.

목표시장 전략은 어떤 시장을 선택할 것인가를 정하는 것이다. 목표시장의 선택범위는 복잡하다. 선택을 결정하는 주요 요인으로는 최종 사용자의 제품 선택 심리요소, 지역시장의 유인요인, 인구통계학적 요인, 소비자 행동, 사회적 신분 및 소비자 심리 등이 있다. 기업들은 여러 세분시장을 대상으로 조사하여 그 결과에 따라 최종 목표시장을 결정하고 있다. 포지셔닝 전략은 기업이 경쟁사의 제품과 다르게 인식되도록 고객의 마음

속에 제품의 정확한 위치를 심어주는 것이다. 경쟁우위는 어떤 제품이 제공하는 가치와 무관하게 고객의 주관적인 가치에 의해 결정되기도 한다. 포지셔닝 전략은 고객분석 및 경쟁자의 확인을 거쳐 경쟁제품의 포지셔닝 분석, 자사제품 포지셔닝 개발, 포지셔닝 확인과 재 포지셔닝을 거쳐 수행한다. 포지셔닝 맵은 물리적 속성에 의한 포지셔닝 맵과 고객지각에 의한 포지셔닝 맵으로 구분된다.

신제품 마케팅 전략은 기본적으로 마케팅 믹스전략과 다르게 없다. 다만, 신제품이 초기에 시장에 진출하는데 필요한 특성을 반영한 제품, 가격, 유통, 촉진 전략을 말한다. 제품전략은 제품의 구성요소인 제품자체, 포장, 상표를 기존 제품과 차별화하기 위한 전략이다. 제품 자체는 그 제품을 통해 얻을 수 있는 가치를 의미한다. 포장은 보호 및 물류 요인 외에도 그 자체가 경쟁제품과 차별화 요인이 된다. 상표는 상품의 특성이나 품질을 전하는 활동으로 상품명은 브랜드의 중요한 요소이다. 신제품을 출시하는데 있어 가격 결정은 매우 중요하다. 가격이 너무 높거나 낮으면 실패할 가능성이 크다. 가격전략으로는 초기 고가전략과 초기 저가전략이 있다. 전자는 출시 초기에 고가로 책정하고 수요가 확대되면 가격을 점차 인하하는 방법이다. 후자는 매우 낮은 가격으로 인지도를 높이고 점차 가격을 올리는 정책이다. 소비자 의견을 반영한 가격민감도(PSM : price sensitivity measurement) 분석을 통해 결정하는 방법도 있다. 유통전략은 제품 특성 및 기존 유통경로를 고려하여 결정해야 한다. 개방적 유통경로는 누구나 제품을 취급할 수 있는 전략으로 편의품을 취급하는 기업에 맞다. 전속적 유통경로는 자사 제품만을 취급하는 전략이다. 자동차, 고급의류 등 고가품에 맞는 경로이다. 전자와 후자의 중간 성격으로 선택적 유통경로가 있다. 이는 일정지역에서 일정 수준이상의 자격요건을 갖춘 매점에서 취급토록 한다. 가구 및 가전제품에 맞는 전략이다. 촉진 전략은 풀(pull) 전략과 푸시(push) 전략으로 나뉜다. 전자는 최종 소비자를 대상으로 광고, 홍보를 통해 구매를 유인하고, 후자는 도매상 및 소매상에게 인적판매와 판촉을 통해 자사 제품을 구매하도록 유인하는 방법이다. 창업기업의 경우 신제품 인지도를 높이기 위한 방법으로 시연 또는 샘플을 제공하는 판촉을 검토할 필요가 있다.

마트 시식 코너에는 사람들이 줄을 서서 기다린다. "드셔보세요. 맛있습니다." 사는 사람도 있고 지나가는 사람도 있다. 대체적으로 시식을 하는 경우에 구매비율이 높다는 것은 알려진 사실이다. 기업의 판촉행사 또한 같은 이치다. '일단 먼저 사용해 보시고 결정하라'다. 고객에 대한 배려도 있지만, 거기에는 사람들이 소유하거나 체험한 것들에 대해 더 큰 애착을 보이는 성향을 활용하기 위한 전략이 숨어있다. 자신이 적절한 절차를 거쳐 소유하게 된 것에 집착해 이를 과대평가하는 경향이 있다. 일단 자신이 직접 만져보고 사용해 애착이 형성된 물건을 구매할 확률이 높아진다. 홈쇼핑도 이러한 성향을 활용한 것이다. 이러한 효과는 손실회피 성향과도 관련이 크다. 어떤 물건을 획득함으로써 얻게 되는 효용보다 그 대상을 잃게 됨으로써 느끼는 비효용이 훨씬 크다는 현상을 말한다. 복권을 신중하게 구매한 사람에게 같은 가격에 판매하라고 하면 내놓을 사람은 없다. 그 이상의 가격을 제시해도 쉽게 동의하지 않는다. 같은 이치다. 스타트업은 고객에게 일단 체험 기회를 주는 판매 전략을 고려해볼 일이다.

3. 스타트업 마케팅, 스토리를 팔다

현대인은 광고에 시달린다. 그런 이유로 광고에 대한 신뢰도가 매우 낮은 것이 사실이다. 창업기업은 비용과 효과측면에서 제품에 대한 광고보다는 스토리를 알리는게 좋다.

열광적인 지지자는 이렇게 말한다. "이거 들어봤어? 이거 봤어?" 호기심을 불러일으키는 말이다. "뭔데?"라고 말하며 사람들은 이야기에 빠져든다. 친구는 내게 트롯가수 노래를 들려줬다. "나 요즘 이 사람한테 푹 빠졌어. 너무 좋아." 살 맛 난다는 것이었다. 얼마 전 아랍에미리트(UAE) 만수르 왕자 탁자 앞에 놓인 '허니버터 아몬드' 사례가 회자되었다. "이게 만수르 가정에서 손님접대에 쓰는 과자래요. 직접 먹어봤는데 얼마나 맛있게요." 충성 고객은 항상 사실보다 더 나가기 마련이다.

제품개발이 완료되면 시장에 시험적으로 제품을 출하하여 테스트 마케팅을 한다. 제품시판(Launching)을 성공적으로 수행하고자 모든 것을 재점검하고 확인한다. 테스트 마케팅은 국지적으로 광고를 실시하고 유통조직을 가동하여 실제와 똑같이 실시하기도 한다. 이 과정이 끝나면 본격적으로 시장에 제품을 내놓게 된다. 제품을 출시한 이후에는 광고홍보를 통해 제품을 시장에 알린다. 광고는 기업이 준비한 메시지를 일방적으로 보내는 방식이다. 이런 접근법은 메시지를 지속적으로 홍보하는 동안에는 효과가 있지만 지속 불가능하다. 스타트업이 해야 할 일은 사람들이 원하는 것을 밝혀내서 단지 몇 사람만이라도 홀딱 빠지게 만들어야 한다. 그 사람은 깜짝 놀라고 즐거운 표정으로, 어쩌면 자기 친구마저 고객으로 만들겠다는 의지로 그 이야기를 화제에 올릴 것이다.

사람들은 제품이 아니라 스토리를 산다. 사람들에게 이야기거리를 만들어 주어야 한다. 친구에게 대화를 시작할 수 있도록 해주는 그런 스토리가 중요하다. 소비자에게 제품을 사라고 설득하지 말고, 대신 사람들이 믿고 싶어하는 스토리와 브랜드를 선택할 수 있도록 보여줄 때다. 이 제품이 어떤 의미, 어떤 스토리를 가지고 있는지를 알려야 한다. '이건 진짜 내가 원하던 얘기야'하고 사람들이 믿게 되는 스토리를 만드는 데 매진해야 한다. 마케팅은 물건을 파는 일이 아니다. 마케팅은 곧 이야기 그 자체다. 입소문의 힘은 연쇄의 힘, 생생함의 영향력이 있다. 말콤 글래드웰(Malcolm Gladwell)은 입소문은 연쇄를 거듭하면서 강력해진다고 했다. 입소문은 과장이나 생략으로 매우 생생해진다. 입소문을 사실로 생각하면 큰 오산이다. "완전 좋았어. 언제 꼭 한번 또 오자." "이게 뭐야. 두 번 다시 안 간다." 하나같이 생생한 느낌이다. 반면에 TV와 신문 광고 등의 미디어는 연쇄를 보이지 않는다.

 소문난 맛집은 아침부터 사람들이 기다린다. 어느 제품은 조기매진으로 다음을 기약해야 한다. 대부분 실제 그렇지만, 희귀성이라는 콘셉트를 활용하는 경우도 있다. 한정된 양의 제품만을 판매함으로써 '없어서 못 사니 더 갖고 싶어지는 심리'를 자극한다. 이것은 생산량의 한계라는 이유도 있고, 어느 정도는 의도적으로 기획한 것이기도 하다. 그러나 스토리 마케팅이 무조건 성공하는 것은 아니다. 제품력이 있어야 한다. 제품이나 서비스 평판이 좋아서 이용했는데, 제품력이 소문에 비해 형편없으면 입소문은 반대의 결과로 나타난다. "이 노래 별론데 뭐!. 이 과자 헛소문이네!" 시장을 정확히 보고 고객의 마음을 읽고 제대로 해야 한다. 솔깃한 스토리에 들어온 사람들이 만족할 수 있어야 당신 제품에 열광하는 충성고객이 될 것이다.[33]

---

33) 신기철(2020.10.9.). 「스타트업 마케팅, 스토리를 팔다.」. 이데일리

라 콜롬비(La Colombe)는 필라델피아에 본사를 두고 있는 커피 전문점이다. 창업자 토드 카미챌(Todd Carmichael)은 이 세상 최고의 완벽한 커피 원두를 찾기 위하여 커피 탐험대를 이끌고 목숨 건 원두탐사를 하는 것으로 유명하다. 카미챌은 진귀한 커피 원두를 위해 파푸아 뉴기니, 콜롬비아, 이디오피아, 볼리비아 등의 위험한 지역을 직접 찾아가서 원두를 수송해 왔다. 그의 이러한 모험 여정을 보고, 한 언론에서는 '모든 커피 잔의 이면에는 놀라운 스토리가 있다'고 보도했다. 카미챌은 커피 원두를 찾아 나서는 순간부터, 진귀한 원두를 발견하는 과정을 촬영했다. 그리고 수송 길을 개척하여 원두를 본사로 이동시키고 커피로 가공하는 모든 과정을 캠코더에 저장했다. 이는 라 콜롬비의 가장 중요한 핵심 마케팅 수단으로 활용된다.

다양한 마케팅 수단을 효과적으로 결합시켜야 성과가 크다. 스타트업은 SNS, 입소문을 통해 자사를 홍보함으로써 고객에게 노출되는 횟수를 늘릴 수 있다. 이것은 오히려 작은 기업에 유리한 기회다. 딱 몇 사람만이라도 홀딱 빠지게 만들어라. 다만, 확장단계나 출구단계에서는 광고 회사와 신문 광고를 통해 홍보하는 것이 효과적이다. 기업의 성장단계에 따라 통합마케팅을 활용해야 한다.

제8장
핵심 사업을 확장하라

1. 고객이 늘면 이익도 늘어나야 한다.

지금까지 스타트업의 주요 활동은 제품시장적합성(PMF)에 초점이 맞춰져 있었다. 창업 아이디어를 발굴하고 프리토타입(pretotype)으로 시장성을 검증함으로써 시장에서 성공할 수 있는지 여부를 검증했다. 이어서 프로토타입(prototype)과 최소기능제품(MVP)으로 제품을 검증함으로써 제품기능을 검증했다. 스타트업이 시장에 제품을 출하하여 고객으로부터 인정을 받았다면 이제부터는 고객을 통한 매출증대에 신경 써야 한다. 고객을 확보하고 고객을 유지하고 확대하여 어떻게 이익을 증대할 수 있는지에 대해 고민해야 한다. 스타트업은 대개 이 단계까지는 고객생애가치(CLV:Customer Lifetime Value)를 고려할 여유가 없다. CLV는 소비자가 평생에 걸쳐 구매할 것으로 예상되는 이익 흐름에 대한 현재가치를 말하며, 장기적인 관점에서 판매자가 수익성을 극대화하기 위해 사용하는 개념이다. CLV는 꼭 짚고 넘어가야 할 중요한 사안이다. 스타트업이 망하는 이유 중 하나가 CLV를 높이지 못한 결과, 고객획득비용(COCA)보다 낮아 성장 도중에 자금이 떨어지기 때문이다. 고객획득비용(COCA: Cost of Customer Acquisition)은 한 고객을 획득하는데 필요한 비용을 말하며 직접적인 비용은 물론 할인판매 비용 등 모든 비용을 포함한다. 스타트업은 PMF를 달성한 이후에는 필수적으로 CLV를 고려해야 한다.

고객이 늘면 기업의 이익이 늘어나는지 여부를 알아볼 수 있는 방법이 있다. 유닛 이코노믹스(Unit Economics)를 계산해보면 된다. 유닛 이코노믹스는 고객 1인당 채산성을 말한다. 이것은 CLV에서 COCA를 뺀 값이다. 유닛 이코노믹스를 높이기 위해서는 고객이 오랫동안 제품을 구매하도록 해서 이익은 높이고, 고객을 얻는 데는 비용을 적게 들이는 방법을 써야 한다. PMF 이후 유닛 이코노믹스를 측정하여 개선되지 않을 경우 사업을 확장하는 것은 무리이다. 주의해야 할 점은 유닛 이코노믹스를 측정할 때는 본업 매출만을 계산해야 한다. 본업 매출이란 비즈니스에서 발생하는 반복매출을 말한다. 제조 기업이면 제품매출, 유통기업이면 상품매출, 공급자와 수요자를 연결하는 마켓 플레이스형 전자상거래 기업이면 거래 수수료를 말한다. 비반복 매출은 현금흐름에는 도움이 될지언정 비즈니스 본업을 하고 있는 것은 아니다.

신규고객을 확보하기 위한 비용(COCA)은 기존 고객을 유지하기 위한 비용보다 6배 정도 된다. 반대로 신규고객 이익률이 10%라면 기존고객 이익률은 60%가 된다. 신규고객을 충성고객으로 만들기 위해서는 고객이 제품이나 서비스에 애착을 갖게 되는 어떤 포인트를 찾아야 한다. 페이스북은 고객의 팔로우 인원수가 10명이상 확보되는 시점을 포인트로 판단한다. 우버는 차를 쉽게 연결하여 승차하는 시점, 토스는 돈을 쉽게 이체하는 시점이 될 것이다. 유닛 이코노믹스를 개선하기 위해 COCA를 낮추기 위한 방법도 찾아야 한다. 어떻게 하면 광고 판촉비용을 들이지 않고 고객을 획득할 것인가. 스타트업은 SNS를 활용하여 고객이 제품과 서비스에 흥미를 느끼게 하는 것이 중요하다. 이후 유료광고를 통해 고객군에게 좋은 정보를 제공해 구매로 이어지게 해야 한다.[34]

2. 글로벌 기업의 비즈니스 확장

비즈니스 확장은 미래를 위해 창업 시작 단계부터 미리 생각하고 있어야 한다. 거점시장을 점령한 이후 공격 목표가 될 다른 시장, 즉 후속시장과 그 규모를 검토한다. 후속시장에는 두 가지 유형이 있다. 동일한 고객에게 보다 고급스런 제품을 추가로 판매하는 업셀링Upselling(상위 제품의 구입을 유도하는 것)하는 것과, 동일 제품으로 거점 거점시장과 유사한 인접 시장에 진출하는 전략이다. 후속시장 후보가 있다면 거점시장과 똑같이 총 유효 시장규모를 측정한다. 거점시장에 제품기반을 두고 가능성 있는 인접시장과 업셀링 기회를 고민할 때 적어도 5~6개의 시장기회가 자연스럽게 떠올라야 한다. 거점시장 정복 이후 진출할 인접시장을 선택하고 제품 수정 전략을 수립한다. 아마존이라는 이름 자체도 이 회사의 확장전략을 기가 막히게 압축적으로 표현하고 있다. '아마존'하면 떠오르는 열대 우림의 생물 다양성은 세상의 모든 책을 포괄하겠다는 아마존의 첫 번째 목표를 반영했고, 지금은 말 그대로 세상의 모든 것을 상징하고 있다.

애플은 자신들을 세상에서 가장 큰 스타트업이라고 정의한다. 이유는

---

34) 신기철(2020.10.30.), 「고객이 늘면 이익도 늘어야 한다.」, 이데일리

간단하다. 현실에 안주하지 않고 끝없이 세상을 향해 꿈을 펼치는 스타트업의 기조와 비전을 여전히 계승하고 있다는 자부심이리라. 이는 엄연한 사실이다. 애플은 스마트폰으로 스마트 생태계의 시작과 끝을 화려하게 장식하고 있다. 이제는 애플페이로 결제의 혁명을 끌어내고 있으며 애플워치로 아예 인간의 기본적인 디바이스 관념도 바꾸려 한다. 무인자동차에 전기자동차, 태양광 에너지 사업까지 나서고 있다. 애플은 플랫폼 기업으로 생태계를 구축하는데 능숙하고 이러한 이유로 성장이 가능했다. 구글도 비슷한 이유로 급성장의 배경을 설명할 수 있다. 하지만 애플은 구글의 성장과 약간 결이 다르다. 포털로 출발한 구글은 원래 C-P-N-D(contents-platform-network-device)의 플랫폼을 가지고 출발했으나, 애플은 디바이스가 기원이기 때문이다.

구글은 플랫폼을 바탕으로 콘텐츠를 직접 제작하는 방향으로 뛰어들었고, 이후 모토로라와 같은 기업의 인수로 디바이스 인프라를 갖추는 한편 사물인터넷 시대를 맞이해 미국을 중심으로 네트워크를 장악하려 한다. 다만 애플은 컴퓨터 제조회사, 즉 디바이스로 출발해 플랫폼을 장악하고 콘텐츠를 생태계에 맡기는 방향으로 가닥을 잡아 자연스럽게 네트워크를 가져가는 분위기다. 분명히 다른 개념이지만 플랫폼과 네트워크를 연결의 측면에서 같은 연장선상에 두고 있다. 구글이 새로운 산업에 진출하며 신선한 패러다임을 만들어 사람들을 놀라게 만드는 프로젝트를 추진한다면, 애플은 자신들의 디바이스 DNA를 무기로 삼아 이를 기점으로 폭발적인 생태계를 구축한다.

제9장
자금조달 방법

1. 정책자금 활용

　창업가는 자금조달 방법에 대해 많은 고민을 한다. 창업에 대한 전반적인 계획을 수립했다고 생각해서인지, 자금조달 문제만 해결하면 된다고 말한다. 현실적으로 가장 중요한 문제이기도 하다. 간혹 어떤 창업가는 정부지원을 받게 되면 창업을 하고 그렇지 않으면 하지 않을 것이라는 말을 하는 것을 본적도 있다. 그러나 이는 잘못된 생각이다. 요즘 창업 아이템의 차별성과 기술력, 즉 제품의 개념과 특성이 소비자에게 어필 할 수 있다고 생각하면 국경을 넘어 어디에서든 돈이 들어온다. 자금 조달 문제를 걱정하기 전에 소비자들이 나의 제품을 살 수 밖에 없을 것이라는 믿음을 투자자에게 심어주면 된다. 그럼에도 창업가가 부딪히는 장벽 중 하나는 자금조달이다. 사업계획에서 자금조달의 중요성 또한 다른 부분 못지않게 중요하다. 결국 돈이 있어야 제반 계획을 수행할 수 있으니 말이다. 일반적으로 창업기업이 돈을 조달할 수 있는 방법에 대해 알아보고 더 나아가 제도적인 개선방안도 생각해 본다. 창업가의 자금 조달방법은 크게 세 가지로 구분된다. 첫째는 창업자 본인이 가지고 있는 돈을 기업에 출자하는 방식이다. 현금을 출자하거나 본인의 다른 자산을 담보로 하여 금융권에서 차입을 하여 기업에 출자 하는 방식이다. 법인의 경우 회사가 주식을 발행하여 주주로부터 자금을 출자받기도 한다. 이렇게 출자 받은 돈은 자본금이 된다. 창업가의 경우 충분한 돈이 없어 이 방법은 한계가 있다. 둘째는 회사가 금융권에서 돈을 빌리는 경우이다. 돈을 빌릴 경우 담보나 신용으로 빌리게 되는데 그 기간이 1년 미만이면 단기차입금, 1년 이상이면 장기차입금이 된다. 여기에는 창업지원자금 등 정책자금도 해당되는데, 아무래도 창업기업은 차입기간이나 이자 측면에서 이러한 정책자금이 유리하다. 이러한 차입금은 정해진 기간 내에 상환의무를 부담하게 된다. 셋째는 벤처캐피탈 등 투자기관으로부터 투자를 받는 방식이다. 벤처캐피탈은 창업기업의 기술력과 미래 성장가능성을 보고 주식이나 사채를 매입하고 돈을 투자한다. 이 같은 투자금은 상환의무가 없다.

대체적으로 창업가는 정부의 창업자금 지원제도를 선호한다. 정부에서 지원하는 혁신창업자금은 기술력과 사업성은 우수하나 자금이 부족한 중소·벤처기업의 창업을 활성화하고 고용창출을 위한 융자자금이다. 세부적으로는 창업기반지원, 일자리창출촉진, 미래기술육성, 고성장촉진, 개발기술사업화로 구분된다. 창업기반지원은 사업개시일로부터 7년 미만인 중소기업이 해당된다. 청년창업가를 위해 청년전용창업자금은 별도로 구성된다. 대표자가 만 39세 이하로 사업 개시일로부터 3년 미만인 중소기업이 여기에 해당한다. 일자리 창출촉진은 기본요건에 해당하면서 일자리 창출 및 유지, 인재 육성 기업이 해당된다. 미래기술육성 및 고성장촉진자금은 사업 개시일로부터 3년이상 10년 미만인 중소기업으로 각각 혁신성장분야 영위기업, 그리고 고성장 혁신기업이 지원대상이다. 개발기술사업화자금은 산업통상자원부, 중소벤처기업부 등 정부 또는 지자체 출연 연구개발사업에 참여하여 기술개발에 성공(완료)한 기술, 특허 및 실용신안 등록 기술을 사업화하고자 하는 기업이 활용할 수 있다. 지원내용은 생산설비 및 시험검사장비 도입, 자가 사업장 건축자금 등이 해당되며 창업소요 비용, 제품생산 비용 및 기업경영에 소요되는 운전자금등이다. 개발기술사업화 자금은 이에 소요되는 원부자재 구입비용, 시장개척 비용 등이 지원된다. 총지원자금은 2조 5천억원 규모이며 더 증가될 것으로 예상된다.

2. 벤처캐피탈(VC) 활용

창업이후 기업이 성장을 위해서는 기술개발을 하고 제품생산 능력을 확대해야 한다. 창업기업 중 기술성과 미래성장 가치가 우수한 중소기업을 대상으로 한 투자지원 등 스케일업 금융이 필요한 경우가 있다. 스케일업 금융에 해당하는 지원제도는 여러 가지가 있다. 벤처캐피탈(VC)의 투자 지원이 여기에 해당한다. 벤처캐피탈은 고도의 기술력과 장래성은 있으나 경영기반이 약해 일반 금융기관으로부터 융자받기 어려운 벤처기업에 무담보 주식투자 형태로 투자하는 기업을 말한다. VC는 투자이기 때문에 주식 또는 지분연계형채권을 보유하게 되고 담보는 요구하지 않는다. VC 역할은 신산업을 발굴하고 투자지원을 통해 기업이 성장할 수 있도록 지원하는 것이다. 기업의 성장단계별 모험자본의 활용 특성을 보면 3단계로 구분할 수 있다. 창업초기에는 크라우드 펀딩, 엔젤, 액셀러레이터, 마이크로 VC 등을 활용할 수 있다. 성장기에는 VC(창업투자사, 신기술금융사)와 CVC(기업형벤처캐피탈), 그리고 성숙기에는 PEF(사모투자전문회사)와 SI(전략적투자자)를 활용할 수 있다.

VC의 사업영역은 성공확률이 낮아 시중은행이 대출하기 꺼리는 초기 창업기업이다. 3년 이내 창업초기(early stage)와 성장기(expansion stage)에 사업성 및 성장성을 보고 투자하게 된다. 2018년 기준 VC의 단계별 투자금액 비중을 보면 초기 25%, 중기 35%, 후기 37%로 초기에 비해 중기 이후가 더 많은데 이것은 VC 역할을 등한시한 결과이다. VC 심사과정은 사업계획서 검토, 사업성 분석, 실사, 투자가치 분석 순으로 이루어진다.

사업성 검토에서는 제품 및 시장 분석, 경쟁사 분석, 수익성·사업성·기술성 평가, 재무 분석 및 경영진 평가 등이 이루어진다. 이 같은 심사과정에서 역시 가장 중요하고 전체를 관통하는 것은 '업(業)의 본질'이다. 업의 본질을 찾고 차별화 하려는 전략이 있어야 투자를 받을 수 있다. 업의 본질은 세상을 더 살기 쉽고 이롭게 하려는 명확한 이유, 긍정적인 의미에서 세상에 임팩트를 줄 수 있을 때 가능하다. 중소벤처기업진흥공단에서는 전환사채 등의 주식연계 회사채를 기초자산으로 유동화증권을 발행하여 선순위 채권은 시중에 판매하고 후순위 채권은 중진공이 인수하는 방법으로 추진하는 투융자 복합금융상품을 지원하고 있다.

3. 기업주도형 벤처캐피탈(CVC) 도입

대기업이 주도하는 기업주도형 벤처캐피탈(CVC)도 있다. 자금의 출처가 달라지면 해당 자금의 성격 또한 달라진다. CVC는 벤처기업이 필요로 하는 장기위험자본 공급 역할을 수행한다. 금융권에서 유입되는 자금의 경우에는 사업 내용과 성장성 등 질적 요인을 고려하지 않고, 단순히 수치적인 변화 등 위험관리 차원의 재무적 지표만 보고 투자 자금이 회수되는 경우도 많다. 하지만 비금융권 기업이 벤처기업에게 투자한 CVC 자금의 경우에는 해당 사업 내용에 대한 성장성, 질적 요인 등에 대한 측면을 고려하기 때문에 훨씬 위험성 높은 사업 분야에도 과감한 투자가 이루어지는 경우가 많다.

CVC 자금이 여타 창업 자금과 다른점 중 하나는 단순히 수익획득을 목적으로 하는 VC(Venture Capital)와 달리, 투자한 벤처기업 내지 스타트업과의 중장기적인 관계 형성에도 관심이 많다는 점이다. CVC 투자가 이루어지는 요인 중 투자기업이 피투자기업에서 시도하는 제품 내지 서비스가 본인 사업에도 필요한 사안인 경우가 많다. 즉, 구글이나 아마존 같은 IT 기업이 소프트웨어 개발회사 내지 모바일 앱 개발 회사에 투자하고, 해당 회사를 통해 자사의 서비스를 연동하여 제공하는 사례가 많다. 이 역시 CVC의 투자 자금이 금전적인 이익뿐만 아니라 사업적인 관계 형성에도 관심이 많기 때문이다.

CVC가 활발한 미국의 경우에는, 인텔·구글·아마존 등의 회사가 신생 벤처기업에 적극 투자해 본인 사업과 이들 신생기업 사업이 함께 성장할 수 있는 환경을 구축하고 있다. 구글은 독립 투자부문인 구글 벤처스(Google Ventures)를 설립하고 2009년부터 CVC 투자를 개시했고, 150개

이상 기업에 투자했다. 구글 벤처스는 모바일과 인터넷에 중점적으로 투자하고 있지만 생명공학, 유기농 원두커피 브랜드, 태양광 에너지 등 의외의 분야에 투자를 추진하기도 한다. 인텔의 경우에는 한때 전 세계 26개 국가에서 CVC 지사를 운영하기도 했다.

사실 획기적 비즈니스모델, 세상을 바꾸는 기술로 초기부터 엄청난 성장을 하는 스타트업은 굉장히 드물다. 대부분의 스타트업은 여러 한계와 문제점을 갖고 출발한다.

혁신적인 아이템만 보고 창업했지만 투자유치, 연구개발, 시장개척, 인력관리 등 문제에 부딪혀 더 이상 성장하지 못하고 한계에 봉착하는 경우가 대다수다. 그래서 미국 등 선진국에서는 스타트업을 벗어나는 방법으로 기업공개(IPO)보다 인수합병(M&A)을 선택하는 경우가 많다. 안정적인 사업기반을 갖춘 대기업들은 스타트업 인수로 오픈 이노베이션을 달성할 수 있고 스타트업은 대기업의 유통망이나 노하우를 지원받아 문제를 해결할 수 있기 때문이다.

하지만 국내 스타트업들은 M&A가 아닌 IPO를 선택할 수밖에 없는 상황이다. M&A를 하려면 점진적으로 투자를 확대하고 협업을 통해 대기업과 스타트업이 서로를 알아가는 과정이 필요하다. 그런데 현행 공정거래법은 대기업이 스타트업을 자회사로 편입하거나 5% 이상 지분투자하는 것을 규제하는 등 기업주도형 벤처캐피털(CVC)의 투자활동을 제한하고 있다. 그 결과 국내에서 스타트업의 M&A사례는 거의 찾아보기 힘들다. 중소벤처기업부의 2018년 벤처투자동향보고서를 보면 2018년에는 장외매각 및 상환이 투자회수의 53.7%를 차지했고, 이어 IPO가 32.5%, M&A는 2.5%에 불과했다.

미국의 경우 M&A 비중이 43%나 되는 것과 비교하면 한국시장이 굉장히 열악한 편이다. M&A 전단계라고 할 수 있는 기업주도형 벤처캐피털(CVC)의 전략적 투자가 막힌 결과라고 볼 수 있다.[35]

---

35) 서울경제(2019.11.20.) 「중박 스타트업 지원, 첫 시작은 CVC」 요약

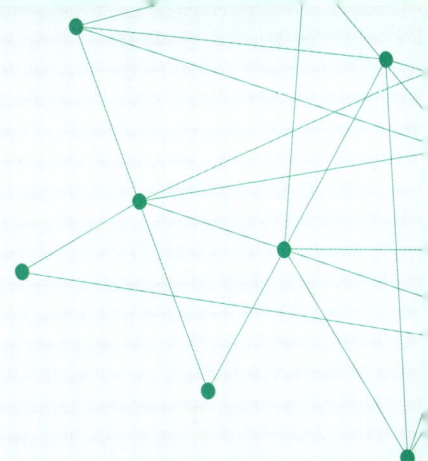

제4부
스타트업, 스케일업, 유니콘기업

제1장. 스타트업 액셀러레이터
제2장. 혁신성장 스케일업
제3장. K-유니콘기업 육성
제4장. K-유니콘기업 육성 위한 제도정비

제1장
스타트업 액셀러레이터

1. 주요국가의 액셀러레이터

인큐베이션(Incubation)과 액셀러레이션(Acceleration) 모두 스타트업(특히 초기단계)을 지원하는 프로그램이다. 다만 인큐베이션이 공간이나 설비, 업무 보조 등 하드웨어 중심의 지원이라면 액셀러레이션은 창업의 지식과 경험, 비즈니스 인사이트를 알려주는 등 소프트웨어 중심의 지원이라는 점에서 약간의 차이는 있다. 액셀러레이션이 조금 더 집중적이고 체계적이다. 일반적으로 액셀러레이션 프로그램은 모집 공고를 낸 후 스타트업을 선정하고 일정 기간 동안 창업 교육 프로그램 및 멘토링, 인프라 지원 등을 통해 해당 스타트업의 비즈니스를 발전시킨다. 이후 데모데이를 통해 각 스타트업들을 외부 투자사와 엔젤투자자, 업계 전문가들에게 소개한다. 더불어 시드(seed) 레벨의 초기 펀딩에도 참여해 소규모 지분을 취득하기도 한다. '액셀러레이터(Accelerator)'는 창업 기업의 초기에 지원수단을 활용하여 전방위적으로 지원해주는 기관 또는 기업을 말한다. 적합한 스타트업을 선별하여 해당 기업가가 초기 난관을 극복하고 성장을 가속화할 수 있도록 입체적으로 지원한다.

대표적인 액셀러레이터인 와이콤비네이터(Y Combinator)를 비롯한 테크스타(Techstars), PLUG&PLAY 등이 스타트업에 집중지원을 한 결과 미국 벤처기업의 성장으로 이어지면서 관심을 갖게 되었다. 2005년 설립된 와이콤비네이터는 2019년까지 1500개가 넘는 벤처기업에 투자했으며, 투자한 스타트업의 시가총액은 800억 달러가 넘는다. 에어비엔비, 드롭박스(클라우드) 등 많은 스타트업 성공신화를 낳았으며, 창업생존율이 90%에 이를 정도이다. 현재 미국, 영국, 이스라엘 등 벤처 창업이 활성화된 국가를 중심으로 전 세계에 수많은 액셀러레이터가 활동하고 있다. 이들은 ICT 기반 스타트업뿐만 아니라 교육, 헬스케어 등 다양한 분야에서 창업자에게 교육과 전문적 조언을 수행하고 있다. 액셀러레이터는 지원할 스타트업을 공모를 거쳐 모집하고, 선발된 기업에게 투자자, 법률 및 행정 전문가 등과 함께 전문적인 교육을 수행한다. 그리고 사업계획서 작성, 투자 유치 등을 집중 지원하며 업계 전문가들과 만남을 주선하는 네트워킹을 구축해 주기도 한다. 이러한 보육 기간을 통해서 준비된 결과물을 바탕으로 데모데이를 진행하여, 엔젤투자자와 벤처캐피탈 등의 투자를 유치한다. 최근에는 유력 액셀러레이터 프로그램에 포함되었다는 이유만으로도 대규모 투자를 유치하거나 언론 등으로부터 주목받는 경우가 많다. 이러한 사실은 액셀러레이터의 역할이 점차 커져가고 있음을 확인시켜 준다. 미국, 중국, EU 등 주요국의 액셀러레이터 정책의 내용을 먼저 살펴본다.[36]

---

36) 와이즈웍스컨설팅(2019), 「전국 주요권역별 특성에 맞는 혁신성장 지원모델 및 유니콘 기업 육성방안 연구용역」, pp. 15-21.

첫째. 미국의 스케일업 환경이다. 미국은 2014년에 '스케일업 아메리카 이니셔티브(Scaleup America Initiative)' 발표를 시작으로 본격적인 스케일업 지원을 시작했다. 미국의 Scaleup America 주요 프로그램은 연평균 매출 15~50만 달러 이상의 높은 성장 가능성을 가진 중소기업을 대상으로 정부 차원에서 멘토링, 투자 유치, 교육 등 다양한 연계 활동을 지원하고, 지역별 네트워크 운영을 지원하는 것이다. 정부가 스케일업 기업, 투자자, 중소기업 개발센터 등 다수의 전문가들로 파트너를 구성하여 지역 커뮤니티내에서 기업가들 간의 네트워크 구축을 강화하여 지역 스케일업이 전문성을 가질 수 있도록 지원하고 있다. 미국 13개주에 15개 네트워크를 선정하여 자체적으로 스케일업 프로그램을 운영하게 하고, 정부는 프로그램 운영자금을 지원한다. 그리고 투자자 매칭, 자금대출, 엔젤 투자 유치 등 자본 접근성을 확대한다. 마케팅, 경영전략 수립, 시장 분석 등을 1대 1로 멘토링, 기술지원을 수행한다. 이 같은 프로젝트를 통해 지역의 잠재적 성장성이 높은 중소벤처기업이 스케일업하고 지역의 고용 창출과 경제적 파급효과를 올릴 수 있다. 공유경제, 항공우주, 핀테크, 미디어 등 다양한 산업분야에서 다수의 유니콘 기업이 탄생했으며 많은 유니콘 기업 중 8개 기업은 유니콘 중에서도 100억 달러 이상의 기업 가치를 지닌 데카콘 기업으로 성장했다.

미국은 정보통신혁명을 선도적으로 이룩한 국가이다. 사물인터넷(IoT), 스마트폰, SNS, 클라우드 컴퓨팅 등 디지털 기술을 이용하여 누구나 쉽고 빠르게 접근할 수 있는 플랫폼을 만들어냈다. 혁신기업들은 고객가치를 새롭게 발견하고 이에 집중해 운송, 의료, 금융 등 기존 시스템을 혁신함으로써 세계 일류의 유니콘 기업 보유국이 되었다. 기업의 지속가능성, 비즈니스 모델의 혁신성, 시장의 확장성을 극대화하여 단기간 내 성장할 수 있도록 지원했다. 스케일업 이니셔티브는 네트워크 중심으로 지역별로 운영된다는 특징이 있다. 프로그램 주요 목적은 지역 커뮤니티들이 활발한 활동을 할 수 있도록 지원하는 것이다. 투자자, 스케일업 기업, 중소기업 개발센터 등 여러 전문가들로 파트너를 구성 하여 기업가 네트워크를 강화하고, 지역의 스케일업이 전문성을 가질 수 있도록 지원하고 있다. 생존율이 낮은 우리 창업 현실에 비춰 볼 때 글로벌 유니콘 기업 성장 사례를 주시할 필요가 있다.

둘째, 중국의 주요 지원정책이다. 중국 정부는 2015년 이후 대중창업, 만중혁신이라는 창업 장려 정책을 통해 정부 차원에서 창업 관련 각종 규제를 개혁하고 지원 규모를 늘리고 있다. 이에 따라 연간 500만여 개의 신생기업이 신설되는 등 창업 붐이 일어나고 있다. 중국에서는 2018년 상반기 기준으로 3~4일에 하나씩 유니콘 기업이 생겨나고 있다. 중국은 가젤기업 지원 및 육성 정책을 적극 실시하고 있다. 중국의 주요 국가첨단기술산업개발구의 지원정책의 특징은 강력한 내수시장을 활용하여 신산업분야 유니콘을 육성하는 것이다. 기존 산업에는 규제가 엄격하지만 신산업 분야에서는 다소 자유로운 환경을 조성하며 글로벌 유니콘 기업의 육성에 집중한다. 그리고 어떤 생태계와도 비교할 수 없는 방대한 내수 시장의 장점을 살려 시장을 형성하고 이를 육성하는 것이다. 현재 중국의 GDP는 세계 2위이며, 전자상거래 역시 괄목할 만한 고성장을 기록하고 있다. 중국 내 사업 환경이나 시장 규모를 반영하는 FDI 역시 수년간 둔화세에도 굴하지 않고 세계 선두권을 유지하는 중이다. 중국의 스타트업에 대한 금융 지원 규모는 최대 수준이다. 중국 신삼판(新三板) 상장 기업수는 2013년 약 360개에 불과했으나 2017년 약 1만 2천개로 32배 증가했다.

중국의 신삼판(新三板) 시장은 세계 최대 규모의 신자본 시장이다. 2006년 6개의 등록 기업으로 시작한 신삼판 시장은 2017년 말 기준 등록기업 수 1.2만개, 시가총액 약 86억 달러 시장으로 발전했다. 2013년 말 대비 시가총액 약 80배 증가하여 한국 코넥스 시가 총액 4.3억 달러의 20배 큰 규모로 성장했으며, 클라우드 펀딩 또한 정부 주도에 의해 단기간에 성장했다. 중국은 2014년을 '클라우드 펀딩 원년'으로 정하고 강력한 발전 정책을 시작했다. 2016년 프로젝트 성공 수 약 4만 8천개, 프로젝트 참여자 1.4억 명, 클라우드 펀딩 프로젝트 급속 확대, 모집자금 217.4억 위안을 달성했다.

셋째, EU의 Startup and Scale up Initiative(2016)이다. 이 프로젝트는 기업에게 닥친 문제점을 금융 접근성 및 규제로 판단하고 이를 해결하기 위해 출발했다. 중소기업과 스타트업의 성장을 돕기 위해 소비자와 기업을 위한 기회 창출 및 보다 깊고 공정한 단일 마켓을 구축하는 전략을 발표했다. 단일 시장에서 스타트업과 스케일업을 위한 장벽을 제거하고, 비즈니스 기회 및 기술을 통한 더 좋은 기회 창출과 금융에 대한 쉬운 접근성을 제공하여 기업가들에게 재도전의 기회를 부여하고 있다. EU 위원회와 유럽 투자 은행 그룹은 '범유럽 벤처캐피탈 펀드'를 출범하고 EU로부터 최대 4억 유로의 초기 투자 및 최대 16억 유로의 자금으로 'Horizon 2020'과 같은 EU의 연구 및 혁신 기금 지원 프로그램 등을 운영하고 있다.

그리고 파산법에 관한 입법안 제출을 통해 재정적 어려움을 겪고 있는 기업들이 조기에 구조 조정할 수 있도록 했으며, 정직한 기업가가 최대 3년 후 완전히 채무를 면제받아 재도전 할 수 있는 기회를 제공했다. 국경을 초월하여 사업을 확장하려는 스타트업을 지원하기 위해

CCCTB(Common Consolidated Corporate Tax Base)에서 세금을 단순화하는 방안을 추진했다. 또한 정보와 규제를 구분하여 스타트업의 장을 막는 장벽을 제거하여 시간과 비용을 절감했다. 세금 부담 해결을 위해 복잡한 VAT 시스템의 간소화 패키지, 유럽 전역 성장을 위한 CCCTB 인센티브 등이 있다. 재도전의 측면에서 정직한 기업가에 대한 재도전 기회 및 구조 조정 등 절차의 효율성 증대를 추진하고 있다. 금융 제공(Provide Finance)은 스타트업의 시장 확대를 위한 자금조달을 지원하기 위한 제도로 유럽 VC 펀드 등과 융합한 크라우드 펀딩이 있다. 유럽 VC의 투자를 이끌어내기 위해 범유럽 모태펀드(The Pan European Venture Capital Fund of Funds)를 결성하고 투자에 대한 세제 혜택, VC에 대한 추가 인센티브 제공 및 금융의 대체제로서 크라우드 펀딩 활성화를 추진하고 있다.

넷째, 프랑스 스케일업 프로그램이다. 프랑스는 스케일업 육성에 있어 가장 중요한 부문이 자금조달임을 조기에 인식하고 2012년 프랑스 공공투자은행을 설립했다. 신용 기관 및 공공은행의 성격을 지니고 있으며 융자보증, 기업 투자, 보험 등의 사업을 진행한다. 우선 투자지원 분야를 매년 선정하여 스타트업과 혁신적인 중소기업에 투자하고 있다. 설립 후 첫 활동인 2013년에 1,500여 스타트업에 자금 지원을 하였고, 지원 금액과 지원 기업 수가 점차 증가하여 2017년에는 4,000여 스타트업에 250억 유로 규모의 투자 지원을 했다. 패스 프렌치테크(Pass French Tech)는 프랑스의 대표적인 스케일업 프로그램으로 프랑스 공공투자은행으로부터 자금을 지원받아 운영한다. 프랑스의 대표적인 바이오 및 디지털 분야 혁신 기업으로 업력 15년 이하 스타트업을 대상으로 선정하며, 선정된 스타트업에는 홍보 및 네트워크 구축, 맞춤형 성장 지원 컨설팅, 정부 주관 행사 참여(비용제공) 등에 대한 지원을 패키지 형태로 제공한다. 다양한 지원을 통해 스타트업이 글로벌 기업으로 도약할 수 있도록 지원하고 있다.

2. 한국의 액셀러레이터[37]

정부 운영 창업플랫폼 현황

ⅰ) 중소벤처기업진흥공단 청년창업사관학교는 창업성공패키지를 활용하여 청년 기술창업 촉진 및 일자리 창출 등 지원업무를 한다. 창업 준비부터 사업화 성장까지 전단계 패키지지원을 시행중이다.

단계별	창업준비	창업실행	성장단계	안정화단계
주요내용	교육 및 사업계획서	사업화	성장촉진 프로그램	사후관리
	창업성공패키지(프리스쿨→청년창업사관학교→5년간 후속 연계지원)			

창업준비 단계는 청년창업사관학교 입교를 희망하는 (예비)창업자 대상으로 창업 아이디어 구체화 등의 교육(프리스쿨)을 지원하고 있다. 프리스쿨은 창업 사업화 기간에 발생하는 시행착오를 최소화하여 사업화 성공률 제고를 위한 창업역량 강화 교육 과정이다. 창업실행 단계에서는 청년창업사관학교에 입교한 (예비)창업자에게 창업 공간, 교육 및 코칭, 기술지원(제품설계, 시제품 제작), 사업화 비용까지 원스톱 일괄 지원하여 창업 사업화를 지원하고 있다. 개발기간이 장기간(최대 2년) 소요되는 고부가가치 기술창업을 지원하기 위해 2년 과정을 운영하고 있으며, 입교자의 창업 활동 결과를 사업비 배정 및 인센티브와 연계하는 등 창업자간의 선

---

37) 숭실대학교(2019), 「청년창업사관학교 사업차별화 방안 수립을 위한 연구용역」, pp 43-47 요약

의의 경쟁을 유도함으로써, 성과 중심의 지원체계를 확립했다.

창업성장 단계는 청년창업사관학교를 우수한 성적으로 졸업한 기업에는 정책자금, 마케팅 판로, 해외진출 등을 연계 지원하는 성장촉진프로그램 운영으로 졸업기업의 성장을 촉진하고 데스밸리 극복 등 혁신성장을 지원하고 있다. 창업기업의 인적 네트워크 강화 및 신사업의 융합 기회 제공을 위해 2018년에 청년창업사관학교 총동문회(2,878명)를 결성하여 개방형 혁신 및 자발적 상생협력 등 역동적인 창업생태계 기반을 조성했다. 지난 8년간 기술 및 사업화 지원을 통하여, '18년 졸업생 402명을 포함한 총 2,390명의 청년CEO를 배출하고, 매출액 18,620억 원, 지적재산권 등록 5,373건, 일자리 창출 5,618명의 지원성과를 거두었다.

중진공은 지속적인 청년창업 수요증가와 수도권에 비해 부족한 지역 창업 인프라의 불균형을 해소하기 위해 2017년까지 5개 지역에서 운영하던 청년창업사관학교 플랫폼을 2018년도에 12개 지역으로 확대 설치하여, 17개 지역에 혁신창업가 양성 기반을 구축하였으며, 창업자 양성규모를 500명에서 1,000명으로 대폭 증가시켜 혁신창업 활성화에 기여하고 있다. 2020년 8월에는 글로벌 청년창업사관학교를 개소하여 AI 분야 스타트업 지원에 힘쓰고 있다.

ⅱ) 서울산업진흥원 서울창업허브는 시민, 창업기업, 창업 유관기관들이 자유롭게 소통하고 교류할 수 있는 창업 플랫폼을 제공한다. 창업허브만의 DB를 통하여 창업기업과 플레이어들을 연결하는 네트워크를 구축하여 자율적인 네트워킹 생태계 조성에 힘쓰고 있다. 허브 네트워킹 데이를 통하여 스타트업, 투자자, 액셀러레이터 등 스타트업 이해관계자들이 모여 자율적인 네트워킹 프로그램을 진행하여 아이디어, 투자, 교육 등 스타트업 정보를 공유하는 문화를 조성하고 있다. 민간협력기관과 연계한

허브 파트너스 데이로 창업허브 방문객 및 예비창업자들에게 다양한 창업 행사를 제공하고 있다. 창업 후 7년 미만 기업을 대상으로 진행하는 창업보육사업과 외식업 예비창업자를 위한 키친인큐베이터를 운영하고 있다. 허브아카데미(Hub-Academy)를 활용하여 우수한 창업 인재를 육성하고 스타트업의 성장을 위하여 다양하고 전문적인 창업 강의를 실시한다. 이 외 창업기업 및 플레이어 DB 구축, 서울시 지역별 창업환경 조사, 창업생태계 조사(스타트업 현황 파악 등), 서울창업생태계 국제공동연구, 해외 사례 조사, 정책제안 등을 통한 창업생태계 조사 및 분석과 창업 관련 데이터 서비스를 제공한다.

iii) 창조경제혁신센터는 전국에 19개가 운영되고 있다. 창조경제혁신센터는 혁신창업허브로서 다양한 정책을 통해 창업기업을 지원한다. 지역창업 활성화 및 기업가정신 고취를 위한 추진과제를 발굴하고 운영한다. 예비창업자 및 창업기업의 역량강화를 위한 지원과 관련기관 프로그램을 연계지원한다. 온오프라인 상담, 멘토링 컨설팅, 사업화지원, 판로지원, 투자유치 및 글로벌 진출등의 창업기업 서비스를 제공한다. 지역파트너 기업, 유관기관과의 연계협업을 통해 혁신적 창업생태계를 구축한다. 창업진흥원은 창조경제혁신센터 외에도 판교밸리창업존, 1인창조기업지원센터, 중장년 기술창업센터를 운영하고 있다.

iv) 신용보증기금의 Start-up NEST는 새로운 비즈니스 모델(New)을 기반으로 확장 가능성(Expandability)을 갖춘 혁신 스타트업(Start-up)의 성장을 지원하는 금융과 비금융 복합 육성 플랫폼(Total Platform)이다. 대상기업 발굴-액셀러레이팅-금융지원-성장지원 4단계 지원을 통해 유망 창업기업이 본격 성장궤도에 진입할 때 까지 체계적으로 육성한다. 성장전략 수립 맞춤형 컨설팅, 멘토링, 온오프라인 커뮤니티, 다자

간협의체를 활용한 네트워킹, 법률, 세무, 회계 등 자문서비스를 제공하여 통합적인 액셀러레이팅을 수행한다. 퍼스트펭귄 선정 우대, 예비투자 Pool 선정, 보증 투자 보험 선택지원, 벤처캐피탈(VC), 크라우드펀딩 등 투자 유치 등의 금융지원을 하고 있다. 그리고 네트워킹 프로그램, 성장 단계 및 기업특성별 맞춤형 지원(IPO지원, 유동화회사보증, M&A보증), 해외진출 지원, 언론홍보 등의 창업기업의 성장을 지원하고 있다.

v) 서울시 창업보육센터 서울창업디딤터는 서울 동북부 지역의 창업 활성화를 목표로 개소했다. 서울창업디딤터는 이 지역의 창업 거점 역할을 수행하며 초기 창업기업의 발굴과 육성을 지원한다. 예비창업자 및 창업에 관심 있는 일반인을 대상으로 START-UP:D 창업아카데미와 START-UP:D 창업멘토링을 제공한다. 분야별 전문가, 창업기관 종사자, 투자자, 창업자 등 창업생태계의 다양한 이해관계자가 만나 올바른 창업정책 방향 논의 및 협력방안을 모색하는 창업지원포럼을 운영하고 있다. 입주기업을 대상으로 전담 멘토링, 전문분야 특화 멘토링, BM 체계화 프로그램, 시장조사지원 프로그램, 투자유치 역량강화 교육, 성과발표회-Demo Day, 사업화자금 지원, 솔루션데이-사업설명회 지원을 한다. 졸업기업을 대상으로 모니터링을 통한 지속적인 성과 관리 및 찾아가는 멘토링, 투자 역량강화 교육 제공 등 후속 프로그램을 지원한다.

vi) 창업선도대학은 전국 43개 대학에서 운영 중이다. 대학생, 청년, 일반인을 대상으로 창업교육부터 사업화, 후속지원까지 창업의 전 단계를 종합적으로 지원한다. 창업아이템 사업화는 유망 (예비)창업자를 발굴하여 시제품 개발, 기술정보활동(특허 출원 등록), 마케팅 활동 등 창업사업화에 소요되는 자금을 최대 1억 원까지 지원하는 사업이다. 창업아이템사업화 참여 기업 중 우수 창업자를 대상으로 후속지원을 통해 제품의 성능 개선, 홍보, 마케팅 활동 등 사업고도화 자금을 지원(과제당 최대 3천만 원)한다. 자율 특화 프로그램은 창업동아리 발굴 육성, 실전 창업교육, 청년창업 한마당투어, 창업경진대회, 창업캠프 및 창업특강 등을 운영한다. 대학생 창업강좌는 대학별 창업관련 학사프로그램을 운영하며, 담당교수의 일반강의 및 교내외 전문가 특강, 현장학습 등으로 진행한다. 일반인 실전 창업강좌는 우수기술 보유자 또는 아이디어를 보유한 예비창업자, 창업에 관심있는 일반인(대학생 포함)을 대상으로 아이템선정, 사업계획서 작성, 지재권, 인사, 세무, 사업운영 등 창업 준비교육을 실시한다. 창업지원단 및 입소공간 지원은 창업아이템사업화 선정자 대상으로 창업기업 입주공간 또는 대학의 창업보육센터(BI) 공간을 활용하여 창업 준비공간을 지원하고, 다양한 아이디어를 가진 (예비)창업자들이 협업 및 소통할 수 있는 개방형 창업공간을 지원한다.

민간 운영 창업플랫폼 현황

ⅰ) 마루 180은 아산나눔재단에 의해 설립된 창업지원공간으로 서울 강남 소재의 스타트업을 위한 공간, 벤처캐피탈 액셀러레이터, 코워킹 카페, 이벤트홀을 갖춘 창업지원센터를 갖추고 있다. 구글 스타트업 캠퍼스, 아이크임팩트 스튜디오, DSC인베스트먼트, 캡스톤파트너스, 스파크랩 등 다양한 파트너와 협업하고 있다. 법인 설립 후 5년 이내 스타트업을 대상으로 최대 1년까지 입주가능하며, 입주기업에 한해 클라우드 크레딧 제공, 마케팅 및 홍보지원, 출장 및 직원 역량개발 지원 등 40여 개의 지원수단을 한다. 창업자가 각 분야별 전문가와 대화할 수 있는 멘토링랩을 운영하고 있고, 개인 개발자와 스타트업이 개발한 소프트웨어 서비스를 시험해 볼 수 있는 디바이스랩도 운영하고 있다. MARU180 졸업생에게

다양한 창업자 네트워크 형성 기회를 제공하고 있다. 마루 180을 통하여 배출된 스타트업으로 드라마앤컴퍼니, 플리토, 가우디오디오랩이 있다.

ii) 디캠프는 은행권청년창업재단에서 운영하는 복합 창업 생태계 허브로, 창업 생태계의 3대 요소(투자, 공간, 네트워크)를 유기적으로 연결하여 다양한 창업 생태계 지원 활동을 하고 있다. 프로그램은 매월 사전 심사를 통해 선발된 D.Day 참여 팀들을 대상으로 투자 심사를 진행, 기수제 스타트업 육성 프로그램 GoD(Game of Dcamp)를 통해 선발된 팀들에게도 투자 기회를 제공하고 있다. D.DAY 선발팀, 디캠프와 협약한 소셜벤처 투자사의 추천팀, 디캠프가 주최 혹은 후원하는 외부경진대회 수상팀을 대상으로 기본 6개월 최대 1년의 입주 및 성장 프로그램을 제공한다. 예비창업팀, 초기 스타트업 팀을 대상으로 매월 팀당 5분 발표와 전문 심사위원단의 질의응답 10분으로 구성된 D.DAY를 진행한다. 디캠프를 통해 배출된 스타트업으로 8퍼센트, 이놈들연구소가 있다.

iii) D2스타트업 팩토리는 네이버가 만든 기술 스타트업 액셀러레이터이다. 뛰어난 기술을 가진 스타트업에 투자하고 성장을 지원하고 있다. 신규 투자팀 모집 및 지원은 전용 업무공간, 클라우드 인프라 등 제품 개발에 몰입할 수 있는 환경을 제공하고 투자자, 파트너사, 이용자들에게 가까이 다가갈 수 있도록 홍보 및 마케팅, 후속 투자유치를 지원하고 있다. 네이버 D2SF 기술 창업 상담은 기술 개발부터 자금 유치까지 기술 창업과 관련된 창업상담을 누구나 신청할 수 있다. 네이버, 밴드, 웹툰, 스노우 등의 서비스를 뒷받침했던 검증된 고품질의 IT 인프라를 스타트업에 무상 제공하고 있다. 100여 명을 수용할 수 있는 D2SF 라운지를 스타트업, 개발자에게 무료로 대관하고 강연, 세미나, 데모데이, 해커톤 등 다양한 형태로 활용 가능하다. D2스타트업 팩토리를 통해 배출된 스타트업으로 로플랫, 더알파랩스, 아이데카, 폴라리언트가 있다.

ⅳ) N15(엔피프틴)은 제조 창업을 전문적으로 발굴, 투자, 육성하는 하드웨어 액셀러레이터로 스타트업에게 하드웨어 관련 컨설팅을 진행하고, 공간임대를 통하여 상주기업에 대한 투자와 지원을 하고 있다. 하드웨어 관련 스타트업을 발굴하고 육성하는 역할을 하고 있는 제조창업 플랫폼이다. 제품디자인, APP개발을 통해 시제품을 만들고 금형, 사출, SMT Factory의 양산 역량을 바탕으로 아이디어를 제품화시키는 최적의 솔루션을 제공하고 있다. 엔피프틴 파트너스를 설립하여 액셀러레이팅과 투자 영역에서도 활발하게 활동하고 있다. 린스타트업 제작소, 콘텐츠 인재 캠퍼스, 건국대, 디지털대장간 등 여러 지역에서 메이커스페이스를 지원한다.

3. 실리콘밸리 액셀러레이터 벤치마킹

국내 중소벤처기업의 해외진출을 지원하기 위해 주요국가의 창업과정을 알아봤다. 벤치마킹 대상은 실리콘밸리 스타트업 액셀러레이터 중 '05년 설립된 YC와 '06년 설립된 미국 최대규모의「Plug & Play」다.[38] 두 액셀러레이터의 창업코칭, 멘토링 프로그램, 투자자 네트워킹 등 다양한 프로그램을 정리했다. 주요 내용은 실리콘밸리 진출을 위한 법·제도 및 창업교육, 사업모델 현지화를 위한 멘토링 및 피드백, 그리고 투자자 등과 네트워크 및 데모데이를 개최하는 내용 등이다.

---

[38] 중소벤처기업진흥공단(2013),「청년창업사관학교 해외벤치마킹 창업연수 결과」부분 발췌

세계최고의 액셀러레이터 YC

「Y Combinator」는 캘리포니아 마운틴에서 프로그램을 진행하고 있다.

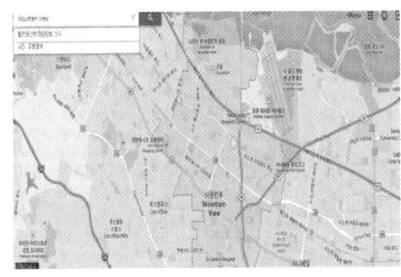 

ⅰ) YC 창업 프로그램[39]

YC는 세계적으로 최고의 명성을 가진 스타트업 액셀러레이터다. 2005년 폴 그레이엄 등 네 명이 공동으로 시작했다. 처음 4년간은 실리콘밸리 지역인 캘리포니아주 마운틴 뷰, 매사추세츠주 케임브리지에서 함께 운영했다. 그러다가 2009년부터 마운틴 뷰에서만 프로그램을 진행하고 있다. YC의 얼굴이라고 할 수 있는 폴 그레이엄은 1996년 비아웹이라는 인터넷 전자 상거래 회사를 창업해 1998년 야후에 성공적으로 매각한 사람이다. 뛰어난 프로그래머이기도 하고 성공한 창업가이기도 하다. YC는 정기적으로 스타트업을 선발한다. 그렇게 선발된 모든 스타트업에 똑같은 기업가치로 일정액을 투자한다. 아무리 좋은 스타트업이라도 YC의 일률적인 투자 조건을 받아들이지 않으면 YC의 일원이 될 수 없다. 이는 투자 의사 결정의 복잡성을 줄이려는 것이다. 그리고 스타트업들에게 3개월간 특별훈련을 제공한다. 3개월의 과정을 마친 학생(스타트업)들은 실리콘밸리 투자자들을 청중으로 두고 사업 계획을 발표하는 졸업식 행사(데모데이)를 갖는다. 비교적 소액의 투자금, 3개월간의 멘토링, 데모데이. 이 세가

---
39) 김동신외(2019), 「Why, YC」, ㈜쓰리체어스, pp.9~15, 26

지가 YC의 핵심이다. 구체적인 투자 및 교육 방식은 다음과 같다.

매년 두 번 스타트업을 선발한다. 6월에서 8월까지 진행되는 여름학기와 1월에서 3월까지 진행되는 겨울학기를 운영한다. 2018년 겨울학기에는 140개 팀을 선발했다. 이 중 32.6퍼센트가 B2B 분야, 27퍼센트가 일반 소비재 대상, 17.7퍼센트가 바이오 및 헬스 케어 기업이었으며 교육, 핀테크, 블록체인, 농업, 정부 관련 스타트업이 뒤를 이었다. 이 중 35퍼센트가 미국 밖에서 온 회사였다. 미국을 제외하고 23개국 팀이 참가했다. 참가 팀의 평균 나이는 30세였다. YC는 이들에게 각각 12만 달러를 투자하고 7퍼센트의 지분을 가져간다. 단순 계산으로 각 회사의 가치를 약 170만 달러 정도로 매기는 셈이다. 하지만 이 단계에서 기업 가치 산정을 하는 것은 아니다. 첫 투자에는 향후 시리즈A 투자 시 YC가 계속 7퍼센트의 지분을 유지하면서 추가 투자를 하겠다는 의미가 담겨 있다. 단순 계산으로 모든 팀에 투자하는 총 투자금은 1680만 달러(약 180억원)가 된다.

투자를 받은 스타트업은 실리콘밸리에서 3개월을 보낸다. 12만 달러라는 돈은 공동 창업자들이 실리콘밸리에 와서 3~6개월 정도 지내기에 적절한 금액으로 간주된다. 투자받은 스타트업들이 일할 사무 공간까지 제공해 주는 많은 액셀러레이터와는 달리 YC는 사무 공간을 제공하지 않는다. 마운틴 뷰에 각종 행사를 여는 공간을 하나 가지고 있을 뿐이다. 3개월 동안 YC 파트너들이 선발된 스타트업들에게 상담과 조언을 해주는 오피스 아워 프로그램이 진행된다. 주로 제품 개발 및 비즈니스 모델에 대한 상담이 오가며 인사, 조직 문화, 네트워킹 등 다양한 주제에 대한 조언도 이루어진다. 매주 선발팀이 모두 모이는 위클리 디너에는 창업가, 투자자, 저널리스트, IT 기업의 임원 등이 연사로 나와 자신의 경험을 들려주고 조언을 해준다. 스타트업과 연사들의 인연은 단발성으로 끝나지 않고 투자 관계로 이어지는 경우가 많다.

YC 과정이 마무리되는 10주차에는 데모데이를 개최해 모든 스타트업이 준비한 제품과 서비스를 투자자와 언론 앞에서 발표한다. 데모데이에는 아무나 참가할 수 없다. YC에서 초대한 투자자나 언론만 참석할 수 있다. 참가 신청을 할 수는 있지만 허가 여부는 YC의 결정에 달려 있다. 스타트업들의 발표는 이틀에 걸쳐서 진행되지만, 한 팀당 발표 시간은 겨우 3분 내외다. 데모데이가 완료된 다음 날은 투자자(investor) 데이를 진행한다. 투자자가 원하는 스타트업과 20분간 일대일로 미팅을 할 수 있다. 인베스터 데이에서 좋은 투자자들과 미팅을 많이 가지려면 데모데이 발표를 잘해야 한다.

한마디로 YC는 고성장의 가능성이 있는 스타트업을 찾아내 그들이 더 빨리 성장할 수 있도록 도와주는 액셀러레이터다. 그리고 그들이 적절한 후속 투자를 받을 수 있도록 실리콘밸리 최고의 투자자들을 모아서 연결해 준다. YC도 후속 투자자가 되어 계속 밀어준다. 말 그대로 '성장 가속기'인 셈이다. YC는 실패 위험이 높은 초기 스타트업에 공격적으로 투자한다. 그것도 1년에 300개 가까운 스타트업에 투자한다.

스타트업이 준비할게 있다. YC 투자를 받기 전에 미국 법인 설립은 필수다. 투자 조건은 총 12만 달러를 투자받고 회사 지분의 7퍼센트를 준다. 투자금액 중 2만 달러는 보통주로 취득하고, 남은 10만 달러는 세이프(safe)라는 일종의 컨버터블 스톡으로 투자하고 밸류에이션 캡을 1000만 달러로 정한다. 미래 기업 가치를 1000만 달러로 보고 추후 지분 1퍼센트에 해당하는 주식으로 전환할 수 있도록 고정해 두는 것이다. 그리고 'pro-rata(비례배분방식)'라는 계약 조건이 있어서 향후 후속 투자를 유치할 때, YC가 지분율 7퍼센트를 유지할 수 있는 권리를 갖게 된다. 대표적으로 YC 시리즈 A 질문 리스트를 보면 다음과 같다.[40]

(Introduction)
- 우리회사는 무엇을 하려고 하나?
- 우리회사가 해결하고자 하는 문제가 무엇인가?
- 해결문제 관련하여 세상은 어떻게 동작하고 있는가?(기존 대안은?)
- 어떻게 문제를 해결하고자 하나?
- 문제 해결책이 고객행동을 어떻게 변화시킬 수 있으며, 자사에 어떻게 돈을 벌어줄 수 있는가?
- 창업 성공의 가능성은 어떻게 되나?

(Traction/Metrics)
- 지금까지 성장을 견인해온 지표는?(연간계약액, 고객이탈율)

(Challenges to Growth)
- 성장속도를 더 높이는데 방해요소는 무엇인가?
- 투자유치 및 마케팅이 이러한 문제를 해결할 수 있는가?

(Market)
- 주요 고객은 누구인가?
- 그들은 자사 서비스/제품에 대해 어떻게 생각하는가?
- 시장은 얼마나 크고, 성장하고 있는가?

(Future state)
- 만약 당신이 경쟁에서 승리한다면 시장양상은 어떻게 변화될 것인가?

(Competitive Landscape)
- 현재 경쟁현황은 어떠하며, 어떻게 경쟁자들에게 승리할 수 있는가?

(Team)
- 당신들은 누구이며, 무엇이 특별한가?

(Use of Fund)
- 기존에 얼마나 투자유치에 성공했는가?
- 얼마나 투자 유치 예정이며, 사용용도는 어떻게 되는가?

---

40) 와이콤비네이터 시리즈A 가이드(3) 2020.03.11.(https://brunch.co.kr/@clickb)

시리즈A 단계에서 투자하는 VC 입장에서는 YC의 이런 활동이 긍정적이다. 수천, 수만 개의 스타트업 중 투자할 만한 좋은 회사를 골라내는, 크게 품이 드는 일을 YC가 대신해 주기 때문이다. 이후 YC의 성공을 따라 초기 스타트업에 투자하는 액셀러레이터가 증가하고 있다. 콜로라도 볼더에서 시작한 '테크스타', 실리콘밸리 마운틴 뷰에서 시작한 '500스타트업스'가 가장 잘 알려진 YC의 경쟁자다. YC는 새로운 액셀러레이터 모델로서 전 세계적 초기 스타트업 투자 붐을 만들어 낸 투자 기관이라고 해도 과언이 아니다.

YC는 스타트업 대표자의 능력은 물론, 팀원 간 관계까지 중요하게 본다. "스포츠 팀이 돼야 한다." 이것이 팀 빌딩에 대한 YC의 지론이다. 스포츠는 퍼포먼스가 중심이다. 제일 잘하는 사람을 제일 좋은 자리에 배치한다. 코치가 전략을 짜고 선수들이 잘 받쳐주면 챔피언스리그에서 이길 수 있다.

ii) YC 스타트업 성장지원[41]

실리콘밸리에서는 빠르게 프로토타입을 만들고 고객 반응을 얻어 개선해 나가는 린 스타트업 방법론이 널리 퍼져 있다. 린스타트업은 MVP를 활용한다. MVP는 고객에게 필요한 최소 제품이나 서비스를 만드는 일이다. 또 고객 방문 데이터, 재방문율, 각 마케팅 채널의 효과 등을 측정해 적은 비용으로 고속 성장을 끌어내는 그로스해킹(growth hacking) 마케팅 기법도 유행이다. 그로스해킹은 그로스(growth)와 해킹(hacking)의 합성어다. 요기요나 에어비엔비 등의 기업들이 이 방법을 쓰고 있다.

---

41) 김동신외(2019). 「Why, YC」. ㈜쓰리체어스. p.16~17. p.68~69 p.91~93 p.151~152 p.182–184.

그로스해킹은 일종의 마케팅 기법이다. 상품이나 서비스와 관련된 실험을 지속적으로 실시함으로써 개선사항을 점검하고 이를 즉각 반영하여 꾸준한 성장을 이루도록 하는 방법이다. 그로스해킹은 데이터를 기반으로 하는 분석과 실험을 중요시한다. 기존 상품과 서비스의 개선을 위해 '데이터'를 활용한다. 그로스해킹을 성공적으로 활용한 기업은 요기요, 트위터, 페이스북 등이 있다. 요기요는 한국 배달시장의 배달실패율이 10%에 이른다는 문제점을 발견했다. 오토바이가 제대로 들어갈 수 없는 지역이 제대로 표시되지 않았다. 요기요는 자체 배달지도를 만들어 이를 실패율을 0%에 근접하게 낮췄다. 트위터는 처음 서비스를 시작할 때 데이터 분석을 먼저 시작했다. 그 결과 신규 가입자가 5명 이상을 팔로우 할 경우 서비스를 지속적으로 사용할 가능성이 높다는 것을 알게 되었다. 트위터는 관심사항 및 연락처 불러오기 등 서비스를 추가 제공하여 신규가입자가 팔로우 할 수 있는 기회를 제고해 성공했다. 페이스 북은 신규가입자가 10일이내 7명 이상의 친구를 만들면 앱에 머무는 시간이 증가한다는 것을 발견했다. '알 수도 있는 친구' 기능을 제공하여 가입자들이 보다 많은 친구를 맺을 수 있도록 도왔다. 구체적인 데이터 자료를 활용하여 서비스의 성장을 이룬 경우로 역시 그로스해킹에 해당한다.[42]

 YC에 들어가면 이와 같은 실리콘밸리식 성장 방법을 배울 수 있다. YC 스타트업들은 선배 창업자의 경험과 조언을 통해 데이터를 축적한다. YC는 앞에서 같은 과정을 거친 선배 창업자와 신생 스타트업을 연결해 시행착오를 줄일 수 있도록 해준다. 해외에서 온 스타트업에게도 타깃 시장에서의 대응 방법을 알려줘 시야를 넓힐 수 있도록 돕는다. 도움을 받은 스타

---

[42] 기획재정부 경제e야기. (2019.8.12.). 「데이터로 승부한다. 대세는 그로스 해킹」.

트업은 빠르게 성장할 뿐만 아니라 내공도 늘릴 수 있다. YC의 네트워크가 넓어지면서 이런 실리콘밸리식 고속 성장 공식도 전 세계 스타트업 생태계에 확산되고 있다.

YC에서는 일, 잠, 밥, 운동 말고는 아무것도 하지말라고 한다. 창업자는 핵심에 집중해야 한다. 그런데 많은 창업가들이 핵심이 아닌 다른 일에 집중한다. 성과보다 관계에 집중한다. 제일 안전한 방법은 성과를 내는 것이다. 성과가 좋으면 관계는 만들어진다. 투자자에게 집중할수록 고객에게 덜 집중하기 마련이다. 투자자가 당신을 찾아가게끔 만들어야 한다. YC의 파트너이자 지메일 개발자 폴 부크하이트는 네 가지를 강조했다. 일, 잠, 밥, 운동. 이 네 가지 말고는 아무것도 하지말고 페이스북도 탈퇴하라고 한다. 강연에서 휴대폰을 사용하다 걸리면, 이런 자리에서 집중하지 못하면 YC에 있을 사람이 아니다, 고 메일을 보낸다. 폴 부크하이트는 스타트업은 "다 쓰레기인 것 같다"고 했다. 스타트업은 웬만하면 거의 다 망한다는 소리다. 창업자에게 제일 위험한 것은 스스로에게 하는 거짓말이다. 차라리 사업이 잘 안 되고 있다는 사실을 인지하는 것이 잘되고 있다고 착각하는 것보다 훨씬 건강하다. 착각하고 있으면 개선할 수 없다.

YC는 본질에 집중할 것을 강조한다. 사실 사업이라는 게 뭔지 모르고 시작하는 경우가 많다. 왜 이걸 내가 해야 돼, 이게 잘될 수 있을까. 매일 일하다 보면 내가 이 일을 왜 하는지 놓치기 쉬운데, 그런 질문이 생각을 원점으로 돌리고 나침반의 방향을 찾는 계기가 된다. YC가 대단한 이유는 본질을 찾도록 만든다. 그 단순한 말을 계속 상기시키는 것이다. YC는 주별로, 월별로, 분기별로 계속 떠올리게 한다. 성장에만 집중하다가 '사람들이 원하는 제품'을 놓친다. 좋은 액션을 해야 매출이 나는데 매출만 신경 쓴다거나, 소비자가 좋아하는지 아닌지도 모르면서 마케팅에 과도하게 투자하기도 한다. YC에 있는 동안에는 사람들이 원하는 것을 만드는 것을 우선으로 생각해야 한다. 그 다음에 성장을 위한 지원이 있다. 이것은 회사가 아무리 커나가도 계속해서 중요하게 여겨야 하는 요소다. YC는 예비 창업가, 스타트업을 운영하는 사람들에게 보내는 강력한 메시지를 반복적으로 들려준다. "사람들이 원하는 것을 만들어라"(Make something people want)다. "당신이 원하는 것을 만들어라"(Make something you want)가 절대 아니다.

YC는 단순히 돈만 잘 버는 스타트업이 아니라 인류의 삶을 바꾸는 데 기여하는 스타트업을 찾는다. 이 점이 YC가 다른 액셀러레이터보다 훌륭한 이유다. 창업가들이 많아질수록 고용율이 올라가고, 창업가들이 좋은 서비스를 많이 만들수록 많은 사람들의 삶이 윤택해진다. 뿐만 아니라 그 회사가 채용한 직원들의 삶까지 좋아진다.

세계 최대 액셀러레이터, 「Plug & Play」

「Plug & Play」는 캘리포니아 서니베일(Sunnyvale)에 본부가 있고 파울로 알토(Palo Alto), 레드우드(Redwood) 등에 캠퍼스가 있다.

「Plug & Play(이하 P&P)」는 유망한 스타트업을 발굴하여 펀딩, 오피스 대여, 멘토링, 홍보 서비스 등을 통해 사업성공을 지원한다. 정부기관, 벤

처투자사와 협조하여 세계 각지의 스타트업 기업에 사무 공간, IT인프라, 경영지원 등을 제공하고 있다. 300개 이상 스타트업 지원, 180명 이상의 투자사들과 네트워크를 구축하고 있다. 소속 스타트업이 실리콘밸리 투자자와 업계 관계자에게 사업발표를 통한 투자기회 제공, 네트워크 지원을 위해 국제 EXPO 및 스타트업 캠프 등을 정기적으로 개최한다. 대학교와 연계한 스타트업 캠프와 캐나다 등에 센터운영을 하고 있다. 관심 분야는 모바일, 인터넷, 디지털미디어, 소셜미디어, 빅테이타 영역이다.

ⅰ) 스타트업 환경

P&P 매니저는 실리콘밸리 스타트업 환경을 이렇게 설명한다. 실리콘밸리에서 창업기업의 성공률은 약 1.6%이다. 2만개 기업이 투자유치를 희망하면 이중 1천개 기업인 5%가 엔젤투자 유치에 성공한다. 이 엔젤투자 유치 기업 중 32%인 320개사가 시장에서 성공한다. 2만개 기업 중 320개 스타트업이 성공하는 것으로 보면 1.6%인 셈이다. 실리콘밸리의 투자기업의 성장단계별 내역을 보면 다음 4단계로 구분된다. 1단계는 초기창업(Startup/Seed) 단계 투자로 11%정도이다. 2단계는 매출실현전(Early Stage) 단계로 34%비중이다. 3단계는 매출실현(Expansion) 단계 투자로 32%비중을 차지한다. 마지막으로 이익실현(Later Stage) 단계 투자가 23%를 차지한다. 실리콘 밸리에 소재하는 기업의 장점은 아무래도 스타트업이 많이 모여 있는 곳에 있다는 점이다. 그리고 능력 있는 사람(Personal Credibility)과의 네트워크와 투자유치를 위한 기업소개(Pitching) 기회 등이다.

벤처회사를 설립함에 있어 법, 세금, 회계 등 알아두어야 할 사항들이 있다. 사업자 등록은 해당 도시에서 진행하되 각주의 법률에 따른다. 회사설립 비용은 5천~1만 USD 규모이나 설립지역에 따라 다르다. 미국 정부는 해외 본사(혹은 지사)에 대해서 전혀 상관하지 않는다. 세금 문제는 오직 미국 내 법인에 대해서만 상관한다. 해외로 본사를 이전하는 플립핑(Flipping)에 대해서도 신경 쓰지 않는다. 본국에 있던 회사가 자회사가 되고, 해외법인(미국)이 본사가 되는 것에 대해서 규제가 없다.

ⅱ) 비즈니스 모델

  스타트업의 성공요인, 또는 실패요인에 대한 얘기가 많다. 창업가들이 흔히 얘기하는 우수한, 최적화 된, 혁신적인 등의 형식적인 말은 의미가 없다. '창의적인' 단어의 설명은 개개인이 서로 다르며 너무 주관적인 단어들이다. 이렇게 해서 성공했다거나 트랜드를 찾으면 성공한다, 등의 표현은 현재의 모습만 보고 판단하는 것이다. 구글과 페이스북의 현재 모습은 처음 시작했을 때와 다르다. 구글의 자유로운 분위기를 따라 하면 성공 한다와 같은 인식은 기업이 다른 만큼 그대로 잘못된 생각이다. 창업가는 나만의 비즈니스 모델을 정립할 필요가 있다. 비즈니스 모델의 핵심개념은 어떻게 수익을 창출할 것인가이다. 고객 문제를 해결하기 위해 기업이 가치를 창출하고 전달하여 수익으로 연계하는 상호과정을 표현한 것이다. 사실 비즈니스 모델은 기업 수만큼 다양하다. 이를 유형별로 요약하면 광고, 소매, 로열티, 기획, 시스템벤더, 운용대행 등이 있다. 이 같은 유형을 통해 수익을 창출한다. 비즈니스 모델로서 가능하려면 세 가지 질문에 답할 수 있어야 한다. 고객, 누구이며 어떤 특성이 있는가? 문제점, 어떤 불편이 있는가? 핵심역량과 가치, 어떻게 해결할 것인가?

  새로운 서비스는 존재하기 어렵다. 우리가 생각하는 대부분의 아이디어는 기존에 존재했다. 그렇기 때문에 유사 제품과 서비스, 기존 제품과 서비스에 대한 조사가 필수적이다. 사업초기에는 고객에 대한 집중이 중요하며 조기 수용자를 타겟으로 프로모션을 할 필요가 있다. 비즈니스 모델에서 중요한 세 가지 질문은 고객, 지금의 문제점, 핵심역량과 가치이다. 창업기업에게 현재 문제점에 대해 질문할 경우 대다수 창업가는 고객의 문제점이 아닌 경쟁사의 문제점에 대해 답한다. 이것은 우리 고객의 문제가 아니다. 고객의 사소한 것에 대한 해결이 비즈니스 모델의 출발점이다. 불편한 것을 해결하는 방법, 시간과 비용을 절약할 수 있는 방법이 비즈니스의 시작이다. 고객에게 가치 있는 것이란 재미, 흥미, 편안함, 고통해소 등이다. 가치는 실용적 가치와 정서적 가치로 구분할 수 있다. 전자는 편안함, 고통해소 등이고 후자는 소중함, 여유로움 등이다. 제품은 실용적 가치와 정서적 가치를 동시에 제공할 수 있어야 한다. 그리고 기존 대체제가 제공하는 가치에 비해 상대적인 격차를 만들 수 있어야 한다.

　가치는 상대적이다. 가치의 요소는 가격, 시간, 편리, 디자인이다. 창업가들은 제품이 완성되면 자신의 일에 대해 관심이 떨어진다. 측정의 문제가 바로 여기서 온다. 실리콘 밸리의 비즈니스 측정 방법은 자신에게 관심을 준 고객, 일반적으로 초기 수용자에게 집중한다. 그들로부터 측정 문제에 대한 해결방안을 찾게 된다. 창업가는 왜 이 사업을 하는 것인지에 대해서 생각해 봐야한다. 왜가 중요하다. 어떤 사람들은 어떻게 하면 성공한다거나 트렌드를 찾으면 성공한다고 생각하기 쉽다. 그것은 착각이다. 비즈니스 모델이 중요하다.

　이미 고객은 어디선가 욕망을 채우고 있다. 그 욕망을 자사 제품으로 이전시키기 위해서는 고객들이 기존 제품에 어떤 불만을 갖고 있는가, 문제점을 파악해야 한다. 그러기 위해서는 유사 제품 및 기존 제품을 조사하여 기존기업의 제품은 어떤 것이 문제인지를 밝혀야 한다. 우리 고객이 그곳 기업의 제품과 서비스에 만족하고 있는지를 분석하여 자사제품은 경쟁사 제품과 비교하여 더 날카롭고 단단해야 한다. 그래야 경쟁사의 방패를 뚫을 수 있다. 문제를 해결하는 것이라면 더 쉽고 더 빠르게 해결해야 할 것이다. 두통약이면 더 빠르고 안전하게 두통을 해소해야 한다. 제품 기능의 편의성을 증대한 제품이라면 상대 회사보다 더 편리해야 한다. 미적 감흥을 일으키는 제품이라면 더 감각적이어야 한다.

주의해야 할 것은 문제를 정확하게 짚어내야 한다. 유모차의 문제점을 해결하고 싶다면 유모차에 집중해야 한다. 유모차 기능에 모빌리티 장난감 기능을 더하여 영아에서 어린아이까지 고객 대상을 넓히고, 자동차가 스스로 움직이는 동력을 넣고, 영아의 어린이를 보호하는 부드러운 천 대신에 플라스틱 재료를 활용하는 확장성은 위험하다. 창업가는 고객범위를 넓히고 여러 가지 기능을 포함하여 자사 제품의 잠재적 수요를 확장하겠다는 의도이지만 이는 제품의 본질을 망각한 행위다. 유모차는 안전해야 한다. 유모차에 동력을 넣는 것은 집중하지 않아서다. 만약 어떤 창업가가 음악 서비스를 하고 싶다면 이 서비스를 이용하는 고객이 음악을 잘 들을 수 있도록 사업개념을 확정하고 이 일에 사업을 집중해야 한다. 음악을 제공하기 위해 라디오 공장을 세우지 말고, 라디오를 만들기 위해 반도체 공장을 세우지 말아야 한다. 고객의 필요, 고객이 하고 싶은 일, 그것만을 어떻게 잘할 것인가에 집중하고, 산업전체에 대해서는 신경 쓰지 않아야 한다. 고객이 음악을 잘 듣도록 하기 위해 사업을 추진한다고 하면서 반도체 공장을 세울 필요는 없다.

고객의 문제점에 집중하자. 고객에게 필요한 것은 다 있다. 없는 것은 없다. 그렇다면 이렇게 분석해야 한다. 이미 있는데 불편한 것은 없는가?

번거로운 것을 조금 더 쉽게 해결할 방법은 없는가? 더 저렴하게 할 방법은 없는가? 시간을 단축할 방법은 없는가? 사업계획서 대부분은, 고객은 이런 걸 좋아할 것이다, 라고 전제하고 들어간다. 그리고 다른 회사는 이것을 못하는데 나는 잘할 수 있을 것 같다는 자기논리로 시작한다. 그러나 이것은 올바른 고객 접근법이 아니다. 관념적이고 논리적 논증으로 만들어진 문제점이나 사회를 위한 막연한 접근법 등은 고객문제를 찾아내는데 방해가 된다. 사소하지만 분명한 것, 즉 소액금융을 쉽고 편안하게 이체할 수 있을 것(토스), 집을 알아보기 위해 품팔이를 하지 않아도 되도록 할 것(직방) 등이 그것이다. 금융의 전반적인 문제를 해결하겠다거나 주택거래 문제점 등 거창한 것을 들고 나타나지 않아도 된다. 혁신은 기존의 것을 개선하는 것이다. 기존에 안 되던 것을 되도록 하는 것이다. 창의적인 것은 원리를 이해하고 기본으로 돌아간다는 것이다. 본질적인 문제에 접근하여 해결해야 한다.

가치를 발견하고 핵심역량을 키우자. 가치 있는 것이란? 그것은 재미, 돈, 시간, 편리함 등 여러 가지가 있다. 그것은 필요한 것이고 고통을 해소하여 주는 것 등이다. 그런데 가치는 상대적이다. 기존 서비스와 기존 대체제가 제공하는 가치와의 상대적인 격차를 만들 수 있는가가 중요하다. 그러기 위해서는 고객이 현재 사용하는 가치와 비교해야 한다. 가치 요소는 가격, 시간, 편리, 디자인, 리스크, 새로움 등이 있다. 이것은 고객의 주관에 의한 판단에 의존하기 때문에 객관적이지 않고 공평하지 않다. 그러나 환경, 공정무역, 약자를 돕는 일등은 가치 있는 일이기는 하지만 우월한 것이라고 보는 것은 잘못된 관점이다.

iii)스타트업 경영관리

먼저 재무에 대한 이야기다. 비용지출은 최소화해야 한다. 무조건 아껴야 한다. 창업초기에는 직원을 최소한으로 유지해야 한다. 규모가 작으면 부담이 줄어든다. VC투자는 신중하게 해야 한다. VC는 먼저 입증하면 자금을 투자한다고 말한다. 돈을 먼저 달라고 말하는 창업가와는 반대편에 있다. 입증할 요소들은 많다. 아이디어와 반응, 시장조사, 국내외 시장동향, 시제품과 서비스 구현, 적정 가격을 알아보기 위한 베타서비스, 고객의 반응과 목소리, 본 제품과 서비스의 구현, 생존을 위한 전략 등이 있어야 한다.

타 기업과의 제휴도 중요하다. 제휴는 실적으로 연결되는지를 검토해서 추진해야 한다. 남이 내 돈 벌어주지 않는다. 자사의 영업력을 활용하지 않는 매출은 거의 없다. 지름길에는 그만한 대가가 있다. 어떤 기업은 창업초기에 유명인사 또는 그렇게 보이는 사람을 많이 영입한다. 그래서 직급도 화려하다. 회장, 대표이사, 고문, 부사장, 전무, 상무 등 직원은 없고 고위직만 있는 경우도 있다. 그런데 이들 고위직은 대부분 언변이 화려하다. 물론 성장잠재력 있는 기업에 훌륭한 사람도 있다. 그런데 대부분은 자기 이익을 위해 뭉쳤다가 떡고물이 없으면 떨어져 나가는 사람들이었다. 특히나 대표이사가 옆에 있을 때 이들의 열정은 대단하다. 화려해 보이는 것 같은 네트워크와 최신 트렌드를 반영한 사업계획 등을 거침없이 내놓는다. 그러나 이들은 디테일에 약하다. 정작 사업에 대한 개념이 없고 구체적 계획이 없으며, 회사의 속사정을 전혀 모른다. 이들의 평균 재임기간은 6개월에서 1년, 이미 자신의 능력으로 현실의 문제를 해결하거나 영업력이 매출로 이어지는데 한계가 드러날 때쯤이면 스스로 그만둔다.

경영자가 명심해야 할 사항도 있다. 경영자는 직업에 충실해야 한다. 그는 교수도, 연예인도, 소설가도 아니다. 교수처럼 멋진 강의와 이론으로 자신을 증명할 필요가 없다. 연예인 같은 인기를 필요로 하지도 않고 소설가처럼 책과 글로 말하지 않아도 된다. 경영자는 숫자로 된 성과로 말해야 한다. 창업의 목표가 무언인지를 명확히 해야 한다. 창업으로 성공할 것인지, 창업을 통해 배울 것인지, 또는 인기를 얻을 것인지를 택해야 한다. 세상을 움직이는 것이 무엇인지를 창업가는 명확히 인지해야 한다. 자사의 제품과 서비스의 가치로 인정받을 것인지. 네트워크로 인정받을 것이지를 생각해야 한다. 창업가는 세상의 중심에 있지도 않고 세상은 만만하지 않다.

iv) 투자유치 – 투자시리즈 A가이드[43]

투자는 투자시기 및 목적에 따라 시리즈A, 시리즈B, 전략적 투자, 재무적 투자 등 4가지 유형으로 구분할 수 있다. 시리즈A(A라운드 투자)는 프로토타입 개발부터 본격적인 시장 공략 직전까지의 기간(보통 18개월 전후)에 받는 투자를 말하며 수억 원 내의 규모의 투자(지분은 15~30% 내외)가 이루어진다. 어느 정도의 초기 시장 검증을 마치고 베타 오픈 시점에서 정식 오픈 단계 전에 받는 것이다. 시리즈A 투자금의 주 사용처는 본격적인 제품 및 서비스 출시, 고객 피드백 모니터링 및 마케팅 비용이다. 시리즈A 투자의 기준은 서비스와 제품의 시장성과 매출 발생 유무가 된다. 투자를 받게 되면 투자를 받았다는 부분이 회사의 인지도와 신뢰도를 올려주게 되며 사업을 진행할 때도 투자사(또는 투자자)의 네트워크를

---

[43] "스타트업이 뭔데?" 스타트업 관련 용어 총정리 2020.02.19.(https://brunch.co.kr/@platum)

적극 활용할 수 있다. 투자 이후에는 해당 스타트업의 수익이 안정적으로 창출돼 비즈니스가 자생할 수 있는 기반이 다져질 것을 기대한다. 만약 투자 유치 이후 제품 혹은 서비스를 출시했는데 피드백이 긍정적이지 않을 경우 피벗하는 것도 방법이다.

시리즈B(B라운드 투자)는 고객이 일정 정도의 규모가 되어 대대적인 인력확보나 적극적인 마케팅, 신규비즈니스 기회 등 비즈니스 확장이 필요할 때를 위한 투자다. 즉, 어느 정도 시장에서 인정받거나 고정적인 수익이 있어 서비스가 안정화 단계일 때 진행된다. 시리즈B 투자를 통해 기대하는 것은 시장 점유율(Market Share, MS)을 확대하는 것이다.

전략적 투자(Strategic Investment, SI)는 충분한 지분을 확보해 경영권을 획득한 후 기업 가치를 높여 수익을 얻는 투자다. 재무적 투자와 파트너쉽이 강하다. 재무적 투자(Financial Investment, FI)는 전략적 투자자의 파트너로 참여해 일부 부족한 자금을 지원해주고 그에 따른 배당을 받는 수준의 투자다. 단순 투자 차익을 노리므로 기존 은행 대출이나 기존 금융 회사들의 전통적 투자와 크게 다르지 않다.

스타트업이 투자를 받기 위해서는 투자 자료를 작성해야 한다. 투자 자료(Investment materials)를 작성하는 것은, 우리 회사가 충분히 커질 것인지에 대한 스토리텔링이 주목적이다. 또한 창업자는 매일매일 업무에 매몰 될 수도 있는데, 투자 자료를 작성함으로써 비즈니스의 큰 그림을 조망할 수 있는 기회를 가질 수 있다. 자료를 작성할 때는 메시지를 가장 간결하고 명확하게 전달하는 것이 포인트이다. 전체 미팅 피칭은 20~30분이고 질의를 포함하여 대략 1시간가량 소요되며, 부록 포함 10~15장 정도로 만드는 것이 좋다.

창업기업 단계는 Start up(창업), Early Stage(매출 실현전),

Expansion(매출 실현), Later Stage(이익실현) 등 4단계로 구분할 수 있다. 사업계획은 각각의 시장상황이 다를 수 있으므로 시장상황에 대해 먼저 조사하고 현재 타이밍이 맞는지 알아봐야 한다. 자료 콘텐츠와 구성은 다음과 같다.

- 제　　목 : 회사명, 로고, 비즈니스 한줄 설명
- 문　　제 : 기존에 고객이 어떤 문제를 겪고 있는지 설명
- 솔 루 션 : 고객 문제를 어떻게 정의하고 해결할 것인지?
- 트 랙 션 : 숫자로 제품의 마켓규모를 증명할 수 있는지?(성장세)
- 시　　장 : 전체시장(TAM), 유효시장(SAM), 수익시장(SOM)은 충분히 큰지 그리고 성장하고 있는지?
- 경쟁상황 : 누가 경쟁자이며 그들보다 최소 10배는 나은지 여부
- 비　　전 : 어떻게 글로벌 회사가 될 것인지 비전
- 팀 구 성 : 해결하기 위해 적합한 사람 포함여부(팀의 강점)와 제품 관련 전문경험이 있는 인력을 보유하고 있어야 함
- 자금용도 : 비즈니스가 장래에 구현될 것이며 얼마의 돈이 어떻게 사용될 것인지 내용 설명

ⅴ) Funding Case Study

펀딩과 관련하여 VC로부터 돈을 받는 것이 무조건 정답은 아니다. 이미 매출이 나고 있다면 다른 파트너십 방법을 찾을 수도 있을 것이다. VC에게 중요한 것은 속도다. 얼마나 빨리 투자한 돈을 최고의 조건으로 회수할 수 있는지 만을 생각한다. 기업이 하는 활동에까지 신경 써주는 VC가 있다면 최상이지만 보수적으로 생각했을 때 VC의 본성은 투자하고 회수하는 것이다. 최대한 빨리 돈을 회수할 수 있는 방법을 포인트로 삼는다. 한국 기업이 실리콘밸리에서 전환사채를 발행하는 것 자체는 가능하

다. 하지만 기업의 상황 및 단계에 따라 다르다. 일반적인 경우 VC가 기업의 경영권을 가져가고자 하는 경우는 적다. VC는 10억 달러 크기의 시장 문제를 해결하기 원한다. 즉, 큰 파이를 원한다. 시작은 CEO인 당신이 했더라도 회사가 커가는 단계에 맞춰 자신이 진정 잘하는 것에 집중하고 내가 못하는 것을 더 잘하는 이에게 맡길 수 있는 여유가 있어야 한다. 유연하게 매니지먼트 팀이 바뀔 수 있는 것도 매우 중요한 스타트업의 덕목일 수 있다. 얼마나 매니지먼트 팀이 자신을 잘 알고 있는지도 중요한 투자 결정의 요소 중 하나이다. 그러나 돈이 문제를 해결해 주지 않는다. 투자 받은 금액이 많건 적건 언제나 크고 어려운 결정들을 내려야 한다. 만약 투자를 받게 된다면 무조건 완전히 투명하게 운영하고, 언제든 무엇이든 팀원에게 오픈해야 한다.

알토스 벤처스(Altos Ventures)의 한국 투자사례에서 VC가 보는 한국 시장과 스타트업의 특징을 요약하면 다음과 같다. 한국 스타트업은 작은 아이디어에서 큰 비즈니스를 이루어냈다. 알토스 벤처스의 경우 2005년 이전까지는 한국에 투자를 하지 않았지만, 2005년 펀드의 10%, 2008년 15%까지 투자하여 현재까지 9개 회사에 투자하고 있다. 한국 시장이 작은 것은 아니며, Top25 도시의 인구밀도를 비교하여 보면 미국만큼이나 큰 시장이 될 수 있다는 것이다. 한국은 여러 분야에서 유행을 주도하는 역할을 하고 있고, GDP 역시 3만 달러를 넘은 부유한 시장이다. 70년대에는 소수의 재벌기업이 거의 대부분의 시장을 차지하고 있었다. 이후 90년대 후반에 넥슨, NHN, 엔씨소프트, 다음, G마켓, 메가스터디 등을 대표로 하는 첫 번째 창업 물결이 큰 시장을 창출하였다. 두 번째 물결의 시작은 2010년대 창업 1세대의 도움으로 시장의 확대가 이루어 졌다. 한국의 스타트업은 새로운 기술을 키워서 미국으로 진출하는 방안도 생각해

볼 필요가 있다.

한국의 VC들은 수직적인 조직을 갖고 있고, 정부의 펀드를 받기 위해서 정부와 많은 시간을 보내고 있다. 기업가들과 좀처럼 만나려 하지 않는다. 사실상 스타트업들이 투자 받기 어려운 환경이다. 알토스 투자분야는 소프트웨어, 모바일, 인터넷 분야이다. 투자받은 한국기업은 BCNX, Bluehole, 쿠팡, 네이블, 판도라TV, 스피쿠스(SK spinout), 배달의 민족, 그린카 등 9개 기업으로 좋은 결과를 내고 있다. 알토스는 투자대상 기업의 소재지를 가리지 않고 있어 꼭 미국에 있어야 할 필요는 없다.

vi) Startup IR발표 스킬 및 피칭자료 작성

IR 발표 전략은 청중을 먼저 파악하고 이를 바탕으로 어떻게 청중을 집중하도록 할 것인가에서 시작해야 한다. 다른 많은 그룹과 어떻게 차별화를 두어 깊은 인상을 남길 수 있는가에 역점을 두고 작성해야 한다. 그런 측면에서 IR 발표 스킬을 SAME 5Tools로 요약할 수 있다. S(story), S(simile), A(analogy), M(metaphor), E(Example)의 5가지 방법이 그것이다. Story(이야기)는 가장 효과적으로 청중을 사로잡을 수 있는 방법 중의 하나다. 이야기를 통해 더욱 더 청중을 자신의 스피치로 끌어들일 수 있다. 이야기는 진실하고 사실이어야 하며, 꾸며내지 않는 것이 중요하다. 과거의 실패로부터 어떤 것을 배웠는지 실패 경험담을 투자자들에게 알려주고, 어떻게 사업을 시작했으며 고객 서비스는 어떠했는지 등 재미있는 이야기를 들려주어야 한다. Simile(직유법)은 일상생활에서 자주 마주치는 것으로 비유한다. Analogy(유사법)은 사물 두개를 비교함으로써 청중이 잘 기억하도록 만들 수 있다. Metaphor(은유법)을 사용하는 것은 청중을 사로잡을 수 있는 가장 효과적인 방법 중에 하나이다.

Example(예시)은 직유법, 유사법, 그리고 은유법이 들어간 이야기를 이용하여, 무엇보다도 청중의 기억에 남고 인상적인 예시를 만들 수 있다. SAME 5Tools를 활용하기 위해서는 일상생활의 대화나 광고 문구에 관심을 가지고 메모를 하는 습관을 들인다. 그리고 직유법, 유사법, 은유법은 청중들의 문화에 맞는 것으로 선택해야 한다.

피칭을 위해서는 용도에 맞는 발표 자료를 다양하게 준비해야 한다. 30초에서 60분 발표까지 상황과 용도에 맞게 준비 할 필요가 있다. 30초 엘리베이터 발표에서는 비전과 비장의 제품(hay maker)을 설명해야 할 수 있어야 한다. 2~3분 발표내용에는 제품, 기술, 시장 및 창업 팀에 대한 내용을 담아야 한다. 5분 발표내용에는 위 내용에 비즈니스 모델과 제품의 매력을 포함해야 하고, 20분 이상 60분 발표에서는 펀딩계획과 피드백을 포함하고 있어야 한다. 피칭을 준비할 때는 멘토를 활용할 필요가 있다. 분량은 10장의 슬라이드에 20분 정도의 시간을 잡고 글자 크기를 크게 하여 읽기 쉽게 하는 것이 좋다. 짧고 심플하고 강하게 표현해야 한다. 당연한 것 같고 그렇게 이행하고 있는 경우가 많지만 간혹 본말이 뒤바뀌는 경우도 있다. 현재 발표 상황을 잘 인지하고 활용해야 한다. 투자를 원하는지 제휴를 원하는지, 또는 고객에게 어필하는 것인지를 정확히 알아야 한다. 그리고 닭이 먼저인지 달걀이 먼저인지, 즉 실리콘밸리 현지 창업이 먼저냐, 투자유치가 먼저냐를 정해야 한다.

피칭에 포함되어야 할 사항은 다음과 같다. 시장에서 해결되지 않은 문제가 무엇인가. 그에 대한 솔루션은 있는가. 자사 솔루션은 어떤 점에서 특별한가. 누가 우리의 고객인가? 누가 정말 우리 제품을 써서 문제를 해결하거나 도움을 얻는가. 어떻게 고객들을 모을 것인가. 어떻게 사업 스케일을 키울 것인가. 우리 회사는 이 사업을 하기 위해, 이번 투자를 받기 위해 어떻게 준비했는가. 피칭 자료작성은 심플할수록 명확하다. 초반에 무엇을 하는 회사인지 심사역이 이해할 수 있도록 해야 한다. 큰 변화에 대해 설명한다면 왜 그러한 변화가 일어날 것인지에 대해 명확한 설명이 필요하다. 겸손을 표하기 위해 장점을 숨길 필요는 없다. 그리고 신뢰감을 보여줘라. 모든 비즈니스는 약점을 가지고 있기 마련이다. 따라서 회사의 약점에 대한 질문에 대해서도 솔직하게 말해야 한다. 투자자가 우려하는 사항을 질문하는 이유는 그 이슈를 창업자가 인지하고 있는지 그리고 이에 대응하고 있는 계획이 있는지에 대해 확인하고 싶어 하기 때문이다. 시리즈 A의 경우 투자자는 창업자가 전달하는 스토리뿐만 아니라 그것을 현실화 할 수 있는지를 확인하고 싶어 한다.

와이콤비네이터(YC)의 경우 투자유치에 충분히 준비되어 있는지 확인하는 시간을 갖는다. 청중에게 창업자들이 전달하고자 하는 3~4가지의 주요 포인트가 무엇인지 확인해야 한다. 모의 피칭 후 혹시나 의도된 것과 다른 대답이 나온다면 피칭을 더 다듬어야한다. 이러한 연습을 통해 청중이 느끼는 회의적인 부분과 흥미를 유발하는 부분을 캐치해낼 수 있다. 반복적으로 질문하는 부분에 대해서는 미리 답을 준비해야 한다. 가장 신뢰할만한 한 사람의 조언을 선택해서 들어야 피칭이 일관성 있고 매력 있다.

한편, 투자자들이 고려하는 사항은 팀과 기술과 매출이다. 팀(Team) 관련하여 회사를 설립하는 비용을 단독으로 할 것인지, 동업을 통해 내부적으로 자체 자금 조달을 할 것인지를 검토한다. 팀이 필요로 하는 덕목으로는 판매 및 설득 노하우, 협상 노하우, 경쟁사에 대한 해박한 지식, 시장은 물론 자사의 기술에 대한 이해와 지식이다. 기술은 적절하고 확실한 기술을 확보하고 있는지를 중점적으로 본다. 매출(Traction)과 관련해서는 사업초기 뿐만 아니라 지속적으로 성과를 낼 수 있을지를 검토한다. 만일 상기 3개 중 2개의 사항이 적합하다면 투자자들이 투자를 할 수 있는 여건을 갖춘 것으로 본다. 기업의 투자와 관련해서는 대표자 입장에서 추후 기업매각 시 엔젤투자가 VC 투자보다 더 큰 수익을 안겨줄 수 있다. VC 펀딩을 받을 경우에는 사업분야별 특성에 따라 펀딩을 받는 적절한 시기가 있다. B2C 사업은 사업초기에, 바이오사업은 개발 후 초창기에, 이커머스(E-commerce)는 5천만 원 이상 매출이 실현 될 때 투자를 받는 것이 좋다.

차트와 지표는 한눈에 이해하기 쉬워야하며 성장세를 보여줄 때는 선형그래프가 막대그래프보다 효과적이다. X축과 Y축의 숫자 표시를 명확하게 하고 실수(real number)를 사용하고, 만약 수가 적더라도 절대적인 숫자보다 그래프 형태가 성장하고 있는지를 표현하는 것이 중요하다. 스타트업의 시장규모는 Top down이 아니라 Bottom up 방식으로 산출되어야 한다. 보통 전체시장(TAM), 유효시장(SAM), 그리고 수익시장(SOM) 순서로 시장규모를 추정하게 된다.

vii) Business Development and Marketing

미국에 진출하는 해외 기업들은 오해 또는 환상이 있다. 자사 상품은 전 지구적이며 스스로 팔릴 것이라고 생각한다. 세일즈맨만 있으면 이 시장의 고객들을 관리하여 시장의 5%만 먹으면 된다는 계획을 세운다. 그러나 현지로컬 시장에 들어가기는 쉽지 않다. 다음과 같은 사항을 철저히 분석해야 한다. 고객 니즈와 경쟁상황과 채널구조를 검토하여 로컬시장에 적응해야 한다. 현지시장의 기업간 거래 문화, 법제와 세금 등도 검토해야 한다. 최고 인재를 현지에 보내 성공사례를 만들기 위한 전략적인 마케팅을 해야 한다. 충분한 자원과 시간 투자가 필요하다.

　현지시장 진출과정에서 포지셔닝은 중요하다. 시장과 경쟁업체는 항상 변화하므로, 그에 따른 포지셔닝의 변화가 중요하다. 타켓 소비자층이 현재 어떤 문제점을 가지고 있는지, 자신의 제품이 어떻게 소비자들의 문제를 해결할 수 있는지, 소비자들이 자신의 제품으로부터 정확히 어떤 혜택을 받을 것인지, 같은 업계에 경쟁업체가 얼마나 있는지, 경쟁업체로부터 어떻게 자신의 제품이 차별화 되었는지, 등을 파악해야 한다. 볼보는 기업의 포지셔닝으로 안전을 최우시하고 있다(preventative safety, protective safety, child safety, and security). 먼저 제품의 타겟 소비자층을 파악하라. 올바른 포지셔닝을 위해서는 자신의 고객층이 혁신가인지, 얼리어답터인지, 아니면 평범한 대중인지를 파악해야 효과적인 포지셔닝 정립이 가능하다. 완제품을 판매하는지, 부품을 판매하는지에 따라 다른 포지셔닝을 적용해야 한다. 마켓이 가만히 있지 않기 때문에 포지셔닝도 계속 변화해야 한다. 좋은 포지셔닝은 믿을 수 있는 사실을 바탕으로 해야 한다. 청중은 단순히 고객만이 아니다. 저널, 전문가, 고객의 친구, 다른 소비자, 애널리스트 등의 말을 듣고 결정해야 한다. 전체적인 마케팅 계획이 전제된 후에 세일즈에 들어가야 한다. 한국에서의 포지셔닝 포인트가 시작점이 되어야 한다. 이를 바탕으로 로컬라이즈를 해야 한다. 스타트업들은 타겟 시장을 작게 잡아야 한다. 그리고 그 시장에 맞는 마케팅 채널을 선택해야 한다.

viii) 기업문화

　글로벌 기업의 일 문화를 이해하는 것도 중요하다. E-Bay 기업의 한인 연구원은 국내에서 이미 2차례의 창업에서 성공과 실패를 한 경험이 있다. 실리콘밸리에서 창업하기 위하여 현재 E-Bay에서 근무 중이다.[44] 한국과 미국의 창업환경은 다르다. e-Bay에서도 야근 하는 사람이 많다. 생각보다 모두 열심히 하고 보통 밤 8시까지는 일한다. 이베이만의 특별한 문화라고 할 수 있는 것은 평등이다. 서로 의견을 자유롭게 이야기하고 주로 다수결로 의견이 형성된다. 아이디어를 많이 낼 수 있다는 장점이 있지만, 하나의 일이 동의를 얻어 실제로 진행될 때까지 많은 시간과 노력이 들어간다는 점에서 장단점이 있다.

스탠포드 대학의 디자인스쿨에서 작업하는 환경과 방식은 경험과 노하우를 습득하는 방식이다. 디자인 프로세스 및 제품 개발을 위한 사전 작업등에 대하여 의견을 나눈다. 제품 개발자는 현실적인 해결 방향과 반복적인 실수를 줄이는 방안을 습득하기 위해 노력한다. 이론보다는 실제 만져보고 제작하면서 성취하는 것을 좀 더 우선순위에 두고 있다. 3D 프린터 및 비싼 제작 도구들도 학생들이 자유롭게 사용 가능하며, 작업 공간도 각자 자유롭게 활용할 수 있다. 제품에 대한 디자인은 다른 제품들을 보면서 영감을 얻고 재창조하고 있었다.

P&P에 입주한 NetKILLER 업체는 2012년 구글 드라이브의 패키지화를 통하여 B2B 시장을 공략했다. 이 기업은 VC를 많이 만난 것이 도움이 되었다. VC들은 세계시장 진출을 기본으로 생각하기 때문에 그런 관점에서 다양하게 의견을 주었다. 비자나 세금 문제도 생각보다는 중대한 이슈가 아니다. 관련된 도움을 주는 곳도 많고 충분히 해결 가능한 문제다. 간단한 온라인 미팅만으로도 상대기업과 작업이 원활하다. 얼굴을 봐야하는 미팅이 많다면 그것은 시스템을 제대로 만들지 못한 것이다.

---

44) 이베이, 스탠포드 d school 연구원과의 인터뷰 내용 발췌

실리콘밸리 액셀러레이터 특징

　스트트업이 성공하기 위한 조건 중의 한 가지는 주변에 도움을 줄 수 있는 액셀러레이터가 있는지 여부다. 실리콘 밸리는 그런 측면에서 최고의 조건이 될 수 있다. 실리콘밸리가 창업가들에게 좋은 이유를 요약하면 좋은 사람들과 아이디어, 그리고 투자기회 등이다. 사람은 실리콘밸리의 원동력이다. 이 사람들의 기술혁신과 아이디어는 풍부하다. 그리고 투자자본의 "기회"가 상시 존재한다. 벤처 창업가들에게는 이 세 가지가 항상 있어야 성공한다. 벤처 창업가의 삶은 여행자의 여정과 같다. 창업의 여정은 다음을 잘 설정해야 한다. 여행의 목적지, 여행의 동행자, 어떻게 갈 것인가 등이다.

　펀딩을 할 때는 어떤 수단을 활용해야 하는지를 고려해야 한다. 자기자본을 투입하거나 지인의 도움을 받는 것은 가장 쉽다. 그러나 끝은 어려울 수 있다. 엔젤은 투자자는 맞지만 천사는 아니다. 투자자를 선정하는 것은 중요하다. 회사의 운명을 좌우할 수 있기 때문이다. 돈이 있다고 무조건 선정하면 곤란한 일이 생긴다. 펀딩 이후에는 고속도로에 진입하게 되지만, 반드시 어려움이 발생한다. 개발지연, 경쟁자 출연, 현금흐름 문제, 특허문제 등의 교통사고가 발생한다. 가장 큰 문제는 초기단계 팀의 해체이다. 초기 창업 팀은 꼭 보존해야 한다. 다만 사고가 났을 때 리더의 가치와 자질이 드러나 문제를 해결할 수 있는 상황이라면 이러한 교통사고는 다행이다.

　첫 거래처가 어디인가? 이는 회사 성장에 중요하다. 대기업과의 첫 거래는 동 업계 납품에 큰 도움이 된다. 첫 거래를 성사시키기 위해서는 제품출시 실행계획과 인원채용 등의 플랜이 정확해야 한다. 조직 관리와 일정관리가 중요하다. 대체적으로 경험이 부족한 창업가들이 가장 못하는 부분이다. 아이디어 좋고, 네트워크 좋고, 피칭 잘하고, 펀딩 받았으나 관리부실로 개발은 지연되고 결국은 제품이 변경되기도 한다. BM 모델은 분기별로 한번 씩 튜닝 할 필요가 있다. 시장상황이 달라지면서 포지셔닝은 항상 변하고, 바뀔 수 있다. 제품을 중단해야 하는 상황도 올 수 있다. 이런 어려운 결정을 내리는 것이 중요하다. 결정을 안 내리거나 미루는 것은 최악의 결과를 초래 할 수 있다. 회사성장에 맞춰 매각(Exit)여부도 고려해야 한다. M&A, 매각 등의 논의는 직원들에게는 불안요소가 된다. 저해요소를 최소화 해주어 직원들이 일에 집중할 수 있도록 만들어 주고, 경영진이 판단하여 매각 시점에 정확하게 전달해야 한다.

이외에도 창업가가 알아야 할 내용이 있다. 팀원들끼리의 사업에 대한 확신과 신념이 있어야 한다. 가치제안(Value Proposition)은 아주 심플하게 설명되어야 한다. 엘리베이터 피치(Pitch)를 잘 준비 하라. 10초, 30초, 60초, 120초짜리를 준비하고 많이 연습하라. 데모(Demo)는 정말 중요하다. 百聞不如一見이라고 하는데 百見不如一'Demo'라고 말하고 싶다. 그리고 투자를 받으면 집중해서 기업을 키우고 매출액과 영업이익이 증가하면 사업을 확장하는 대책도 마련해야 한다. 창업 단계를 다른 각도에서 정리하면 이렇다.

■ Convince → Show → Focus → Reinvent → Scale

(C)나와 남을 설득, (S) 데모로 보여 줘라,

(F)투자를 받으면 집중, 다른 거 하지마라

(R)아이템을 계속 진화, (Scale) 사업 커진 이후 대책

4. 글로벌 액셀러레이터와 협업

창업생태계 규제개선

　유니콘은 향후 우리나라 경제 발전의 원동력이지만, 현재 규제와 부족한 인식 등에 막혀 성장 가능성을 뒷받침하지 못하고 있다. 빠른 속도로 유니콘 기업 반열에 오른 기업들은 시장의 문제점을 해결하여 플랫폼을 초기에 구축하고 신속하게 고객들을 확보하여 시장 점유율을 늘리는 공통점을 가지고 있다. 유니콘 기업을 다수 보유한 나라들은 체계적인 스케일업 지원환경을 바탕으로 혁신적인 기업들을 육성해 나가고 있으며, 개인들도 창업에 대한 인식이 좋아 시너지효과로 많은 기업이 탄생하고 있다. 창업기업이 기존에 출시된 비즈니스 모델을 분석해 한국과 주변 지역에 영향력을 펼쳐나갈 수 있는 즉, 카피타이거 전략을 꾸준히 시도하도록 독려해야한다. 카피타이거(Copy Tiger)는 카피캣(Copy Cat)이라는 용어를 차용해 만든 말이다. 카피캣은 잘 나가는 제품을 그대로 모방해 만든 제품을 비하하는 뜻으로 사용하는 반면 카피타이거는 기존 모델을 새롭게 변형해 사업화하는 전략을 뜻한다. 기존 모델의 불편함을 개선하고 덩치가 큰 기업으로 키운다는 의미로 고양이(cat) 대신 호랑이(tiger)가 붙었다. 스타트업이 유니콘 기업으로 발돋움하기 위해 카피타이거 전략이 필요하다. 카피타이거 전략 사례로 '텐센트'를 들 수 있다. 텐센트는 한국의 '싸이월드' 시스템을 모방해 'QQ쇼' 서비스를 시작해 성공했다. 텐센트 CEO 마화텅은 "우리는 고양이를 본떠 호랑이를 그렸다"고 말했다.

　한국 창업생태계에서 가장 시급한 점은 규제 혁명이다. 특히, O2O(Online to Offline) 융합 기업이 유니콘의 70%를 차지하는 상황에서, 규제는 성장의 발목을 잡는 원인으로 꼽힌다. 글로벌 유니콘 기업은

O2O(Online to Offline) 서비스 모델이라는 공통점이 있다. 정보 유통 비용이 저렴한 온라인과 실제 소비가 이뤄지는 오프라인의 장점을 접목해 새로운 시장을 만들자는 데서 비롯됐다. 한국에서 유니콘 기업이 그 동안 탄생하지 못한 이유 중 하나를 갈라파고스 규제로 꼽는다. 해외에선 합법이지만 국내에선 불법인 비즈니스 모델이 적지 않아서다. 대표적인 예가 우버와 에어비앤비다. 최근 이들의 공유경제 모델을 비즈니스에 접목한 기업이 많다. 하지만 한국에선 우버와 에어비앤비 같은 서비스는 불법이다. 개인정보 수집이나 의료 분야 규제도 혁신 걸림돌로 꼽힌다. 클라우드 서비스는 데이터가 생명이지만, 한국은 규제 때문에 자유롭게 클라우드에 데이터를 올리지 못하고 있다. 글로벌 트렌드를 따라가지 못하고 있다.

글로벌 액셀러레이터와 협업

한국은 미국, 중국 등의 액셀러레이터와 넥스트 유니콘 기업의 육성을 위해 양국의 청년창업 플랫폼 간 협력과 교류를 실시할 필요가 있다. 향후 교육협력 차원을 벗어나 환경 등 글로벌 문제 해소를 위한 의견교환, 공동의제 발굴, 기금조성 추진 등 향상된 협력 방안을 모색하여 미래변화에 대응하고 선도해야 한다. 이를테면 한국의 액셀러레이터와 중국 알리바바(후판대학)의 청년창업 프로그램 협력으로 미래 글로벌 CEO를 양성할 수 있다. 알리바바 후판대학은 차세대 CEO를 양성할 중국판 기업가 사관학교로 2015년 마윈 회장, 9명의 기업인과 학자가 공동 설립했다. 후판대학 명칭은 마윈이 알리바바를 창업했던 아파트 이름에서 따왔다. 후판대학의 입학조건은 창업 3년 이상 기업인 중 연매출 3000만 위안(약 51억원) 이상, 과거 3년간 납세완납, 종업원수 30명 이상, 3명 이상의 추천서를 받아야 한다. 2019년 기준 1,400여명 신청하여 41명 합격하여 합격률은 2.93%이다. 2018년까지 207명이 입학하였으며, 초기 인터넷기업 중심에서 최근에는 제조, 신소재, 교육, 의료, 문화 분야로 다양화하고 있다. 후판대학 교육 특징은 처음 3년간 집중 학습단계를 거쳐 이후 졸업이 없는 자율적 평생 교육 방식으로 운영한다. 초기 1~2년차 학습기간에는 필수과목과 선택과목을 집중적으로 학습한다. 3년차 학습기간에는 그룹별로 주제연구를 실시한다. 3년 이후에는 선택과정 및 그룹스터디를 지속적으로 실시한다. 중점학습내용은 기업가에게 필요한 3가지 시각, 즉 총괄적 관점, 미래적 관점, 글로벌 관점을 갖추도록 기업가정신, 사고력, 행동력을 교육한다.

국가간 미래 CEO 양성을 통해 향후 건설적인 국가협업도 이룰 수 있을 것으로 기대한다. 한국과 중국의 협업모델을 예로들면 다음과 같다.

한국 액셀러레이터와 알리바바(후판대학)간 MOU체결, 교육과정 협업과 청년창업가 교차근무, 공동의제 워크숍을 추진한다. 교육과정은 글로벌 유니콘기업을 육성하기 위한 과정의 공동 개발 및 운영이다. 국내 원격 프로그램과 현지근무 프로그램 등 이원화로 상호 교차근무를 함으로써 글로벌 문화와 트렌드를 이해한다. 그리고 혁신성장과 사회공헌 관련 워크숍 등 공동의제 발굴과 토의 등을 진행하여 글로벌 공동 문제를 해결한다.

[공동의제 발굴·해결 방안]

교육협업은 글로벌 진출을 위한 기업가정신, 글로벌트렌드, 실패 및 성공사례 교육과정 공동개발 및 운영이다. 교육과정운영은 각자 기관에서 실시한다. 한국(청창사)와 중국(후판대학)의 양기관 교육체계 협업모델이다.

[교육협업 모델]

한국(청창사)		중국(후판대학)		협업내용
1년차 (사업화 지원)	교육 및 사업화	1~2년차 (집중학습)	기업가정신, 사고력, 행동력	공동교육 및 상대국 연수
2년 이후 (후속연계지원)	투융자 및 R&D연계	3년차 (그룹.주제연구)	지속적 혁신, 성장	공동그룹스터디
3년 이후 (NEXTUnicorn)	글로벌화	3년 이후 (그룹스터디)	평생교육, 일자리 창출	공동그룹스터디, 인적 교류

교육 참여는 상대국 현지에서 직접 한다. 환경문제 등 글로벌 문제 해결을 위해 양 기관 및 교육생(졸업생 포함)이 참여하는 워크숍을 개최한다. 워크숍에서 도출된 공동의제를 해결하기 위해 양국 참여기업으로 조직을 구성한다. 양국 졸업생 중 유니콘 기업 등 우수기업과 알리바바가 직접 기부를 통해 환경문제 등의 글로벌 문제 해결을 위한 기금을 조성하고 미세먼지 해결 등 글로벌 현안사항과 연계하여 활용할 수 있을 것이다.

제2장
혁신성장 스케일업

1. 왜 스케일업이 중요한가

2019년 한국의 기술창업 기업 수가 22만개로 역대 최대치를 기록했다. 벤처투자액은 4조원대로 처음 진입했다. '제2 벤처 붐'이 다시 일고 있다. 그러나 이들 기업의 생명 주기는 짧다. 4개 스타트업 가운데 한 곳만이 5년 이상 생존한다. 스타트업이 양으로 증가했지만 중견 기업으로 성장하지 못하고 대다수 소멸했다. 창업 스타트업의 씨앗만큼 중요한 것이 바로 '스케일업'(고성장)이다. 왜 벤처기업의 '스케일업'에 주목해야 하는가.

'창업 이후 성장' 도와야 경제 성과와 일자리의 창출성과를 높이기 때문이다. 스타트업은 미래성장 동력 확보 차원에서 반드시 활성화해야 하는 중요한 경제 주체다. 우리나라도 경제 활력을 높이기 위해 '창업국가 조성에 적극 나서고 있다. 2020년 정부가 추진하는 창업지원 사업은 90여개에 이른다. 총 1조 4517억원 규모다. 역대 최대치로, 작년 대비 30% 늘어났다. 전담 부처인 중소벤처기업부만 총 1조 2611억원을 투입한다. 그러나 스타트업 이후 단계의 기업 지원책은 여전히 부족하다. 경제 성과와 일자리 창출은 스타트업보다 스케일업에 달렸다. 미국 벤처협회 카우프만재단의 조사에 따르면 5%를 차지하는 스케일업 기업이 신규 일자리의 3분의 2를 만들어 낸다. 지난 2014년에 중소기업청이 조사한 결과에서도 벤처 스타트업 가운데 10%에 해당하는 고성장 기업이 신규 일자리의 33%를 차지하는 것으로 나타났다.[45]

그럼에도 스케일업 기업 규모 자체는 미약하다. 과학기술정책연구원에 따르면 우리나라의 경우 전체 스타트업 기업 가운데 스케일업 기업 비율은 2019년 기준 6.5%로 영국(12.9%), 이스라엘(11.4%)의 절반 수준이다. 벤처기업협회 조사에 따르면 우리나라 전체 벤처기업 가운데 중견벤처라 할 수 있는 '천억벤처'(매출 1000억원 이상)의 비중은 2018년 기준 1.63%에 불과하다. 천억벤처 가운데에서 매출성장률이 20% 이상인 고성장 기업(가젤기업)은 4.8% 수준이다. 초기 스타트업에서 천억벤처까지 스케일업 성장사다리가 부실하다. 정책 방향을 스타트업 창업 장려 단계를 넘어 스케일업 지원으로 전환해야 한다.

해외 선진국은 일찌감치 스케일업 정책을 가동했다. 앞에서 기술한 것처럼 미국은 중소기업청(SBA) 주도로 2014년부터 '스케일업 아메리카 이니셔티브' 프로그램을 가동하고 스케일업 기업인을 위한 교육, 멘토링과 기술 지원, 투자자 연결 등 밀착 지원을 한다. 영국은 2014년 세계 최초로 스케일업 육성 전담 기관인 스케일업 인스티튜트를 설립했다. 스타트업 기업의 고성장과 지속 성장을 촉진하는 환경 조성이 목표다. 프랑스

---

[45] 전자신문(2020.03.22.) 「벤처 스케일업이 국가경쟁력. 왜 '스케일업'인가」 요약

와 독일에서는 '테크스케일업' 지원에 초점을 맞춰 각각 127억달러, 187억달러 규모의 투자 자금을 지원하고 있다. 스케일업 기업을 위한 금융지원 제도도 5단계 이상으로 세분화되어 있다. 국가경쟁력을 제고하고 고용을 창출하는 결과로 이어지게 하려면 스타트업을 넘어 스케일업 생태계를 적극 지원해야 한다.

2. 스케일업 위한 체계적 지원

창업이후 성장과정에서 필요로 하는 자금지원 등 스케일업 과정은 유니콘 기업으로 성장하는데 필수적이다. 스케일업 과정에서 벤처투자지원, 규제개혁, 인재육성 등 지원방안은 유니콘 기업 육성 과정과 유사한 부분이 있다. 제3장「넥스트 유니콘 육성」에서 더 자세하게 논의할 것이다.

스케일업을 위해서는 먼저 벤처투자를 위한 다양한 지원방안이 필요하다. 벤처투자 규모가 확대되면서 세계 각국에서는 개별 기업에 대한 대규모 투자 사례가 나타나고 있다. 하지만 국내에서는 대규모 투자는 쉽게 눈에 띄지 않는다. 벤처스퀘어가 집계한 2019년 벤처투자 가운데 가장 큰 투자는 위메프의 4700억원이 최대 수치다. 이 조차도 두 개 VC의 중복 투자 결과다. 실제 지난해 국내 신규 투자 가운데 1000억원 이상의 투자는 7건에 불과했다. 중복투자를 제외하면 5건에 그친다. 이마저도 국내 벤처캐피털(VC)과 외국계 VC, 대기업 등의 투자를 합친 결과다. 지난해 이뤄진 벤처투자 1608건 가운데 성장 단계에 접어든 스타트업을 지원하기 위한 대규모 투자가 차지하는 비중은 전체 투자의 0.01%에도 못 미치는 셈이다.

벤처기업협회에서는 모태펀드와 성장사다리펀드 등 주요 벤처투자 재원 가운데 스케일업 투자를 위해 쓰이는 비중이 전체 출자액의 13~40% 수준인 것으로 추정한다. 국내 벤처투자 시장의 특성상 스케일업에는 상대적으로 관심이 낮다. 개별 VC 단위 투자도 연간 1000억 원을 넘기는 일이 드물다. 2019년 시리즈A 이상 단계에 1000억 원 이상을 투자한 국내 VC는 6개사에 불과하다. 반면 국내에서도 대규모 투자를 주도하는 것은 외국계 자본의 인수자금이다. '여기어때'가 CVC캐피털에 4000억 원에 인수됐고, 배달의 민족은 4조원에 팔렸다. 성장 단계에 접어든 국내 벤처기업에 대한 투자 규모가 좀처럼 확대되지 못하고, 해외로 눈을 돌리는 주된 이유는 투자회수에 따른 부담이 크기 때문이다. 국내 투자자가 가장 선호하는 회수 방식은 코스닥 기업공개(IPO)다. 하지만 현재 11개로 집계되는 국내 유니콘 기업 가운데 국내 주식시장에서 제 가치를 평가 받을 수 있는 기업은 몇 개 안된다. 상장보다는 외국 증시 상장 또는 인수합병(M&A)을 유력 회수 방안으로 검토하는 기업이 다수다.[46]

 스케일업 단계 기업에 대한 투자 확대를 위해서는 기업주도형 벤처캐피털(CVC)에 대한 규제 완화를 비롯하여 M&A 시장 활성화, 스케일업 매칭펀드 도입이 필요하다. CVC 규제 완화와 M&A 활성화는 스케일업 투자 확대를 위해 반드시 풀어야 할 숙제다. 은행이나 증권사 등 금융사 단위의 재무목적 투자만으로는 대규모 투자를 이끌 유인이 부족하다. 스타트업 투자 역시 전략 차원에서 사업 확대를 추진하는 대기업 차원의 투자 검토 끝에 이뤄진다. 대기업의 자금이 스케일업을 위해 시급한 이유다. 스케일업 매칭펀드 제도가 존재한다면, 기업 입장에서는 좀 더 많은 자금 유치를 할 수 있고, 투자사는 유망 기업에 자금을 집중할 수 있게 된다.

---

46) 전자신문(2020.03.23.) 「벤처 스케일업이 국가경쟁력. 벤처투자 옥석가려 집중하자」 요약

둘째, 스케일업을 위해서는 규제개혁이 필수다. 포지티브 시스템을 선허용 후규제의 네거티브 시스템으로 전환하는 것이 시급하다. 기존 사업자 보호와 개인정보 환경 건강보호 등 특정 가치에 치우쳐 주력 산업과 신산업의 성장 자체를 가로막고 있다. 특히 '예측가능성'이 없는 규제는 가장 큰 문제다. 규제 자체를 문제 삼기보다는 사업계획 수립이 불가능할 정도로 모호한 사전 규제의 문제점이 크다. 불확실하고 예측가능성이 없는 규제는 스타트업보다는 스케일업 단계 기업에게 더 큰 제한으로 작용한다. '타다' 사례와 마찬가지로 초기 창업 단계에서는 없던 규제가 사업 확장 단계에서 불거질 수 있기 때문이다. 처음 시작 단계에서는 아무런 문제가 없으니 그냥 넘어가겠지만 스케일업 단계의 규모가 되면 기존 산업과는 당연히 충돌이 생길 수밖에 없다. 업계 안팎에서는 벤처기업의 스케일업을 위해서는 '선허용 후규제' 방식으로 정책을 전환하는 것이 급선무라고 지적한다. 규제개혁을 위한 정부 역량을 집중할 수 있도록 규제 창구를 일원화하고 각 산업별 진흥법과 진흥원에 대한 존치 필요 여부를 판단해 불필요한 규제를 최소화해야 한다[47].

셋째, 인재육성에 신경 써야 한다. 스타트업 기업은 '구인난'에 시달린다. 중소기업의 낮은 지명도와 고용 불안 등이 이유다. 단기간에 스케일업 단계에 진입한 기업들도 매출 성장 속도에 맞춰 인재 영입을 하지 못하고 있는 실정이다. 벤처 업계에 따르면 스타트업의 평균 종사자는 3.2명이다. 2019년 중소기업 실태 조사에서도 9인 이하 중소기업의 인력 미충원율은 20.8%를 기록했다. 대기업은 3.9%수준이다. 정부는 수년전부터 다양한 인력 매칭 사업을 추진 중이지만 연구인력 긴급 수혈을 제외하

---

[47] 전자신문(2020.03.24.). 「벤처 스케일업이 국가경쟁력. 선허용 후규제 전환 시급. 창구 일원화해 과잉 규제 막아야.」 요약

고는 회계, 마케팅 등 일반 사무 분야 인력 매칭 지원 사업은 드물다. 여기에 최저임금 인상 및 근로시간 단축으로 벤처 기업의 인건비 부담은 더 커졌다. 중소벤처기업이 스케일업으로 성장하기 위해선 인재의 충분한 공급과 노동 유연성이 담보되어야 한다. 이를 위한 가장 효율적인 방안으로는 '성공 스토리' 확보다. 벤처신화가 끊이질 않을수록 좋은 인재는 자연스럽게 몰릴 수 있다.

1세대 벤처 선배들의 노하우 전수와 코칭도 중요하다. 앞선 성공벤처기업의 네트워크를 활용해 스케일업을 달성하는 것도 좋은 전략이 될 수 있다. 형식적인 기업가정신 교육이 중요한 게 아니다. 성공 스토리가 시장을 오히려 더 크게 변화시킬 수 있다. 특히 스케일업의 핵심인재 유치를 위해 스톡옵션에 대한 비과세 특례가 더 확대해야 한다. 일반 급여가 작을수록 인센티브나 스톡옵션 등의 제도 확산도 필요하다. 벤처기업의 스톡옵션 행사이익의 비과세 한도를 2000만원에서 3000만원으로 확대했지만 업계는 2022년까지 연 1억원 수준으로 확대해야 한다고 주장하고 있다.

글로벌 시장으로의 진출을 위해 해외 인재 수급도 절실하다. 우리나라 스타트업의 외국인 직원 고용 비율은 17%로, 싱가포르 52%, 실리콘밸리 45% 등에 비하면 현저히 낮다. 2018년 벤처기업 정밀실태조사에서도 국내 벤처 기업의 해외 시장 진출시 애로 사항으로 시장 정보 부족(47%), 전문인력 부족(30.6%) 순으로 나타났다. 해외 유망인재 도입을 위한 외국인 전문인력 초청 비자가 있긴 하지만 매출이 적은 벤처 기업이 활용하기엔 절차가 까다롭다. 재한 외국인 유학생과 국내 기업간 매칭이나 업종 분야 제한 없이 전자비자 제도를 시행 하는 등 보다 과감한 우대 지원제

도가 필요하다.[48]

넷째, 선별된 벤처기업의 우선지원이다. 2018년 기준 587개 벤처천억기업은 삼성그룹 다음으로 많은 인원을 고용하고 있다. 총 종사자 수 22만명, 총 매출액 134조원으로 고용규모 재계 2위, 매출규모 재계 4위다. 벤처천억기업을 하나의 그룹으로 봤을 때 2018년까지 이룬 성과다. 평균 매출액 신장은 5.4%에 이른다. 기업 당 평균 종사자 수는 390명으로 2017년에 비해 3.2%가 늘었다.

벤처기업 인증을 받은 기업의 성장세는 다른 어떤 기업군보다도 가파르다. 벤처천억기업의 3년 평균 매출 증가율은 9.4% 수준으로 벤처기업이 아닌 천억기업의 매출 증가율(2.9%)의 3배가 넘는다. '우아한형제들'은 2016년까지 매출이 1000억원을 밑돌았다. 2017년 처음 벤처천억기업으로 선정된 이후 지속 성장을 거쳐 2019년 5000억 원이 넘는 매출을 거뒀고, 4조 원이 넘는 기업가치를 평가 받아 매각됐다.[49]

유니콘 기업으로 성장 가능성이 크고 스케일업을 기대할 수 있는 기업 대다수가 벤처기업 인증을 받은 이후 예비 벤처천억기업 사이에 포진해 있다. 벤처천억기업에서 인공지능(AI), 빅데이터 등 4차산업혁명 관련 기술기업이 차지하는 비중도 점차 증가하는 추세다. 이미 벤처천억기업이라는 기준과 벤처확인제도라는 대략적인 기준이 세워져 있는 만큼 선별된 벤처확인기업을 대상으로 스케일업 지원을 강화할 필요가 있다.

벤처확인제도에서는 성장성과 혁신성, 기술성이 입증될 수 있는 벤처다운 벤처기업을 선별해 스케일업을 연결하는 게이트웨이 역할을 수행할 수

---

48) 전자신문(2020.03.25.) 「스케일업이 국가경쟁력. 10개 스타트업 보다 1개 '성공 스토리'」 요약
49) 전자신문(2020.03.26.) 「벤처 스케일업이 국가경쟁력. 유니콘 꿈나무 육성 '스케일업 전용 트랙' 신설해야」 요약

있도록 해야 한다. 민간으로부터 추가 투자 유치를 통한 성장을 유도해야 한다. 현재 창업 이후 3년 이내 벤처확인 기업에게만 제공하던 세제 감면 혜택을 창업 시점과는 관계없이 벤처확인 시점 이후로 크게 넓히는 방안도 고려해 볼 수 있다. 현재 벤처확인에 따른 세제 혜택을 받는 기업은 전체 벤처확인기업 가운데 13.8%에 불과하다. 벤처기업의 스케일업에 따른 법인세 납부액 증가가 당장의 세수 손실을 충분히 채울 수 있다.

3. 스케일업 시작은 스크리닝

알토대학의 창업지원 성공비결

노키아는 2011년 핀란드 GDP의 20%를 차지할 정도였다. 하지만 노키아는 스마트폰으로의 변화를 따라잡지 못하고 2013년 마이크로소프트에 모바일 사업부를 매각했다. 이후 핀란드를 살린 것이 노키아 출신들과 대학생들이 창업한 스타트업이다. 그 중심엔 '알토대학'이 있다. 매년 알토대학 출신이 만든 스타트업이 70~100여개에 달한다. 핀란드 스타트업의 절반 이상이 알토대학 재학생이거나 졸업생이 창업했다. 알토대학은 탄생부터 '기술과 경영, 그리고 디자인'만 묶었다. 2010년 설립 목표부터 혁신 인재 양성과 창업이었다. 이 목표를 위해 헬싱키공대, 헬싱키 예술디자인대와 헬싱키 경제대 등 3개 대학을 묶었다. 창업과 비즈니스에 꼭 필요한 기술, 디자인, 경영만 골라 통합한 것이다. 대부분 학생들도 입학 때부터 창업이 목표다. 창업과 경영에 관한 모든 것을 배우고 지원받는다. 대학 위치도 마이크로소프트 등 IT회사와 스타트업 800여개가 모여 있는 유럽의 실리콘밸리 '오타니에미' 혁신단지에 있다.

교과 과제물로 스타트업을 창업한다. 40여개 학과가 있지만 전공 상관없이 수업은 자유롭게 들을 수 있다. 기술을 제품화하려면 디자인적 접근이 필요하고 상품화하려면 경영학적 접근이 필요하기 때문이다. 수업은 대부분 실습과 팀 프로젝트 위주다. 교수들은 제품과 서비스를 개발하는 실습실을 돌며 조언을 한다. 재학 때 창업할 수 있는 것도 이런 커리큘럼 덕분이다. 알토대학 학생들의 40%가 교과과정에서의 기획물로 스타트업을 창업한다.

알토대학 내 창업단체들은 학생이 주도한다. 행사 기획과 외부기업과의 연계 등 모든 것을 학생들이 진행한다. 알토에스(AaltoES)는 대규모 창업행사들을 개최한다. 스타트업사우나(Startup Sauna)는 학생과 기업을 연결하고 창업컨설팅을 받도록 돕는다. 헬 테크는 다양한 분야 전문가와 스타트업을 초대해 아이디어를 공유한다. 슬러시는 학생과 투자자들을 연결하는 역할이다. 그러다 규모가 커지면서 전 세계 창업가와 투자자를 연결하는 행사로 발전했다. 2018년 130개국 2만 여명이 슬러시 참여를 위해 헬싱키를 찾았다.[50]

알토대학은 캠퍼스 옆에 140여개 스타트업이 입주할 수 있는 공유오피스를 운영하고 있다. 졸업생들에게 무료로 제공한다. 회의 공간은 물론 생활공간까지 갖춰져 있다. 외부 스타트업 인큐베이터와 연계해 졸업생들이 이곳에서 스타트업을 준비할 수 있도록 하고 있다. 물론 알토대학이 창업의 요람이 된 것은 사회적 공감대가 있었기 때문이다. 정부, 기업 등 모든 이해관계자들이 모여 머리를 맞댄 결과이다. 창업이 핀란드의 정신이자 문화가 된 덕분이다.

---

50) 한국대학도 창업보육센터 숱한데 핀란드 알토대학은 뭐가 다를까? 핀란드 스타트업 절반을 배출하는 알토대학의 비결(티타임즈, 2019.06.13.) 요약

스크리닝의 중요성

넥스트 유니콘 기업의 선정 및 육성과정에서 중요한 과정은 평가과정이다. 핀란드 알토대의 스타트업센터에서 액셀러레이팅 한 기업 중 80% 이상이 스타트업에 성공했는데, 이들 기업의 성공요인으로 선정과정에서의 기업평가 과정을 꼽았다. 알토대 스타트업센터의 핵심성공 요인을 3S로 요약할 수 있다. 1단계 선발(screening)에서는 혁신기술 창업 생태계 상시 스크리닝 제도를 통한 우수창업자 선발에 집중한다. 2단계 지원융합(sourcing)에서는 디자인, 혁신기술 등 다양한 소싱자원을 융합한 사업화 지원을 강화한다. 3단계 네트워킹을 통한 성장(scale-up) 단계에서는 온오프라인 창업지원 네트워킹을 통한 스타트업 성장의 허브 역할을 한다.

[알토대 스타트업센터의 핵심 성공요인]

SCREENING(선발)	SOURCING(자원융합)	SCALE-UP(네트워킹)
■ 첨단기술 상시모니터링 　- 오타니에미 사이언스파크 ■ 스타트업 사우나 　- 유망한 플랜을 지닌 창업자 발굴 ■ 10인 전담코치 선발제 　- 우수한 창업자 선발	■ 디자인 팩토리 　- 기술+디자인 시제품개발, 상업화 성공 제고 ■ 산학연 기술 융합지원 　- 산학연 클러스터 활용 ■ 멀티전문코칭제 운영 　- 기술·경영·마케팅 등	■ SLUSH 　- 전세계 대상투자유치 ■ 테크노폴리스 온라인 　- 핀란드 창업기업 투자 정보제공 ■ 성공벤처기업후배투자 　- 3600만불 기금 조성

한국에서는 유니콘 기업을 현재 11개에서 20개로 육성할 계획을 갖고 있다. 중소벤처기업 육성정책과 아울러 스타트업을 유니콘 기업으로 육성하기 위한 전략은 세계적인 추세를 고려할 때 다소 늦은 감이 없지 않다. 스타트업이 혁신성장을 통한 유니콘 기업으로 성장하여 지역경제를 살리

고 일자리를 창출하기 때문이다. 이러한 추세를 반영하여 중소기업 육성기관은 저마다의 특징을 살려 유니콘 기업 육성정책을 펴고 있다. 기술보증기금은 중기부와 함께 '예비유니콘 특별보증제도'를 운영하고 있다. 지원제도의 요건에 맞는 기업에는 보증조건을 1.0% 수준으로 완화하고 보증한도는 30억원까지 확대한다. 지원대상은 시장검증 성장성 혁신성 3가지 요건을 충족한 기업이다. 기보가 인정하는 예비유니콘 기업은 시장검증, 성장성 및 혁신성 요건을 갖춰야 한다. 시장검증은 벤처투자기관*으로부터 누적 50억원이상 투자를 유치함으로서 시장에서 사업모델이 검증된 기업이다. 성장성은 최근 3개년 매출성장률이 연평균 20% 이상인 기업이 해당된다. 혁신성은 기술사업성 평가에서 BB등급 이상을 획득해야 한다. 선정방식은 기보의 서류평가 및 기술평가, 그리고 대면 발표평가를 거쳐 선정된다. 2019년에 13개를 선정[51]하여 지원중이다.

[보증기관의 예비유니콘 기업 평가방법]

구 분	주 요 내 용
1차 평가	■ 대상기업 기본 요건* 충족여부 등 심사 * VC투자금액, 최근 3개년 매출성장률, 종업원10인 이상 등
2차 평가 (기술평가 · 보증심사)	■ 1차 심사 통과기업 기술평가 및 보증심사 수행 (기보 중앙평가원)
3차최종평가 (대면발표평가)	■ 선정심의위원회 개최(기술사업평가 BB등급 이상 & 1~2차 평가통과기업 대상)

그러나 각 기관이 기관 전문성을 바탕으로 유니콘 기업을 육성하는 데는 한계가 있다. 기존에 하고 있는 일을 더 강화 또는 확대하는 수준이다.

---

51) 메쉬코리아, 리디, 컬리, 와디즈, 블랭크코퍼레이션, 디에스글로벌, 마이뮤직테이스트, 피피비스튜디오스, 하나기술, 네오랩컨버전스, 달콤소프트, 왓챠, 힐세리온

근본적인 문제점은 여전히 공급자 위주의 지원을 한다는 점이다. 그러다 보니 어느 부문에서는 지원수단이 넘치는데 반해 어떤 수단은 전혀 제공되지 않는다는 점이다. 이러한 문제점을 해결하기 위해서는 공급자위주에서 수요지위주 지원정책으로 지원의 초점을 바꿔야 한다.

제3장
K-유니콘 기업 육성

1. 유니콘 기업 육성 필요성

　스타트업을 유니콘 기업으로 키우려면 스타트업 창업자의 사고 전환이 필요하다. 창업할 때부터 어떤 기술 제품을 개발 한다기 보다 사람을 불편하게 만드는 사회문제를 찾고 이에 대한 해법을 마련하는 식으로 접근해야 한다. 구글, 페이스북, 우버 등 세계적인 혁신기업을 뜯어보면 사실 엄청난 고난도 기술을 갖고 출발한 기업이 아니라 '어떻게 하면 사람들 일상생활을 더욱 편하고 즐겁게 만들 수 있을까'라는 고민에서 시작됐다.

　유니콘 기업은 과거 대한민국이 겪어보지 못했던 형태의 기업이다. 딜리버리 히어로(DH)에 매각된 배달의민족 개발·운영회사 우아한 형제들처럼 창업한 지 9년 만에 40억달러 기업으로 성장하는 것이 유니콘의 특징이다. 유니콘이 많아지려면 정부의 규제 완화, 적절한 시기에 자본 투입, 기업의 우수 인재 확보 등 삼박자가 갖춰져야 하고, 기업의 해외 진출이 필수다.[52] 유니콘이 개인투자자가 아닌 벤처캐피털(VC) 등 투자자들 자금으로만 1조원의 가치를 인정받으려면 기업의 현재 경영 실적보다는 성장 가능성이 매우 중요하다. 시장 확장을 위해서는 해외 시장 개척이 반드시 필요하다. 시장 크기를 제한하는 또 다른 장애물은 규제다. 우리나라 11개 유니콘은 e커머스, 소비재, 여행 등 서비스 업체가 절반 이상이다. 세계 평균인 20%에 비하면 쏠림이 심하다. 세계 유니콘의 28%를 차지하는 소프트웨어, 인공지능, 데이터분석, 사이버보안 분야 유니콘이 한국에는 거의 없다. 개인정보보호법 등 규제를 그동안 풀지 못했기 때문이다.

스타트업이 새로운 성장 동력을 만들어내고 유니콘이 되려면 적절한 시기에 적절한 자금 수혈도 이뤄져야 한다. 초기 기업에 투자하는 진성 모험자본과 유니콘으로 점프하려는 기업에 필요한 그로스 캐피털(성장기업 투자자금)은 여전히 부족하다. 유니콘 도약 조건으로 인재 또한 중요하다. 우수한 인재는 작은 시장도, 부족한 자본도 문제가 되지 않는다. 실리콘밸리 창업 생태계의 핵심은 여러 분야에서 유능한 인재가 모여들어 형성한 네트워크다. 싱가포르에서는 외국인재에게 창업비자를 제공한다.

미국 시애틀의 포스퀘어 최고경영자는 2011년 '플레이스드라'는 위치기반 데이터 회사를 창업했다. 그는 이 회사를 미국 정보기술(IT) 기업 '스냅'에 2017년 1억2500만달러(약 1500억원)에 팔았다. 플레이스드는 창업 초기에 우수한 벤처캐피털(VC)을 만나면서 성장할 수 있었다. 그는 VC인 마드로나벤처그룹에서 투자를 받은 후부터 제대로 된 기업으로 인정받을 수 있었다. 미국에서는 스타트업이 실패했을 때의 위험은 투자자가 진다. 그러나 열심히 일하는 사람에게 투자했고 팀도 좋았는데

---

52) 매일경제(2020.1.3.) 「2020 신년기획 유니콘 20개 키우자. 왜 유니콘기업인가」 요약

잘 안된다면 그때는 사업모델이 될 놈(The right it)인지를 다시 검토해야 한다. 스타트업의 제품과 서비스가 시장에서 인정받는지 여부는 무엇보다 중요하다.

싱가포르는 외국인에게도 '지원금'을 준다. 싱가포르에서는 창업 아이디어만 있으면 3만 싱가포르 달러(약 2500만원)의 창업 지원금을 받을 수 있다. 외국인이어도 다양한 지원 기관에서 멘토 등에게 도움을 받을 수 있다. 싱가포르는 이틀이면 법인을 설립할 수 있다. 해외에서 창업한 스타트업이 본부나 기술특허를 싱가포르로 옮기면 자국 기업으로 우대해 여러 혜택을 제공한다. 각종 지원금과 세제 혜택을 포함해 100만~300만 싱가포르 달러(약 8억~25억원) 수준의 혜택을 안겨준다. 유니콘기업인 차량공유 서비스 '그랩'은 말레이시아에서 싱가포르로 옮겼다. 인공지능(AI) 기업 '트랙스'는 이스라엘에서 출발했지만 싱가포르에 본부를 두고 있다. 싱가포르 정부는 왜 유니콘과 스타트업 육성에 두 팔을 걷고 있는 것일까. 유니콘으로 대표되는 혁신기업이 경제와 고용에 막대한 효과를 창출해서다. 테마섹과 베인앤드컴퍼니가 함께 발행한 'e-Conomy SEA 2019' 보고서에 따르면 2019년 상반기 동남아의 인터넷 관련 기업에 투자된 금액 중 65%인 53억달러(약 6조원)가 싱가포르로 흘러 들어갔다. 이는 대부분 유니콘과 스타트업에 대해 이뤄진 것이다.

유니콘이 만들어내는 일자리는 단순한 일자리가 아니라 중산층을 만들어내는 고소득의 일자리다. 브루킹스연구소에 따르면 2005~2017년 하이테크 일자리가 가장 많이 생긴 곳은 샌프란시스코(7만 7192개)이고, 두 번째는 시애틀(5만 6396개), 세 번째는 새너제이(5만 2288개)다. 모두 정보기술(IT) 기업과 스타트업 창업이 활발한 곳이다. 우리나라에서도 유니콘은 이미 경제 발전에 큰 성장 동력이 되고 있다. 매일경제가 국내 11개 유니콘(매각된 우아한형제들 포함)의 매출액을 조사한 결과, 2018년 기준 매출액은 약 8조원에 달했다. 2019년 11월 기준 11개 기업에 종사하는 직원은 전체 약 3만 2000명에 달했다. 유니콘이 20개 생기면 추가로 매출액 8조원 이상, 고용창출 3만 명이 가능하다는 얘기다. 유니콘 1곳이 중산층 3000가구를 만들 수 있는 양질의 일자리를 제공한다는 것이다. 스타트업은 단순히 일자리뿐만 아니라 기존 산업에 혁신을 통해 경제 가치를 만들어낸다. 싱가포르 정부는 외국인 인재를 끌어들이기 위해 창업 비자 혜택을 주고 있다. 싱가포르는 최근 외국인에 대한 비자 발급을 줄이고 있는데 스타트업 창업 비자는 오히려 조건을 완화하고 있다.

유니콘을 키운 혁신도시 시애틀은 미국 도시 성장률 1위를 기록하고 있다. 스타벅스의 도시로 알려져 있는 미국 워싱턴주 시애틀. 시애틀에서는 최근 콘보이(Convoy)라는 유니콘이 화제다. 아마존 임원 출신인 댄 루이스가 2015년 창업한 이 기업은 트럭기사와 화주를 연결해주는 물류 플랫폼 회사다. 트럭이 필요한 기업과 운송업체를 효율적으로 연결해줘 배송 속도는 빨라지면서도 연료 소비를 줄여 수익을 키울 수 있었다. 5년도 안 돼 제프 베이조스 아마존 최고경영자(CEO)와 빌 게이츠 마이크로소프트 창업자 등 시애틀 출신 큰손 기업인이 모두 6억6800만 달러(약 7758억원) 정도를 콘보이에 투자했다. 콘보이 기업가치는 2019년 기준 27억 5000만달러(약 3조1800억원)로 치솟았다. 이외에도 시애틀에는 유니콘 총 5곳이 둥지를 틀고 있다. 이 중 3곳은 마이크로소프트 출신이 창업했다. 미국의 유니콘 212곳 중 80%가 베이에어리어, 뉴욕, 캘리포니아, 보스턴 등 4곳에 몰려 있다는 것을 감안하면 시애틀의 유니콘기업 5개는 적지 않은 숫자다.

미 경제분석국(BEA) 지역별 통계에 따르면 시애틀 대도시권은 2018년

경제성장률 6.9%를 기록했다. 미국 주요 대도시 중 가장 높은 수치다. 워싱턴주 경제성장률은 2019년 2분기 3.2%로 미국 전체 주 가운데 5번째로 높았다. 셰일가스가 생산되는 주를 제외하면 워싱턴이 1위다. 시애틀이 이 같은 고속 성장을 하는 이유는 아마존이나 마이크로소프트 등 세계적인 정보기술(IT) 기업을 비롯해 이와 연결된 스타트업 생태계에서 만들어지는 크고 작은 혁신기업 때문이다. 시애틀은 미국에서 실리콘밸리가 속해 있는 베이에어리어, 뉴욕, 보스턴에 이어 4번째로 스타트업 생태계가 잘 갖춰진 도시다. 미국 대도시 중 인구 기준으로는 15위(약 400만명)에 불과한 시애틀이 혁신경제의 힘으로 번영하고 있는 것이다.

세계 여러 국가들이 유니콘 기업을 키우기 위해 적극 나서고 있다. 2016년 말 200개가 안 되던 세계 유니콘 기업 수는 2019년 12월 말 기준 430개로 껑충 뛰었다. 1조 원 가량 가치를 지녔다고 평가받는 기업이 세계에서 사흘에 하나씩 늘어나고 있다. 지난해 말 기준 국내 유니콘 기업은 11개로 기하급수적으로 증가하는 미국과 중국의 유니콘 기업 숫자와 비교하면 미미한 수준이다. 미국은 세계 유니콘의 절반, 중국은 4개 중 1개를 보유하고 있다. 그러나 시애틀 성공 사례를 보면 내수시장 규모가 작고 자본에 한계가 있어도 유니콘을 키울 수 없는 것은 아니다. 기존 제조업 중심 성장으로는 한계에 부딪힌 우리나라에 유니콘이 새로운 경제 성장 동력이 돼야 한다. 기업가정신으로 무장한 창업가가 벤처캐피털 등 모험자본을 등에 업으면 기존의 틀을 깨부수는 혁신을 만들어낼 수 있다는 얘기다.

2. 유니콘 기업의 특징

유니콘 기업은 기업가치 평가액 한화 1조 원 이상의 창업회사를 일컫는다. 유니콘 기업의 공통점은 무엇일까? 전 세계 216개 유니콘 기업이 성장 발전 과정에서 보인 공통점을 분석했다. 연구결과 다음 5개 특징을 발견할 수 있었다. 미래 잠재적인 유니콘 기업을 가려내는 특징으로 활용할 수 있을 것이다.[53]

첫째, 지수적 성장(Exponential Growth)이다. 유니콘 기업이 시장에서 높은 평가를 받는 이유는 혁신적인 가치를 창출하기 때문이다. 이들은 제품과 서비스, 비즈니스 모델 혁신을 통해 한 산업의 니치 마켓에 진출해 고객과 수익 그리고 기업의 가치를 확보한다. 유니콘 기업으로의 성장이 가능한지 판단하는 첫 번째 기준은 지수적 성장이다. 한 기업의 사용자 수와 수익이 눈에 띌 만큼의 성장을 할 수 있는지를 판단해야 한다.

둘째, 업종의 시장 잠재력이다. 한 산업이 빠르게 발전한다는 것은 특정 기술과 문화가 주류를 이루는 가운데, 해당 제품과 서비스 시장이 빠르게 확대되는 것을 의미한다. 때마침 이 산업에 속해 있는 기업이라면 유니콘 기업이 될 가능성은 더욱 커진다. 한 산업 내에서 유니콘 기업이 등장할 수 있는지는 시장 규모, 비즈니스 모델의 혁신, 제품의 기술적 혁신에 달려있다. 현재 상황을 보면, 인터넷 기술과 산업 생산 및 생활 서비스가 결합한 전자상거래, 인터넷 소프트웨어 서비스, 빅데이터 등 분야의 잠재력은 여전히 크다. 물론 가상현실, 웨어러블 기기, 기업 네트워크를 위한 제품 및 서비스 등 현재 성장하고 있는 신흥 산업에서도 향후 높은 가치를 지닌 유니콘 기업이 나올 수 있다.

---

[53] 매경이코노미스트(2017.2.2.), 「기업가치 1조원 스타트업, 216곳 유니콘 기업의 5가지 특징」 요약

셋째, 글로벌 창업센터의 존재여부다. 한 기업이 유니콘 기업으로 발돋움하는 데에 있어 기업이 처한 환경은 매우 중요하다. 창업 환경이 잘 갖춰진 곳이어야 더 많은 기술과 인재, 풍족한 자본을 확보할 수 있기 때문이다. 연구팀은 전 세계 창업 센터 중 27개 도시와 1개 지역(실리콘 밸리)에 위치한 창업 센터를 대상으로 연구를 한 적이 있다. 그들은 다음 세 가지 조건을 충족했다. 세계적인 대학 혹은 과학 연구원이 있어 영향력 있는 원천 지식, 새로운 사조(思潮), 과학 이론, 공정 기술, 특허 등을 만들어 낸다. 그리고 세계적인 과학기술 기업과 이들이 이끄는 산업 클러스터가 있어 혁신 제품을 생산하고 활발한 창업 분위기를 조성한다. 또한 지역 경제 발전에서 과학기술 혁신의 기여도가 높고, 과학 기술 제품의 영향력이 커 글로벌 네트워크를 통해 다른 지역의 발전을 이끌 수 있다.

넷째, 성장 기간이다. 유니콘 기업은 성장 기간에서도 공통점을 보인다. 전 세계 216개 기업이 설립에서부터 유니콘 기업이 되기까지 걸린 시간은 1~26년으로 다양하지만 평균 6.2년이 걸린다. 등록 1년 후 유니콘 기업이 된 곳은 샤오미, 스냅챗, 일루미오, 58다오자(58到家), 아이우지우 등 16개이며, 설립 후 26년 만에 유니콘 기업이 된 곳은 1988년에 세워진 체코슬로바키아의 어베스트 소프트웨어다. 설립 후 4~8년 사이에 유니콘 기업이 된 비율이 가장 높아 전체의 56%를 차지한다. 3년 혹은 그 이하가 23%, 9~12년이 14%, 13년 이상이 7%를 차지한다. 창업 기업마다 필요한 자원과 속한 산업이 다르기 때문에 유니콘 기업이 되는 데 필요한 시간도 차이가 크다. 하지만 설립 4~8년 후 유니콘 기업이 되는 경우가 가장 많으므로, 4~8년의 성장 연수가 유니콘 기업을 식별할 수 있는 근거라고 볼 수 있다.

다섯째, 창업자와 창업팀 수준이다. 창업자와 창업팀의 수준은 기업 발전에 지대한 영향을 준다. 50개 유니콘 기업의 창업자 연령과 교육 수준을 분석한 결과, 성공한 창업자는 보통 30세 전후, 고등교육 이수, 과학기술 및 경제에 대한 이해, 팀워크 및 창업 경력 보유 등의 특징이 있었다. 대학 입학 전 학업을 접은 창업자는 소수였다. 창업 시기 평균연령은 31.7세로 연령대 분포는 19~48세로 매우 다양했지만, 주로 20~35세 사이에 창업을 했다. 유니콘 기업이 되었을 때 창업자의 평균 연령은 37.7세였다. 학업을 조기에 중단하고 창업의 길로 들어섰던, 우리에게 익숙한 창업자들과 달리 유니콘 기업의 창업자 대부분은 교육 수준이 매우 높았다. 대학 졸업자가 90%에 달했다. 그중 70%는 세계 100위권 안에 드는 대학을 졸업했다. 또한 대부분의 창업자는 창업 당시 공동 창업자를 두었다. 2015년 미국 유니콘 기업의 창업팀을 분석한 결과, 86%가 창업 당시 공동 창업자가 있었으며, 평균 2.6명이었다. 공동 창업자 중 85%는 함께 일을 한 경험이 있었고, 혹은 같은 학교·회사 출신이거나 함께 거주했던 경험이 있었다. 또 대부분 창업자는 현재의 기업을 창업하기 전 창업을 했던 경험이 있었다. 위에서 설명한 5개 요소는 현재 전 세계 유니콘 기업의 성장 공식을 분석해 도출한 일반적인 특징으로 기업의 전반적인 성장 잠재력을 판단하는 데에 적용할 수 있다. 하지만 개별 기업을 평가할 때에는 특정 발전 시기, 기술 분야, 시장 잠재력 등을 가지고 맞춤형 분석을 해야 한다.

3. K-유니콘 기업 육성방안

유니콘 기업은 어느 날 하늘에서 뚝 떨어지는 것은 아니다. 창업과정에서 환경 분석을 통해 미래 트렌드를 발견하고 비즈니스 모델을 정립하고 린 캔버스를 통해 사업 모델에 대한 검증을 해야 한다. 프리토타입(pretotype)과 최소기능제품(MVP) 분석으로 창업기업의 신제품이 시장에서 성공할 가능성이 있는지를 분석한다. 출시과정이나 운영과정에서의 수많은 과정 중 어느 하나만 실패해도 프로젝트 전체가 끝난다. 창업과정을 지나 기업이 고속도로에 올라섰다고 끝날 일은 아니다. 기업은 저절로 달리는 자동차는 아니다. 기업은 스케일업 과정에서 연구개발 및 마케팅 자금을 더 필요로 한다. 혁신과정에서 사업아이템이 정교화 되면서 기존 시장에 없던 새로운 규제를 만날 수도 있다. 기술혁신을 위한 인재도 요구된다. 규제개선 및 벤처캐피탈 지원 등의 지원이 필요하다. 이러한 어려움을 극복하는데 엑설러레이터가 도움이 될 수 있다.

이러한 문제점을 해결하기 위해서는 기업위주의 지원이 필요하다. 그림에서 보는 것처럼 공급자위주 지원정책에서 수요자위주 지원정책으로 지원의 초점을 바꿔야 하는 이유가 여기에 있다. 기업 측면에서 필요한 수단을 통합하여 적기에 지원할 수 있어야 한다. 지원기관별 수단을 활용할 수 있는 가칭 유니콘 액셀러레이터 전담부서가 필요하다. 이 전담부서에는 기관별 전문인력이 파견되어 유니콘 기업으로 선정된 기업에 대해 촘촘하게 지원할 수 있도록 역할을 부여해야 한다. 사업지원 제도를 갖추고 전문 인력을 운용하여 각 지원기관이 한 몸처럼 움직일 수 있어야 한다. 중기부와 중소기업 지원기관들이 하나의 팀으로 움직일 수 있어야 효과가 나올 수 있다.

벤처업계에서는 보증, 투자, 연구개발(R&D), 인수합병(M&A)과 해외진출 등 지원제도와 민간투자 유치를 연계할 수 있는 '벤처 스케일업 집중 케어' 트랙을 신설해 우수 벤처기업을 전폭 지원해 줄 것을 요구하고 있다.

[넥스트 유니콘 기업 육성개념]

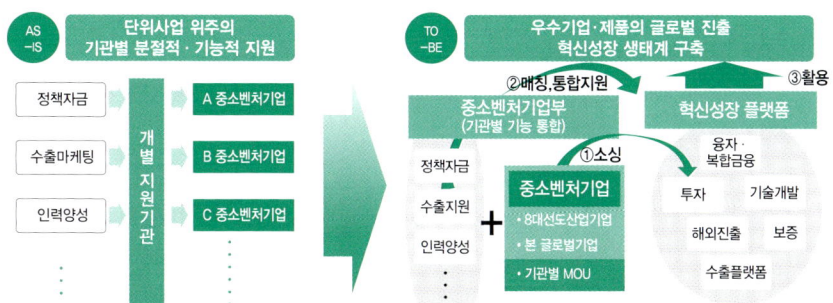

[넥스트 유니콘 기업 육성방안]

구 분	주 요 내 용
총괄 (중기부)	■ 유니콘 기업 육성계획 마련 및 후보선정 *산하기관의 지원수단 및 역량을 활용한 선정, 지원방안 마련
정책자금-투융자 (중진공)	■ 스타트업에서 성장단계 기업까지 복합금융지원 *혁신창업기업 및 성장기업에 대한 투융자 복합금융
정책자금-보증 (기보)	■ 유니콘 후보기업에 대한 보증완화 및 지원확대 *해당기업에 대한 보증조건 및 보증규모 확대
해외진출지원 (중진공·창진원)	■ 수출BI, KSC 등을 통한 해외진출 지원 *스타트업 및 혁신성장 기업 해외진출 지원
스케일업 지원 (산은)	■ 혁신성장기업의 스케일업 지원 *스타트업 및 혁신성장 기업의 성장지원
스타트업투자 (VC)	■ 혁신성장 유망기업 발굴 및 투자 *스타트업의 잠재적인 성장성을 고려하여

넥스트 유니콘 육성을 위한 추진절차는 대상기업 발굴, 선정, 사업매칭 및 통합지원 등 4단계로 추진한다. 1단계 발굴(Sourcing)단계에서는 공정경제 및 신산업 해당업종을 영위하며, 성장성 높은 기업을 발굴한다. 2단계 선정(Screening)단계는 성장 가능성 높은 창업초기기업(Track1)과 글로벌 시장 진출기업(Track2)으로 구분하여 유니콘기업 공통특성을 반영한 평가지표에 따라 기업평가를 거쳐 선정한다. 평가기준은 기술성, 성장성, 혁신성 등을 평가한다.

[넥스트 유니콘기업 선정절차]

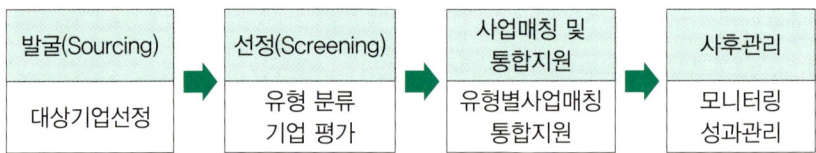

유형	정의	요건	주요발굴 채널	연계사업
TRACK 1 성장유망기업	창업 초기단계이나 성장 가능성이 높은 기업(창업기)	창업 3년 미만	중진공 기보 창진원 VC, 산은	· 금융지원 · 스케일업 · 수출마케팅 · 해외진출
TRACK 2 글로벌수출기업	글로벌 시장에서의 성공 가능성이 높은 기업(성장기)	창업 3년 이상 수출100만불 내외		

정량평가는 성장성 및 투자유치 가능성 등을 평가한다. 그리고 정성평가에서는 기업가역량, 성장성 및 혁신성 등을 평가한다.

[넥스트 유니콘기업 평가방법]

정 량 평 가			
유형	평가항목	평가내용	평가기준
TRACK1	성장성	시장규모, 성장가능성, 경쟁강도	기술사업성 평가항목 중 시장전망, 시장경쟁력 항목
	투자유치 가능성	VC 등 투자여부 및 향후 투자유치 가능성	VC 투자여부 VC 투자시 기준 부합여부
TRACK2	성장성	업종의 시장규모, 경쟁강도	시장전망, 시장경쟁력, 투자유치기회

정 성 평 가			
유형	평가항목	평가내용	평가기준
TRACK1 TRACK2 (공통)	기업 역량	사업추진 역량, 기업(가) 의지, 성공경험, 상품화 가능성 등	혁신적인 기술(제품, 서비스)의 사업화 성공가능성 관점 평가
	성장성	매출성장성, 성장가능성 등	시장의 성장가능성, 시장지위 관점
	혁신성	기술 제품 서비스의 파급효과	기술의 독창성, 산업파급효과 관점

3단계 통합지원은 유형별 적정사업 통합지원 통해 넥스트 유니콘 기업 육성한다. 금융(혁신창업사업화), 기술지원, 국내외 판로 등 성장지원, 금융(스케일업), 국제협력(KSC, 온라인플랫폼) 등을 지원한다. 해외진출지원 4단계는 기업별 통합지원 및 사후관리를 위한 전담직원을 배치하고 분기별 점검 및 중간평가로 해당기업의 혁신성장 및 글로벌화 지원여부를 판단한다.

앞서 기술한 유니콘기업 육성방안은 현행 지원제도를 통합하여 효율적으로 지원할 필요가 있음을 강조한 것이다. 다만, 이러한 방법이 전부는 아니다. 실제로 유니콘기업은 정부지원에 의해 생겨나는 것이 아니다. 지금의 구글, 아마존, 애플, 페이스북 등의 글로벌기업이나 국내 11개의 유니콘기업이 정부지원으로 성장했다고 볼 수 없다. 정부는 혁신 스타트업이 거리낌 없이 기술을 개발하고 뛰어놀 수 있도록 인프라를 구축하고 규제개혁을 하면 된다.

제4장
K-유니콘 기업 육성 위한 제도정비

1. 규제개혁

 획기적 기술이 있어도 한국에선 불법이 될까봐 도전을 포기하고 있다. 한국에서 유니콘 기업이 많이 나오기 어려운 근본적인 이유가 규제 체제에 있다. 규제를 포지티브체제에서 네거티브체제로 전환해야 한다. 기존에 존재하지 않았던 신산업에 대해 우선 허용한 뒤 문제가 발생하면 관리 감독을 강화하는 방식이 네거티브 체제다. 미국, 중국, 영국, 싱가포르 등이 대표적으로 이를 적용한다. 이와 반대로 원칙적으로 금지하되 예외적인 상황에서만 허용하는 방식이 포지티브 체제다. 이를 적용하는 대표적인 국가가 한국, 일본, 독일이다. 한국에서는 스타트업이 신사업을 하려면 일단 정부의 허용을 받아야 한다는 점에서 시작부터 막강한 규제에 가로막힌다. 이 규제는 기존 업체들이 스타트업의 진입을 방해하는 효과적인 수단이 된다.[54] 규제 때문에 사업을 아예 시작조차 하지 못하거나 시작해서 혁신 제품 개발에 성공했지만 판매하지 못하는 스타트업이 더 이상 나와서는 안 된다. 획기적인 아이디어와 기술력을 지닌 창업자들이 제품이나 서비스를 출시하거나 신사업을 추진할 때 불법이 될까봐 지레 겁먹고 뛰어들지 못하는 사례가 많다. 포괄적 네거티브 규제로 전환해야 한다.

중국판 우버 디디추싱이 한국에 와서 비즈니스를 추진하면 불법이 된다. 유니콘과 대비해 데카콘은 기업가치가 100억달러 이상인 비상장 기업을 뜻하는 단어다. 매일경제가 2019년 말 데카콘(CB인사이트 기준)에 해당하는 22개 기업을 분석한 결과, 31%인 7곳이 규제로 인해 한국에서는 제대로 성장하기 어렵다는 결론을 냈다. 디디추싱(차량공유), 에어비앤비(숙박), DJI(드론), 팰런티어(데이터), 인포(클라우드) 같은 기업도 일부 사업에 어려움을 겪을 것으로 예상됐다. 유니콘이 기본적으로 자국에서 성장한 후 해외 시장에 진출해 글로벌 기업으로 성장한다는 점을 감안하면 한국에서 데카콘이 나올 가능성은 무척 낮을 수밖에 없다. 디디추싱은 차량공유 플랫폼이 되면서 급격히 성장했다. 그러나 우리나라 여객자동차운수사업법, 택시운송사업의 발전에 관한 법률상 차량공유는 명백한 불법이다. 에어비앤비 등 숙박공유도 관련 법(공중위생관리법 관광진흥법)상 외국인 대상으로만 가능하다. 현재 내국인을 대상으로 하는 서비스가 규제샌드박스에 들어가 있지만 제한적인 시장에서는 에어비앤비 같은 큰 회사가 나오는 것은 불가능하다. 드론의 경우 서울과 수도권에 비행금지 지역이 많아 단순히 레저 목적의 비행뿐 아니라 드론을 연구개발하는 것도

---

54) 매일경제(2020.1.13.), 「2020신년기획 유니콘 20개 키우자, 이런 규제는 꼭 풀자」 요약

쉽지 않다. 헬스케어 분야에서 유니콘이 많이 나오는데 특히 원격의료, 소비자직접의뢰(DTC) 유전자 검사와 관련해 투자가 집중적으로 이뤄지고 있다. 우리나라에선 의료법과 생명윤리 및 안전에 관한 법률이 유니콘 탄생을 가로막고 있다.

2. 벤처캐피탈 활성화

유니콘 기업을 육성하기 위한 조건중 하나가 벤처캐피털 활성화이다. 벤처캐피탈 활성화를 위해서는 모태펀드, 중진공, 기술보증 등의 시너지 역할이 필요하다.[55] 한국의 벤처투자자금이 활성화하기 시작한 것은 2005년 한국벤처투자가 설립되면서 다양한 형태로 정부자금이 유입될 때부터다. 중소벤처기업부 등 정부 재정으로 설립된 한국벤처투자는 벤처캐피털(VC) 등이 조성하는 중소 벤처기업 투자펀드에 출자하는 펀드(fund of fund), 즉 모태펀드 운용을 통해 벤처기업 육성에 기여하고 있다. 모태펀드가 스타트업을 포함한 벤처기업과 중소기업의 실질적 자금줄인 셈이다.

한국벤처투자는 2019년 11월 말까지 약 7조 5000억원을 출자해 자펀드 약 24조 4000억원 규모를 결성해 5939개 기업이 약 17조 8000억원을 투자받도록 기여했다. 유니콘 키울 민간자금 유입 늘리려면 한국의 기업공개 시장이 지금보다 월등히 커져야한다. VC 등 투자자 입장에서 원하는 시기에 투자 기업이 IPO를 할 수 없거나 IPO 때 기업가치를 제대로 평가받지 못하면 VC 자금을 받은 기업은 상장 대신 매각을 선택할 수밖에 없다. 첨단기술 이해도가 높은 투자심사역이 많아져야 한다.

미국에는 구글, 페이스북 등 세계적인 기업에서 일하던 엔지니어들이

---

55) 매일경제(2020.1.14.), 「2020신년기획 유니콘 20개 키우자. 머니 시나리오는 있나」요약

VC 업계로 들어와서 투자심사역으로 변신하는 경우가 많다. 이들은 기술 가치를 평가하는 방법, 기술을 상품화하는 방법 등을 알고 있다. 기술에 밝은 전문가가 있으면 기업 분석과 평가도 쉬워지므로 투자 절차도 잘 진행된다. 최근 미국 실리콘밸리에서는 사이버 보안, 블록체인, 인공지능(AI) 등에 대한 투자가 활발하다. 이런 분야에서 엔지니어들이 기술 가치를 측정하고 상용화 가능성을 판단하는 역할을 해야 한다. 사이버 보안, 모바일 보안, 블록체인 보안 등 보안 분야를 항상 수요가 있는 에버그린(evergreen)이라고 부른다. 이런 분야에는 지속적인 투자와 관심이 필요하니 그에 걸맞은 인재들도 벤처투자에서 역할을 해야 한다.

유니콘 기업 육성을 위해서는 투자→네트워크→판로개척→해외진출 등 원스톱으로 머니 시나리오를 지원할 필요가 있다. 배달의민족 운영사인 우아한형제들은 창업 자본금 3000만원으로 시작해 기업가치가 4조 8000억원으로 증가했다. 이 같은 유니콘을 키우기 위해서는 머니 시나리오가 제대로 작동해야 한다. 한국도 유니콘 강국으로 도약하려면 자금시장이 지금보다 진화돼야 한다. 기업환경을 둘러싼 자금이 부족한 것은 아니다. 하지만 이른바 유니콘 성장을 위한 머니 시나리오는 개선돼야 한다. 벤처 자금시장은 잘 발달돼 있지만, 갓 탄생한 초기 기업에 투자하는 진성 모험자본과 유니콘으로 점프하려는 기업에 필요한 그로스 캐피털(Growth Capital 성장기업 투자자금)은 여전히 부족하다. 또 한국 VC들도 세계적인 VC들처럼 투자 기업이 성장할 수 있도록 물심양면으로 도와야 한다. VC펀드 대형화도 필요하다. 한 번에 한 기업에 수천억 원씩 투자할 수 있는 VC가 많아져야 한다.

유니콘으로 도약하기 직전인 기업은 막판 스퍼트를 올리기 위해 1000억원 이상 필요한데, 여러 VC에서 수백억 원씩을 투자받는 것보다 한두

군데에서 투자받는 것이 시간 비용 측면에서 훨씬 효율적이다. 하지만 국내 VC 중 한 번에 한 기업에 500억원 이상 투자할 수 있는 곳은 많지 않다. 자금회수(엑시트)를 할 수 있는 회수시장 개선은 과제로 남아 있다. 중소벤처기업부가 발표한 2018년 벤처자금 회수 형태는 IPO가 32.5%로 2017년 35.5%에서 크게 벗어나지 않았으며, 인수 합병(M&A)은 2.5%에 그쳤다.

3. 핵심 기술인재 육성

시애틀은 전 세계 클라우드 산업의 최고 개발자들이 몰려 있다. 시애틀에는 미국 전체에서 기업 가치로 2위인 마이크로소프트와 4위인 아마존이 본사를 두고 있다. 모두 클라우드 분야 최고 기업이다. 이곳에서 일한 적이 있는 클라우드 컴퓨팅과 데이터, 인공지능(AI) 분야 인재들을 영입하기 위해 많은 기업들이 시애틀에 연구개발(R&D)센터를 두고 있다.[56] 구글, 페이스북, 알리바바, 화웨이, 바이두 등 미국과 중국의 정보기술(IT) 거인들은 물론 로보틱 프로세스 자동화 대표 기업인 미국 유아이패스나 싱가포르 그랩, 한국의 쿠팡 같은 유니콘 기업들도 시애틀에 연구시설을 두고 있다. 모두 영업이 아니라 인재 확보를 위해서다. 마이크로소프트와 아마존이 전 세계에서 최고 인재를 시애틀로 끌어들이고, 인재들이 회사를 나와서 창업을 하면 이 회사들이 유니콘으로 성장하는 선순환이 시애틀에는 구축돼 있다. 유니콘으로 대표되는 혁신기업을 키우기 위해 반드시 필요한 것이 바로 인재다. 중소벤처기업은 물론이고 대기업들도 개발자가 부족하다. 수많은 유니콘을 탄생시키며 전 세계적 벤처 붐을

---

56) 매일경제(2020.1.21.), 「2020신년기획 유니콘 20개 키우자. 사람이 경쟁력인데」요약

이끌고 있는 미국도 마찬가지다. 2019년 기준 구글과 페이스북의 대졸 신입 엔지니어의 연봉이 15만달러를 넘어섰다. 스타트업 입장에서는 감당하기 버거운 인건비다.

시애틀은 최고 수준의 개발자부터 초급 개발자까지 다양한 인재풀이 갖춰져 있다. 전공 간 벽 허물기와 재교육이 이뤄지고 있기 때문이다. 시애틀에서는 경제·경영은 물론이고 역사나 철학을 전공하는 학생들도 대학에서 컴퓨터공학이나 소프트웨어 실무를 배우는 경우가 많다. 많은 학생들이 학부 때부터 소프트웨어 개발이나 컴퓨터공학에 대해 배운다. 재교육도 활발하다. 미국에는 인문학 전공자도 IT와 컴퓨터에 대해서 배울 수 있는 프로그램이 많다. 플랫아이언스쿨, 테크아카데미, 코딩부트캠프 등 민간 기관에서 얼마든지 새로운 기술을 배울 수 있다. 한국은 전공 간 벽 허물기와 재교육이 쉽지않다.

미국의 한 연구자료에 따르면 유니콘 창업자의 최종 학력은 경영학 석사(MBA)가 93명(21.3%)으로 가장 많았고 그 뒤로 컴퓨터공학 학사(21.3%), 컴퓨터공학 석사(9.1%)였다. 컴퓨터공학 박사까지 포함하면 컴퓨터공학 전공자 비중이 전체 중 30%에 육박한다. 유니콘 창업자 평균 연령은 41세이지만, 가장 많은 나이대는 35~39세로 136명(31.4%)을 차지했다. 한국에서도 유니콘 기업 11곳 중 3곳(토스, 위메프, 에이프로젠)을 서울대 출신이 창업했다. 하지만 공부 잘하는 모범생의 길을 걷지 않은 유니콘 창업자도 많다. 우아한형제들(배달의민족) 김봉진 대표는 디자인을 전공한 디자이너 출신이다. 무신사 조만호 대표도 패션디자인을 전공했다. 이수진 야놀자 대표와 김정웅 지피클럽 대표도 현장에서 사업을 하면서 유니콘 기업을 만들어냈다. 이승건 토스 대표는 치과대학 출신으로 핀테크 기업 창업에 뛰어들었다. 허민 위메프 창업자도 응용화학과를 졸업한 뒤 게임 회사를 창업했다가 연쇄 창업에 성공한 사례다.

　주목할 것은 명문대를 졸업한 우리나라 인재가 여전히 창업과 스타트업을 기피한다는 것이다. 공무원, 대기업 등에 대한 쏠림이 심하다는 것이다. 또 해외 유니콘 중 다수를 이루는 기술 창업이 한국에서는 그만큼 적다는 의미로도 볼 수 있다. 국내 11개 유니콘 중 창업자가 자신의 전문성을 살려 기술 창업으로 이어졌다고 볼 수 있는 사례는 에이프로젠과 크래프톤 정도였다. 특히 컴퓨터공학 분야 인력 공급과 창업이 가장 부족하다. 유니콘 기업이 되는 지름길 중 하나는 조직을 다국적 조직원으로 구성하는 것이다. 유니콘이 되려면 해외 시장 개척이 필요한 경우가 많기 때문에 외국인을 적절히 채용하고 조직원을 융합하면 시너지 효과가 나서 해외 진출이 빨라질 수 있다. 실리콘밸리에서는 스타트업에서 일하면 리스크도 높지만 보상도 크다는 공감대가 형성돼 있다. 대부분 스타트업 종사자들이 회사 지분을 받는다. 직원이라도 오너로서 일하는 것이라 대기업 안정성을 포기할 유인이 충분하다.

제5부
한국 국가경쟁력 제고를 위한 제언

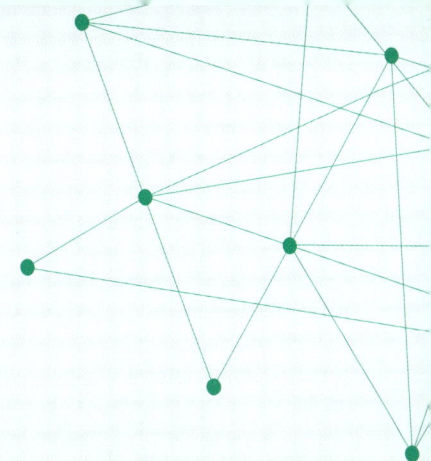

제1장. 대전환의 시대, 가보지 않은 길
제2장. 대전환의 시대, 새로운 성장동력
제3장. 중소벤처기업의 혁신성장
제4장. 중소벤처기업의 혁신성장과 공정경제

제1장
대전환의 시대, 가보지 않은 길

1. 대전환의 본질, 초연결 시대

4차 산업혁명 논의를 전 세계적으로 이슈화시킨 세계경제포럼(일명 다보스포럼)은 유비쿼터스·모바일·인터넷, 더 저렴하면서 강력해진 센서, 인공지능(AI)과 기계학습(Machine Learning) 등 3가지를 4차 산업혁명의 특징으로 꼽고 있다. 구체적으로는 무인운송수단, 3D 프린팅, 첨단 로봇공학, 신소재 등 물리적 기술, 사물인터넷, 인공지능, 블록체인, 공유경제 등 디지털 기술, 그리고 합성생물학, 헬스케어, 바이오프린팅 등 생물 분야 기술을 3대 메가트렌드로 제시하고 있다.

일본 소프트뱅크의 손정의 회장은 2016년 약 35조원이라는 천문학적인 금액으로 영국의 ARM이란 반도체 회사를 인수했다. 왜 그랬을까. 앞으로 인공지능(AI)과 사물인터넷(IoT)이 지금까지 존재했던 모든 산업의 틀을 재편할 것이다. 2035년까지 사물인터넷용 기기는 1조 개 이상으로 늘어날 것이다. 1조 개가 넘는 기기에서 생산되는 막대한 데이터는 IT뿐만 아니라 쇼핑, 교통, 헬스케어, 금융 등 현존하는 모든 산업을 완전히 재편할 것이다. 손 회장은 사물인터넷이 활성화 되면 1조 개 이상의 칩이 필요하고, ARM은 그 칩을 설계하는데 있어 세계 최고 회사이기 때문에 인수했다. 그런데 손회장은 2020년 9월 ARM을 엔비디아에 매각했다. 소프트뱅크가 인수할 때보다 10조원 늘은 가격이지만 소프트뱅크의 전략이 바뀐건지 엔비디아의 AI시대 야욕인지는 모를 일이다.

반도체는 한국의 삼성전자도 세계 1등 회사이지만 안타깝게도 생산 분야에서만 그렇다. 설계 분야에서는 영국 ARM이 최고이다. 컴퓨터뿐만 아니라 TV, 냉장고, 세탁기, 책상, 밥솥 등 모든 사물들이 '칩을 소유하는(컴퓨터가 되는)' 시대가 곧 도래하는데, 그러려면 저전력 고성능의 칩이 필요하다. 칩을 설계하는 기술이 미래 사회의 중요한 기술 요인이다. 1조개 이상의 칩이 만들어 낼 사물인터넷 세상은 기존 산업의 틀을 완전히 재편할 것이다.[57]

사물인터넷이 일상에서 어떻게 활용되는지 사례를 보자. 2014년 일본의 통신업체인 KDDI는 흥미로운 우산꽂이 상품을 시장에 내놓았다. 이 우산꽂이는 스마트폰과 연동되어 집을 나서기 전에 우산을 챙겨야 할지를 미리 알려준다. 스마트폰이 우산꽂이 근처로 다가오면 우산꽂이에 있는 센서가 날씨 정보를 스스로 파악해 본체에 부착된 LED 조명의 색깔로 바깥 날씨를 알려준다. 이 우산꽂이가 있으면 바쁜 출근 시간에 우산을 챙기려 다시 엘리베이터를 타고 집으로 돌아가지 않아도 될 것이다. 갑자기 비를 만나 편의점에서 비싸게 우산을 사야 하는 경우도 줄어들 것이다.

---

57) 교육부(2016. 12. 9). 「세계 최대 소프트웨어 M&A는 어떻게 탄생했나」. 자유학기제 웹진 꿈트리 (VOL.13) 요약

단순히 우산을 보관하는 기능만 하던 우산꽂이가 날씨를 알려주고, 행동의 변화를 가져오고, 낭패를 막아주는 기능까지 갖게 된 것이다. 사물에 IT와 인터넷이 담기면서 새로운 가치가 생겨난 것이다.[58]

앞으로 전자제품은 모두 사물인터넷으로 간다고 봐도 무방하다. 한국의 대표 기업인 삼성전자는 당초 2020년까지 자사의 모든 제품을 사물인터넷으로 연결하겠다는 계획을 갖고 있었다. 삼성전자는 모바일 제품뿐만 아니라 TV, 냉장고, 전자레인지, 에어컨, 세탁기, 청소기, 공기청정기 등 많은 전자제품을 생산하고 있다. 이 모든 제품들이 서로 연결돼서 정보를 주고받게 된다. 냉장고에 이미 소리, 빛, 온도, 압력 등을 계측할 수 있는 각종 센서가 달려있다. 이 센서가 인터넷으로 연결된다면 다양한 서비스가 가능해진다. 오래돼 부패한 음식이 생기면 스마트폰을 통해 알려준다. 채소 칸에 채소가 떨어지면 센서가 자동으로 인지해 인터넷쇼핑 주문에 들어간다. 냉장고가 스마트 홈의 허브 기능을 맡게 된다면 집주인이 퇴근하기 전 자동으로 밥을 지을 것을 전기밥솥에 주문하고, TV에는 주인이 좋아하는 프로그램을 선별해 켜 놓을 것을 지시할 것이다.

구글은 2014년 서모스탯(thermostat, 자동온도조절장치)을 만드는 네스트 랩(Nest Labs)이라는 회사를 인수했다. 집의 온도와 습도를 자동으로 조절하는 물건(Nest)에 사물인터넷과 인공지능을 연결하기 위해서다. 네스트는 스스로 온도와 습도를 조절하는 것을 넘어 사용자의 행동을 인공지능으로 학습해 가장 효율적인 방법으로 집 전체의 온도와 습도를 조절해 준다. 이러한 점에 주목한 구글은 네스트를 스마트 홈의 허브로 활용하겠다는 계획을 세우고 거금을 들여 회사를 사들인 것이다. 네스트에는

---

58) 교육부(2016. 12. 29),「구글은 왜 2주에 한 개씩 회사를 사들일까」, 자유학기제 웹진 꿈트리 VOL.14 요약

각종 센서가 많이 달려 있다. 온도와 습도 센서 외에도 모션 센서, 광선 센서 등이 있어 집주인의 외출 시간과 귀가 시간 등을 파악하는 것은 물론, 학습까지 할 수 있다. 네스트가 주인의 자동차 GPS와 연계되면 퇴근이 가까워질 무렵 자동으로 집안의 공조 시스템이 동작할 것이다.

구글은 전 세계 검색 서비스 분야에서는 절대 강자이다. 구글은 여기에서 나온 막대한 수익을 기반으로 미래사업을 위한 인수합병을 하고 있다. 스마트홈, 헬스케어, 인공지능, 빅데이터 등 거의 모든 합병이 ICT 융합산업과 관련된 것이다. 구글은 네스트를 기반으로 2015년 사물인터넷 플랫폼 '브릴로(Brillo)'를 선보였다. 애플 또한 홈킷(Homekit)을 발표하며 가정내 애플기기와 연동가능한 디바이스를 확대하고 있다.

기존 산업의 영역에서도 사물인터넷은 뜨거운 이슈이다. GE도 전통 제조업체에서 벗어나 소프트웨어 업체로 변신하고 있다. GE는 항공 엔진, 발전 설비 등 자사의 제품에 센서를 심고, 이 센서로부터 나오는 데이터를 분석해 새로운 서비스를 고객들에게 제공하기 시작했다. 각종 산업장비에 담긴 센서가 기계의 성능 상태, 교체 여부 등을 미리 알려주니 GE는 장비가 고장이 나기 전에 고객들에게 AS를 제공해 주는 서비스를 선보일 수 있었다. GE의 생산성과 효율성이 높아지고 있다. GE는 기계나 장비를 팔아서 벌어들인 이익보다 판매한 기계에서 수집한 데이터로 더 큰 이익을 창출해 내는 회사가 됐다. 사물인터넷을 산업 분야에 적용한 '산업인터넷(Industrial Internet)'의 강자가 된 것이다. 이를 가능하게 한 것은 전통 제조업과 ICT의 융합이었다.

'사물인터넷(IoT, Internet of Things)'은 4차 산업혁명의 3가지 키워드 중 하나이다. 사물인터넷은 컴퓨터와 컴퓨터를 넘어서, 컴퓨터와 사물, 사물과 사물, 사물과 사람이 서로 연결되는 새로운 세상을 열어가고 있다. 사물인터넷은 도시와 국가 차원에서도 추진되고 있다. 바로 주차, 환경, 에너지 등 도시의 다양한 문제를 첨단 ICT와의 결합으로 해결해 나가는 '스마트 시티' 사업이 그것이다. 사물인터넷은 개인과 가정, 기업과 산업, 도시와 국가 전 분야에 걸쳐 영향을 끼치고 있다. 어쩌면 4차 산업혁명의 핵심은 사물인터넷일 지도 모르겠다. 그래서 ICT 전문가들은 IoT의 시대를 넘어 IoE(Internet of Everything)의 시대가 예상보다 빠르게 도래할 것이라고 전망하고 있다.

사물인터넷이 생산한 데이터는 어떻게 활용될까? 냉장고는 각종 센서와 카메라, 칩을 통해 집주인이 1년 동안 어떤 식재료를 많이 구매했는지 파악할 수 있다. 더 나아가 식재료 구매 패턴을 통해 주인의 건강 상태에 대해서도 분석할 수 있을 것이다. 예를 들어 채소의 소비는 적은데 육류의 소비는 평균보다 지나치게 많다면 과체중이나 고혈압, 고지혈증 등의 질병에 걸릴 확률이 높다는 분석이 나올 것이다. 그럴 경우 적절한 운동법, 운동기구 등을 추천할 것이다. 1년 동안 끼니때 냉장고 문이 열리지 않은 횟수가 집계되면, 주인이 바깥에서 식사하는 횟수도 같이 집계될 수 있을 것이고, 주인이 외식을 좀 줄이도록 권고할 수도 있다.[59]

냉장고 회사는 단순히 냉장고 판매에 그치지 않고, 판매 이후 데이터 수집을 통해 다양한 맞춤형 서비스를 제공할 수 있게 된다. 사물인터넷이 데이터 수집으로 연결이 되면 우리는 '빅 데이터'를 만나게 된다. 디지털 시대의 도래로 이미 빅 데이터는 주목을 받고 있었지만 사물인터넷 시대가 다가오면서 가히 데이터 규모가 가늠할 수 없을 정도로 폭발적인 증가세를 보이면서 더욱 주목을 받을 수밖에 없는 상황이 된 것이다.

---

59) 교육부(2017.1.23). 「인류 5000년 축적된 데이터가 단 하루만에 생산되다」. 자유학기제 웹진 꿈트리 VOL.15 요약

KT경제경영연구소 등에 따르면 인류가 기록을 남기기 시작한 이래로 2000년대 초반까지 생산된 정보의 총량은 약 20엑사바이트에 달하는 것으로 추정된다. 20엑사바이트는 2000경바이트를 의미한다. 그런데 본격적인 디지털 시대의 진입으로 2010년대에 들어서는 매일 3엑사바이트의 정보량이 생산된다는 견해가 대세다. 인류가 2000년 넘게 걸려 생산해낸 정보의 양을 2010년대에는 1주일 만에 만들어낸다는 것이다. 2020년이 되면 거의 90제타바이트에 달할 것이란 예측 자료도 있다. 1제타바이트는 1024엑사바이트, 즉 2시간짜리 HD급 영화가 2500억 개 저장되는 용량이다. 2023년쯤에는 100제타바이트의 데이터가 생산된다고 한다. 이렇게 데이터가 짧은 시간에 급증할 것으로 예측된 배경에는 사물인터넷이 있다.

빅데이터를 잘 활용한 기업 사례로는 미국의 동영상 스트리밍 서비스 기업 '넷플릭스'가 있다. 넷플릭스가 짧은 시간에 미디어 업계의 절대 강자로 성장하게 된 배경에는 '데이터'가 있다. 자체 컴퓨터 프로그램을 활용, 마케팅 비용과 효과를 철저하게 데이터에 기반해 수립하고 분석했다. 회원 1명을 확보하는데 들어가는 비용과 이 회원이 일으키는 매출액을 조사하고 분석했다. 그리고 '시네매치'라는 알고리즘을 개발해 회원들에게 동영상 추천 서비스를 제공했다. 이 알고리즘이 얼마나 회원들의 데이터를 정밀하게 분석했는지 추천 동영상의 시청비율이 75%에 달했다. 100명에게 추천하면 75명이 돈을 내고 시청을 했다는 의미다.

빅데이터는 우리 사회 거의 전 분야에 활용되고 있다. 온라인 유통업체인 아마존은 구매 이력, 검색 키워드, 쇼핑카트 목록 등 고객의 데이터를 활용해 맞춤형 상품 추천 서비스를 제공하고 있다. 구글은 독감과 관련된 검색어 빈도를 조사해 '구글 독감 동향(GFT, Google Flu Trends)'이라는 조기경보 체계를 구축했다. 이 경보 체계는 미국 질병통제예방센터보다 1~2주 빠르게 확산 경로를 예측했다. 2016년 미국 대통령 선거에서 각종 기관의 여론조사가 빗나간 데 반해 빅데이터에 기반한 분석에서는 '도널드 트럼프'의 당선이 여러 곳에서 예측됐다.

2. 인공지능의 잠재력, 인류의 미래

독일 베를린에서 열린 세계 최대 가전 박람회 'IFA 2017'의 화두는 '인공지능'과 '사물인터넷'이었다. 참가 업체들은 다양한 음성인식 기술을 이용한 인공지능 기기들을 선보였다. 삼성전자는 2020년까지 모든 가전제품에 사물인터넷(IoT)과 인공지능(AI)을 적용하는 스마트홈 구상을 발표했다. 예컨대 냉장고를 스마트홈의 허브로 삼아 주방에서 다른 곳으로 이동하지 않고도 로봇청소기, 온도조절기, 실내조명, 세탁기, 현관문 등 집안 내의 모든 장치들을 작동시킨다는 청사진이었다.[60] 그해가 바로 올해다.

인공지능의 막강 능력은 사람들에게 로봇과 인공지능에게 일자리를 빼앗길지도 모른다는 위기감을 일으켰다. 영국 옥스퍼드대와 미국 예일대 연구진은 2017년 5월 그 시점을 예측하는 자료를 냈다. 세계의 인공지능 전문가들에게 직업 부문별로 고도기계지능(High-level machine intelligence=HLMI)이 인간의 능력을 추월하는 시점을 예측하도록 했다. 고도기계지능은 기계가 사람의 도움 없이 모든 작업을 사람보다 저렴한 비용으로 더 잘 처리할 수 있는 상태를 말한다. 전문가들은 50% 확률로 45년 안에 모든 부문에서 인간보다 뛰어난 고도기계지능이 나타날

---

60) 한겨레(2017.9.18.). 「인공지능이 인간 한계 넘어 제3의 생명역사 열까」 요약

것으로 내다봤다. 직업별로 고도기계지능이 출현하는 시기는 빨래 개기(2021년), 번역(2024년), 고교 에세이 작문(2026년), 트럭운전(2027년), 유통매장 점원 일(2031년)과 베스트셀러 집필(2049년), 외과수술(2053년) 순으로 내다봤다.

　고도기계지능이 출현했다고 해서 곧바로 인간의 모든 일자리를 점령하는 것은 아니다. 이것들이 사회경제 시스템에 적용되려면 자동화하는 시기는 50%의 확률로 122년 후였다. 예측은 어디까지나 예측일 뿐이다. 미래 예측의 유효성은 5~10년 정도에 그쳐야 한다. 그 범위를 넘어서면 억측이 된다고 말했다. 그렇다면 인공지능은 과연 어디까지 발전해갈까? 인공지능 기술의 정점으로 특이점(Singularity)이란 개념이 있다. "인공지능을 비롯한 기술들이 발전해 인류가 극적이고 불가역적인 변화를 겪게 되는 가설적 순간"이다. 미국의 레이 커즈와일은 2020년대 말이면 인공지능이 튜링 테스트를 통과해 인공지능과 인간 지능을 구별할 수 없게 되고, 2045년에는 인공지능과 인간지능이 융합하는 특이점에 도달할 것이라고 예측했다. 그는 특이점의 순간이 오면 인간의 지능은 우리가 창조한 지능과 통합돼 10억 배 높아질 것이라고 말했다. 앞으로 인간 수준의 지능을 갖춘 컴퓨터가 뇌에 이식되고 클라우드와 연결되면서 인간 존재를 확장시킬 것이라는 주장이다. 닉 보스트롬 등 인공지능 부문의 권위자들은 특이점이 언젠가 닥칠 것이라는 데는 대체로 동의했다.

　인공지능은 어떤 경로와 형태로 인간의 지능을 넘어설 것인가? 슈퍼 인텔리전스, 즉 초지능이란 인간의 일반 지능을 능가하는 인공지능을 말한다. '인류의 실존적 위험'을 정면에서 다각적으로 연구한 결과, 초지능의 등장은 현실적으로 충분히 일어날 수 있음을 깨닫게 된다. 인류의 운명은 초지능이 도래하면서 크게 바뀔 것이다. 그러나 초지능이 탄생해도 안전하게 운용할 수만 있다면 모든 인간이 혜택을 누린다고 한다. 인공지능은 노동력을 책임지고 인류는 오락 문화에 심취할 수 있는 유토피아가 출현할 가능성이 있다는 것이다. 하지만 그날을 위해서는 무엇보다 인공지능을 인류가 원하는 방향으로 설계할 수 있어야 한다. 그렇다면 지금은 '인공지능을 어떻게 통제할 것인가'라는 문제에 관해 고민할 때다. 만약 모든 인간의 지적 능력을 결집한 것보다 더 뛰어난 초지능이 출현한다면 인류는 멸망하게 될까? 옥스퍼드대 닉 보스트롬은 '슈퍼인텔리전스'에서 인간의 실존적 위험에 대해 생각을 펼쳤다.[61]

그는 인공지능을 어떻게 안전하게 운용할지에 대해서 관심이 많다. 인공지능이 대신하는 모든 행위를 인공지능에게 시키려면 인간의 가치관에 인공지능이 부합하게 만들어야 한다. 그것을 가능하게 하는 알고리즘을 깊이 이해해야 한다. 초지능의 출현 시기는 2040년까지로 보는 학자들이 많다. 인공지능 전문가들을 대상으로 실시한 설문조사에서 중간 값 결과에 의하면 인간수준의 기계 지능이 개발되는 시점은 2022년까지는 10퍼센트, 2040년까지는 50퍼센트, 2075년까지는 90퍼센트 가능성으로 나왔다. 단언하기 어렵지만 등장 예상 시기는 점점 앞당겨지고 있다. 특히 최근 수년간 딥 러닝(심층학습)이 눈부시게 진보한 까닭에 초지능이 도래할 시기는 당초 예상보다 상당히 빨라지고 있다.

인공지능이 일단 초지능 수준에 도달하면 인류를 지배하게 될 가능성이 높다. 고릴라의 운명은 고릴라 스스로에게 달린 것이 아니라 인간에게 달려있다. 인간에게 기술을 발명하고 복잡한 조직을 형성하고 미래를 설계할 수 있는 더 높은 지능이 있기 때문이다. 고릴라와 인간 간의 지능 차이

---

61) 유발하라리 외 지음. 오노 가즈모토 엮음 | 정현옥 譯(2019. 6. 28).「초예측 세계 석학 8인에게 인류의 미래를 묻다 (3장 인공지능을 어떻게 통제할 것인가)」. pp. 90-110

가 비교적 크지 않다는 점을 감안한다면, 미래의 통치자는 인간 지능보다 수십, 수백 배 더 뛰어난 초지능이 되는 것이 당연하다. 그러므로 미래의 인공지능을 설계할 때 그 기질이 우리의 것과 딱 맞아떨어지도록 해야 한다. 초지능의 사고를 인간의 가치나 의지에 부합하게 형설 할 수 있는지 여부가 중요하다. 인공지능이 초지능에 도달하기 전에 기술적으로 통제하는 방법을 찾아내야 한다. 인공지능의 사고를 인간의 가치나 의지에 부합하게 형성할 수 있는지 여부가 앞으로 중요한 열쇠가 될 것이다.

그렇다면 인간은 어째서 초지능에 도달하기 위해 과학기술을 발전시키고 있을까. 인공지능 연구 과정에서 과학이나 의학뿐만 아니라 일상에서도 이 인공지능 기술이 쓰일 곳이 많기 때문이다. 예를 들어 자율주행 자동차의 경우 목적지에 정확하게 도착하는 것도 중요하지만 주행 중 충돌이 일어나지 않게 하는 것도 아주 중요하다. 돌발 상황 등 여러 변수를 종합적으로 고려해 도로 위에서 계속 선택과 결정을 반복하는 자율주행 시스템에도 이 기계 지능 기술이 적용될 것이다. 인공지능 개발의 궁극적 목적은 인간이 하는 모든 일과 지적 과제를 수행하는 범용 인공지능을 만드는 것이다.

인공지능은 인간 사회 전반을 바꾸는 잠재력이 있다. 단순히 사회만 바꾸는 것이 아니다. 인간을 유기적 생명체로 보는 의학이나 생물학 등에서도 획기적 변화가 일어날 것이다. 인공지능이 기술적으로 성숙 단계에 도달하면 우리 눈앞에 포스트 휴먼(인간과 기술 혹은 기계가 융합된 미래 인간) 세계가 펼쳐질 수도 있다. '인간이란 무엇인가?'라는 근원적인 문제와 마주할 수도 있다. 인간은 무엇을 원하는가, 행위 자체가 목적성을 잃었을 때 정말 하고 싶은 일은 무엇인가? 이런 질문에 반드시 짚고 넘어가야 한다. 그러나 이것보다 앞서 생각해야할 과제들이 있다. 철학적인 문제야 후손들에게 미룰 수 있어도, 기술적인 문제는 그럴 수 없다. 초기 값이 돌이킬 수 없는 사태를 초래할 수 있기 때문이다. 초지능에 도달하기 전에 기술적으로 통제하는 방법을 찾아내야 한다.

 모든 과학기술은 양날의 검이다. 돌이킬 수 없는 결과를 피하려면 미리 대비해야 한다. 그것은 개발 여부에 대한 문제보다 개발 속도와 타이밍이다. 예를 들어 가공할 파괴력을 지닌 과학기술 X와 그런 위험을 상쇄시켜주는 과학기술 Y가 있다고 한다면, X와 Y 중 어느 쪽이 먼저 개발되느냐에 따라 통제 가능성과 범위가 완전히 달라지기 때문이다. 인공지능과 관련해서는 '인공지능의 윤리관 정합성(AI alignment Technology)'이라는 분야가 있다. 인공지능을 인류의 보편적 가치, 윤리에 부합하게 만드는 방안을 연구하는 기초 연구다. 인공지능은 비가역적인 과학기술이므로 초기 설정이 아주 중요하다. 입력한 명령에 따라 자동으로 일을 처리하는 1세대 인공지능 단계까지는 인간이 확실히 우위를 점한다고 볼 수 있다. 그러나 우리가 영원히 인공지능보다 앞서 있을 수는 없다.

3. 대전환의 시대, 전대미문의 길

 미국 단일 패권시대가 가고, 이후 30년 만에 패권 질서 재편의 시기에 들어섰다. 여기에 4차 디지털 기술혁명이 표준 전쟁으로 비화하고 있다. 정치와 경제의 권력이동이 가로축과 세로축으로 교차하면서 세계적 수준에서 격랑이 일고 있다. 역사적으로 한반도는 이런 대변동기에 강국에 호되게 당했다. 식민지가 되거나 분단이 되었다. 지금은 어떤가. 미국과 중국의 위협, 일본의 경제 보복 조치가 한국이 처한 상황을 상징한다. 새로이 열리는 위기의 징후에 어떻게 대처하느냐에 따라 한반도 시대의 성패도

갈릴 것이다.[62] 전환기적 고통이 깊어야 미래를 기약힐 수 있다. 지금은 경기변동 상의 위기를 넘어선 위기이다. 경기변동 상의 위기, 구조적 위기, 3차 산업에서 4차 산업 시대로 넘어가는 혁명적 위기가 중첩되어 있다. 그래서 전환기적 위기라고 말한다. 여기에 코로나19가 덮쳐 큰 파도는 해일이 되어 지구촌을 강타하고 있다. 코로나 이후 세계는 코로나 사태 이전과 같지 않을 것이다. 사람 간 비대면 활동과 제조 및 서비스의 스마트화 등 언택트(untact) 경제가 활성화 될 것이다. 우리는 다가올 미지의 세계를 비켜갈 수 없다. 개인이든 기업이든 닥쳐오는 세계에 적응해야 생존할 수 있다. 단지 코로나 사태 때문만은 아니다. 그 이전에 우리는 이미 대전환의 시대에 접어들었다. 4차 산업혁명이라고 부르는 디지털 혁명이 그것이다. 디지털 혁명은 불연속성이 특징이다. 미래 산업이 어떻게 변할지 예측할 수 없다. 4차 산업혁명의 본질은 '연결'이다. 초연결, 초지능, 초융합의 4차 산업혁명에 적응하지 않고는 미래 생존을 담보할 수 없다. 코로나 사태로 연결의 새로운 가치를 추구해야할 시기가 빨라졌을 뿐이다.[63]

대전환의 본질에 대해 사회적 합의가 있어야 한다. 아날로그에서 디지털 1기를 지나 완전한 디지털 시대로 넘어가고 있다. 대량생산 산업화시대가 끝나가고 있지만 다음 생산 형태는 아직 명확하게 나타나지 않고 있다. 모색 중인 상황이다. 이런 상황에서는 가치와 가격의 괴리가 발생한다. 노동의 가치와 노동의 가격 사이의 괴리가 발생한다. 이런 괴리는 전방위적으로 나타날 것이다. 사회 전체에 정리가 필요하다. 아날로그적 사고에서 벗어나야 한다. 디지털이 불러오는 변화는 불연속성을 특징으로

---

62) 여시재(2019.7.8.) 「대전환기의 설계자들. 독일 제국을 일으켜 세운 거목 비스마르크」요약
63) 여기서는 코로나 19관련 경제침체 관련 내용 등을 논의에서 제외한다. 이는 외부요인이기 때문이며, 또한 사실상 코로나 사태 이전에 4차 산업혁명이라고 부르는 디지털 혁명이 대전화의 시대를 열었기 때문이다. 코로나 사태는 그시기를 앞 당겼을 뿐이다.

한다. 지금의 변화는 정의할 수 있는 것이 아니다. 정의할 수 있다면 그것은 대전환이 아니다. 미지의 길로 가고 있다. 익숙한 것들에서 벗어나야 한다. 정부부터 한 사람, 한 사람의 시민까지 현실을 직시해야 한다. 미래는 지금까지 건너온 과거의 연장선상이 아니다.[64]

디지털 4차 산업혁명이 산업의 지각 자체를 움직여 가고 있다. 산업의 미래는 아무도 모른다. 하지만 한 가지 확실한 것은 '연결'이다. 변화 속에서도 변하지 않는 것이 있다. 벼를 키워 밥을 먹고 배설하는 것은 아날로그지만 변하지 않는 본질이다. 우리는 강한 우리의 본질을 찾아야 한다. 중국도 일본 없이 살아남을 수 없다. 부품과 엔지니어링, 매니지먼트 때문이다. 우리도 기존 산업을 과보호는 하지 말되 강점을 살려 나가야 한다.

2019년 '대전환의 시대, 산업의 방아쇠를 당기자' 토론회가 열렸다. 여기서 현재의 경제-산업의 상황에 대해 "전환기적 복합위기"라는 진단이 나왔다. 성장기반, 제조업 대외경쟁력, 고용환경 등 모든 분야에서 우려하는 것들이 현실이 되어가고 있다. 한국이 신제조업 강국으로 거듭나기 위해서는 전 사회적 노력이 필수적이다. 기업, 금융, 교육, 그리고 정부가 연계된 전 사회적 워크아웃이 필요하다. 다음은 토론회 주요내용을 요약한 것이다.[65]

첫째, 폭과 깊이에서 과거와는 차원이 다른 위기이다. 지금의 위기는 폭과 깊이에서 이전의 위기와는 차원이 다르다. 위기에 대한 정확한 인식이 절실하다. 전환기적 복합 위기, 총체적 위기다. 사실 이 표현 자체도 부정확할 수 있다. 그렇기 때문에 대전환기인 것이다. 여기에 디지털 4차 산

---

64) 여시재(2019.1.2). 「전망 2019. 고난의 한 해— 전환기적 고통 깊어야 미래 기약할 수 있다」 요약
65) 여시재(2019.4.9.). 「대전환의 시대, 산업의 방아쇠를 당기자」 토론회 요약

업혁명의 새물결이 밀려들고 있다. 선환은 경제에 국한되지 않는다. 앞으로 노동의 가치와 노동의 가격 사이에, 상품의 가치와 상품의 가격 사이에 큰 괴리가 발생할 것이다. 공유경제를 둘러싼 최근 우리 사회 내부의 갈등 표출은 시작에 지나지 않는다. 사회적 관계의 변화가 산업의 혁신을 발목 잡는 일이 전 사회적으로 일어날 것이다. 가야만 하는 길로 갈 수 없다면 어떻게 되겠는가? 이뿐이라면 그나마 다행이겠지만 불행히도 그렇지 않다. 미 중 갈등은 우리의 손을 벗어나 있는 일이다. 그러나 그 결과는 우리의 사활이 걸린 것이다. 지정학적으로 보나, 글로벌 밸류체인으로 보나 그렇다. 지금 4차 산업과 관련된 기술패권 전쟁과 보호무역주의가 결합되면서 상황을 증폭시키고 있다. 미국과 중국이 당장 무역분쟁을 봉합한다고 해도 언제든, 어떤 형태로든 재연될 것이다. 보호무역주의는 이 세계사적 전환기의 파고가 가라앉고 새로운 질서가 창출될 때까지 계속될 가능성이 크다.

지금 우리 산업은 이 세계사적 전환기, 경제내적-경제외적 중첩위기라는 바다에 떠 있는 항모와 같다. 대한민국의 경제와 산업은 몇십년 분투의 결과 작은 항모의 규모를 갖추는 단계에까지 이르렀다. 그러나 지금은 새로운 엔진, 새로운 내비게이션으로 갈아 끼우지 않으면 안된다. 산업의 창신, 전사회적 워크아웃이 필요하다. 살아남기 위해서는 수월성과 창신이 중요하다. 혁신이 위로부터의 변화라면 창신은 저변의 변화를 통한 근본적 변화다. 열린 사회로 가야 한다. 지금 닫힌 과거로 회귀하고 있는 것은 아닌지 돌아봐야 한다.

둘째, 한 번도 가보지 않은 길로 가야한다. 지금은 어느 하나에 대응한다고 해서 되는 상황이 아니다. 대응은 복합적이고 창조적이어야 하다. 한번도 가보지 않은 길로 가야 한다. 우리가 누구보다 강한, 우리만의 길을 찾아야 한다. 블루오션이 따로 있지 않다. 우리는 우리만의 강점인 소프트파워가 있다. 소프트파워는 방아쇠를 당기는 힘이다. 독일은 정부와 기업이 힘을 모아 제조업에 ICT기술을 결합하는 산업혁명을 선제적으로 시작했다. 그것이 2011년 세상에 나온 '인더스트리 4.0'이다. 한국의 소프트파워는 그 이상을 내다보아야 한다.

소프트파워가 강한 나라로 가야한다. 소프트 파워가 강한 나라, 신제조업 강국을 어떻게 만들 것인가. 반도체, 자동차, 화학, 철강 같은 전통 제조업에 디지털 기술을 결합하는 일은 기업들이 이미 사활을 걸고 있다. '제조업과 디지털 융합'의 길을 찾아야 한다. 이를테면 10만개의 스마트공장을 지원해 200만개의 일자리를 창출하겠다는 도전적인 목표가 필요하다. 신제조업 강국으로 거듭나기 위해서는 전 사회적 노력이 필수적이다. 기업의 혁신은 물론이고 정부와 금융, 교육이 연계된 사회적 워크아웃이 필요하다. 이는 결국 소프트파워 강국을 이끌어갈 창발적 인재의 육성, 핵심 전략 기술을 선취하기 위한 제도와 금융 지원체계의 재정비로 귀결될 것이다. 산업과 대학, 지역이 연계된 혁신 생태계도 일구어야 한다. 국가 R&D 지원 체계를 정비하고 기업 연구소들과 연계해야 한다.

셋째, 한편으론 디지털혁명의 이면에서 자칫 놓치기 쉬운 아날로그적 전통산업의 혁신도 게을리 해선 안 된다. 시스템 현대화를 통해 농수축산업을 세계적 고부가가치 산업으로 육성해야 한다. 생명과학과 친환경 농수축산물을 통해 길을 열 수 있다. 학교, 연구소, 기업, 정부의 총합적 노력이 필요하다. 최소한의 비상식량만 갖고 길을 떠나야한다. 여행의 끝에는 '새로운 한국'이 있을 것이다. 자기실현적 예언은 현실이 된다. 미래는 한 갈래 길로만 오지는 않는다. 변화에 맞춘 유연성과 탄력성 있는 전략과 방법의 모색이 중요하다.

제2장
대전환의 시대, 새로운 성장 동력

1. 대전환 시대, 산업발전의 방향

경기침체 및 구조적인 위기, 4차 산업혁명 시대로 넘어가는 혁명적 위기가 중첩되어 전환기적 위기상황에 처해있다. 여기에 코로나19가 덮쳐 사람 간 비대면 활동과 제조·서비스의 스마트화 경제가 활성화 될 전망이다. 미래를 내다보기 힘든 상황이지만, 가시권 범주에서 미래 혁신성장을 이끌 산업분야를 정리해 보자.

첫째, 4차 산업혁명에 맞게 정부 설계를 다시하고 인공지능을 활성화해야 한다. 지금은 4차산업혁명의 특징의 하나인 초연결사회(hyper-connected society)다. 정보기술을 바탕으로 모든 사물들이 거미줄처럼 연결되어 있는 사회, 센서기술과 데이터 처리기술 발달로 많은 데이터들이 수집되고, 스마트폰 보급으로 개인을 둘러싼 네트워크는 점점 더 촘촘해졌다. 여기에 인공지능(AI)을 기반으로 한 초지능과 초연결의 융합으로 인한 초융합이 발생한다. 지금은 초연결사회로 가고 있고 그 기반이 되는 것은 빅데이터다. 국가 차원의 데이터 거버넌스의 수립과 운영이 필요한 시점이다.

　손정의는 문재인 대통령과의 면담에서, 지금 한국에게 꼭 필요한 것이 무엇이냐는 질문에 "AI, AI, AI"라고 답했다. 그러면서 그는 김대중 대통령과의 면담에서는 "데이터베이스, 데이터베이스, 데이터베이스"라고 강조했다고 말했다. 한국이 오늘날 인터넷 분야에서 이렇게 발전한 것은 김대중 대통령의 '지식정보화산업정책' 때문이었다고 말했다. 한국이 AI에서 중국의 종속국이 될지 모른다. 교육부 'Mini Degree' 제도는 공대 기초지식이 있는 학생에 대해 AI 관련 과목을 들으면 학위를 주는 제도다. 하지만 그것만으로는 부족하다. 우리 AI 기술 수준이 세계 5위로 되어 있다. 하지만 삼성전자 빼면 별 볼 일 없다. AI 미니 학위 취득자를 기업들이 채용을 해줘서 리스크를 분담해야 한다. 지금의 정부 조직도 기능 중심에서 가치 체계 중심으로 재편해야 한다. 2차산업 시대에 맞는 정부 조직으로 4차 산업혁명을 맞을 수 없다. 바이오 분야도 기존 제약·의료 얘기만 하는데 그린바이오(식자재·식량자원)까지 시야를 넓혀 바라보아야 한다.

　둘째, 혁신신약 플랫폼 개발이 필요하다. 바이오 기술 산업간 융합은 의약품, 의료기기, 의료서비스 등 산업간 경계를 허물고 하나의 시장으로 통합되어 새로운 창업 기회도 창출 가능하다. 구글, 애플, BAT(바이두, 알리바바, 텐센트), 삼성 등 거대 ICT 기업들이 건강 분야에 진출해 '디지털 헬스케어' 등으로 새로운 영역을 개척하고 있고, 기존 병원·제약 기업들도 항노화, 건강 관리 산업 등으로 영역을 확대하는 추세에 있다. 미국 샌프란시스코나 보스턴 지역의 '바이오 클러스터'는 우수 대학과 기업이 연결되고 아이디어가 상용화되는 바이오 생태계의 좋은 모델이다. 신약은 세계적 바이오 기업들이 이미 장악하고 있다. 한국에서도 최근 바이오 분야에서 성과를 내는 기업이 등장하고 있는데 이들 기업은 10여년 이상 신약 개발에 엄청난 자본을 투입했다. 우리도 신약 개발에 집중해야 하고 그것을 위한 플랫폼 구축과 규제개혁에 힘써야 한다. 막을 방법도 없으면서 막고 있는 이상한 규제가 너무 많다. 바이오 분야의 과도한 규제를 해결하는 것이 생명과학, 소프트파워 강국을 만드는 핵심이다.

셋째, 드론산업의 활성화가 필요하다. 군사용으로 개발 되었던 드론은 최근 다양한 산업에서 활용되면서 시장규모도 크게 성장할 것으로 전망된다. 4차 산업혁명의 핵심역할인 드론산업은 ICT융합산업으로 항공, SW, 통신 등 연관 산업의 기술이 필요하고 드론 관련 기술은 항공 등 연관분야로의 파급 효과도 크다. 군용부터 취미, 촬영용 등 다양한 분야에 활용 가능하다. 제조업 외에도 운용, 서비스업 등 후방시장을 창출 하고 활용분야에서 효율성 향상 및 비용절감 효과가 발생되는 등 경제 파급효과가 크다. 드론산업은 저가 소형 중심의 단순 촬영용에서 농업, 감시, 측량, 배송 등 임무 수행을 위한 고가 중심으로 변화 중에 있다. 20만 명이 남방한계선 경계를 서고 있는데 그럴 필요가 있는가. AI와 드론을 이용한 경계로 가고 병력은 그 시스템을 운용하는 방향으로 가야한다.

2. 대전환 시대, 새로운 성장기회 모색해야

M&A를 통한 개방형 혁신

연구개발(R&D)이라는 기업의 내부 혁신은 일반적으로 활성화되고 있지만, 외부의 기술혁신 성과를 끌어당기는 M&A는 생태계 밖에 있다.

M&A는 특히 장기간 버티기 힘든 창업벤처들의 신기술에 출구를 열어주고 더 큰 성장의 기회를 제공하는 역할을 한다. 이른바 벤처 생태계의 선순환 구조다. 그러나 우리의 경우는 이 생태계 시스템이 곳곳에서 병목현상을 일으켜 고장나 있다.

기업에 벤처 투자를 할 수 있는 길을 열어줘야 벤처 생태계를 정상화시키는 길이다. 벤처가 상장을 하려면 평균 13년 정도 걸리는데 벤처캐피탈 입장에선 그 시간을 기다릴 수 없다. 그런데도 M&A를 통해 돈이 회수되는 비율이 단 3%에 불과하다. M&A 활성화로 출구를 열어줘야 한다. 개방형 혁신 체제로 서둘러 전환해야 한다. 구글에 M&A 당했다고 하면 환호성을 지르면서 삼성이나 SK에 M&A 당했다고 하면 왜 비난이 일어나겠는가. 기업들이 CSR(기업의 사회적 책임)과 관련해 수천억 원씩 투자하는데 그보다는 그 돈을 벤처 육성에 투자할 수 있도록 유도해야 한다. 벤처 생태계 선순환 구조를 만들기 위한 방안으로 '기업주도벤처캐피탈 허용', 'M&A 지원센터와 중재원 신설', '글로벌 펀드에 한국 자금 출자' 등 혁신적 방안들 또한 검토할 필요가 있다.[66]

첫째 기업주도형 벤처캐피탈 활성화와 은산분리 재검토가 필요하다. '투자→성장→회수→재투자'라는 벤처 생태계의 선순환구조를 확립하기 위해서는 기업주도형벤처캐피탈(CVC)을 통한 기업의 벤처투자를 활성화해야 한다. 그러나 CVC는 벤처캐피탈로 분류되어 있고 벤처캐피탈은 금융회사로 분류가 되어 있어서 상업자본이 금융회사를 갖지 못한다는 금산분리에 막혀 있다. 금산분리는 재벌 대기업의 무분별한 확장과 시스템 독점을 막기 위해 도입됐다. 그러나 한국의 벤처 생태계는 시장이 협소해

---

66) 여시재(2019. 4. 22). 「대기업에 스타트업 숨통 열어주게 해야」 요약

대기업, 중견기업이 나서지 않으면 안 되는 상황이다. ICT 분야에 한정해서라도 허용해야 한다.'

둘째, M&A 지원센터와 'M&A 중재원'을 설립해야 한다. 중소기업 및 스타트업 M&A에 특화된 전국 조직의 전문중개회사를 설립할 필요가 있다. 금융사, 회계사, 세무사, 변호사, 증권사, 벤처캐피탈 등이 모두 참여하는 공동출자 회사로 만들어야 한다. 스타트업 M&A가 부진한 대표적 이유 중 하나가 '기술유출 우려'(매도자 입장)와 '기술 탈취 누명 우려'(매수자 입장)에 있기 때문에 이 문제를 중재원을 통해 해결할 수 있다. 또 지원센터를 통해 관련 실무 교육과 컨설팅을 제공해 스타트업을 지원할 수 있다. M&A 지원센터는 과거 운영된 적이 있지만, 운영기관의 전문성 부족과 참여 기업들의 부정적 인식으로 활성화 되지 못했다.

셋째, 글로벌 펀드에 한국 자금 출자가 필요하다. '소프트뱅크 비전펀드' 등 글로벌 펀드에 한국의 국부펀드가 들어가야 한다. 글로벌 펀드 출자를 하는 것이 세계 시장에 합류하는 길이다. 소프트뱅크 비전펀드에서는 이른바 '특이점(singularity)'이 펀드의 투자기준이다. 블랙홀이 대폭발하는 바로 그 지점, 기술의 대 변곡점에 투자한다. 손 회장이 알리바바에 200억원을 투자해 지금 150조원이 된 것이 그런 지점이었다면 지금은 AI(인공지능)가 그것에 해당한다.

넷째, 금융권에서 이공계 인력을 대거 채용해야 한다. 기술을 이해하는 사람이 있어야 투자가 이뤄지는데 금융 쪽에 기술을 이해하는 이공계 출신이 거의 없다. 기업은행의 경우 2010년부터 10년 동안 이공계 채용비중이 13.7%였다. 이들도 대부분이 전산직이었다. 공공기관도 기술을 몰라 제대로 된 의사결정을 못하는 상황이다. 스타트업도 M&A도 제조업 기반이 되어야 한다. 이스라엘의 창업 전문가들은 한국이 여러 제조업 플랫폼을 가지고 있는 것은 큰 장점이라고 말했다. 제조업 없는 디지털은 반쪽일 뿐이다.

위랩(We lab)과 R&D지원, 그리고 원격의료

먼저 산업의 대전환기인 만큼 정부(중앙·지방)가 나서 기업과 대학을 결합시킬 수 있는 방안도 고려해야 한다.[67] We lab은 새로운 산업이 될 수도 있다. 싱가포르 난양 이공대는 경쟁력과 역동적인 혁신을 위해 트리플 시스템을 구축했다. 학교·산업·국가 3자 협력과 공유 모델이다. 이는 "학교에서는 인재와 최신의 연구시설(lab)을, 산업에서는 이를 이용하고 특허를 나누는 것을, 정부에서는 국가 플랫폼을 가지고 산업에서 오는 현금을 매치해주는 것"이다. 정부와 학교와 산업계가 연계하지 않으면 혁신이 힘들 것이다. 이 연계 플랫폼이 활성화되어야 한다. WeWork를 넘어 WeLab으로 가야한다. 한국에도 'We lab' 개념이 없는 것은 아니지만 전혀 활성화되지 않는 것 같다. 대학이나 연구소 내부든 바깥이든 젊은 연구자들이 소속에 관계없이 자유롭게 연구할 수 있도록 해주는 공유 Lab를 활성화해야 한다. 그는 현재 구조대로 가면 연구비가 없는 젊은 교수들이 Lab를 이미 갖고 있는 노교수 밑에 들어가서 '연구대행자' 역할을 할 수 밖에 없다. We lab 이 We Work 처럼 산업이 될 수도 있다.

그리고 R&D 지원 사업을 제로에서 검토해야 한다. 국가예산 20조원 R&D 개편이 필요하다. 한국의 R&D 예산 20조원이 결코 작은 규모가 아닌데도 충분한 성과를 거두지 못하는 데는 평가시스템의 문제가 있다. 우리나라 정부가 연구비를 나눠주는 종래 방식은 처음부터 다시 검토해야

---

[67] 여시재(2019.5.20). 「동남아 국가들과 의료데이터협정 체결하자. We work를 넘어 We lab으로. −미래산업 3차 토론회」 요약

한다. 각 분야별로 섹터를 만들어 연구비를 분배히는 것이 초창기엔 도움이 된다. 그러나 성숙기에 가면 바이오와 IT가 연결이 되어야 하는데 분야별로 지원하다보면 융합부분 산업은 지원이 안 된다. 잘하는 곳에 더 밀어주는 것이 안 되고 공평하게 나눠주는 문화이다 보니 선택과 집중이 안 되는 것이 문제다. 초기 벤처 지원 방안에 대한 전향적 검토도 필요하다. 한국 벤처 금융은 '벤처 지원'이 아니다. 한국 벤처캐피탈은 투자금의 회수에 중점을 두다보니 대부분 리스크를 지지 않는다. 그래서 창업 후 7년 지난 회사에 투자하는 경우나 기업공개 또는 M&A 1년에서 2년 전에 하는 경우가 많다. 창업 초기기업을 맡을 방안으로 기업주도 벤처캐피털이 필요하다. 현재 한국에선 금산분리에 막혀 이게 제도적으로 안 된다. 미국 샌디에이고에서는 바이오 분야의 벤처 초기와 그 바로 다음 단계를 대형 제약회사들이 하고 있다. 한국에는 그게 없는 상태다.

바이오-헬스 육성계획을 원격의료와 연구개발 개편방안 중심으로 정리하는 것도 숙제이다.[68] 원격의료는 하나의 산업이다. 원격의료는 산업이라는 관점에서도 필요하지만 급증하는 노인의료비에 대한 대책으로도 추진해야 한다. 2017년 우리나라 의료보험 예산 전체가 69조원이었다. 노인의료비가 2025년에 57조원, 2040년에 163조원으로 폭증한다. 노인의료비라는 시한폭탄을 막을 수 있는 유일한 기반이 원격의료이고 그 다음이 산업적 측면에서다. 원격의료는 산업 임팩트가 클 것이다. 또한 정밀의료 사업에 대한 비즈니스 모델을 정립해야 한다. 한국은 정밀의료 기술은 발전했는데 비즈니스 모델이 없다. 향후 바이오 헬스케어 시장은 빅데이터, 유전체정보, 인공지능을 이용한 정밀의료가 주류가 될 것이다. 우

---

68) 여시재(2019.5.20). 「민노총 설득해 원격 의료 할 때 됐다. 나눠먹기 전략의 20조 R&D, 제로에서 재설계 필요 – 미래산업 3차 토론회」요약

리의 경우 기술력은 어느 정도 되는데 글로벌 시장에서 통하는 비즈니스 모델을 구축하는 데는 취약하다. 의료 빅데이터 구축이 중요하다. 바이오 산업이 정말 차세대 먹거리라고 생각한다면 정부도 규제개혁의 큰 그림을 그려야 한다.

스마트시티를 미래상품으로 키워야

1980년대 시작된 IT혁명은 실리콘밸리와 헬싱키 같은 스타트업 도시들을 역사의 전면에 부각시켰다. 그렇다면 4차 디지털혁명의 대표도시는 어디가 될 것인가? 디지털 기술과 교통-의료-교육-일자리가 결합된 스마트 대표도시를 만들어낼 수는 없을까. 한국 정부는 2018년 1월 스마트시티 기본계획을 확정한 뒤 세종시 5-1 생활권과 부산 에코델타시티를 시범도시로 선정했다. 2021년이면 입주가 시작된다. 세계에서도 빠른 속도다. 잘만 하면 도시 전체, 도시를 움직이는 시스템 전체를 통째로 수출하는 길을 열 수 있다. 과연 제대로 진행되고 있을까? 2019년 '스마트시티가 미래상품'이라는 주제로 국회에서 토론회가 열렸다.[69]

스마트시티는 역사의 필연이다. 경제적 불평등과 이에 따른 소비감소와 공급과잉, 그리고 생산성 하락이 겹치는 시기에 산업혁명이 일어났다. 산업혁명 때 마다 주축 산업이 이동하고 있다. 현재 진행 중인 디지털혁명이 자동차와 스마트홈을 거쳐 스마트시티로 이동하고 있다. 스마트시티 실험 성공 여부가 경제성장의 향방을 좌우할 것이다. 지금 대부분의 주요 국가와 기업들이 디지털혁명의 결집체인 스마트시티 건설에 뛰어들고 있다. 스마트시티는 인간 생활에 최적화된 새로운 도시를 창조하는 것이다.

---

69) 여시재(2019.6.26.), 「지금대로라면 모든 게 불법. 스마트시티를 최고 수출 상품으로. -미래산업 5차 토론회」요약

세계 최대 가전쇼 CES(Consumer Electronic Show)의 핵심 키워드는 2014년 이후 매년 '자동차'였다. 그냥 자동차가 아니라 IoT와 인공지능으로 무장한 자율주행차였다. 이것이 2018년 '스마트시티의 미래'로 바뀌었다. 국가나 도시 단위에서 스마트시티 구축 실험이 활발하게 진행되고 있다. 바르셀로나, 헬싱키, 암스테르담 3개 도시에서 스마트시티 모델을 적용하고 있다. 중국은 500개 도시에서 실험을 시작했고 아세안은 26개 시범 도시를 선정했다. 미국에선 구글, MS 등 초국적 글로벌 기업들이 폐항만과 사막에 새로운 도시를 건설하겠다고 했다. 사우디는 서울의 44배 면적 사막에 5000억 달러를 들여 미래첨단기술도시 네옴(NEOM)을 건설하겠다고 발표했다. 한국은 50년간 도시 개발을 통해 성장한 국가다. 도시를 많이 개발하고 성공적으로 만들어왔다. IT 인프라도 훌륭하다. 세종과 부산에서 겪고 있는 어려움을 해결하고 기술을 축적하면 스마트시티가 차세대 수출상품이 될 것이다.

대한민국은 스마트시티 실험실이자 제작실이다. 현재 전 세계에서 진행되고 있는 스마트시티 모델은 '브라운 필드'와 '그린 필드'로 나뉜다. 현존하는 도시에 디지털 기술을 집어넣어 스마트시티로 탈바꿈시키는 것이 '브라운필드'라면, 허허벌판에 완전히 새로운 도시를 건설하는 것이 '그린 필드' 방식이다. 유럽의 3개 도시가 브라운필드라면 한국의 세종과 부산, 사우디의 네옴, 미국의 기업도시들은 그린 필드 방식이라 할 수 있다. 세계 추세는 그린 필드(새로운 도시)로 옮겨가고 있다. 물리적으로 아무 것도 없는 백지 상태의 공간에 건설 중인 부산 에코델라시티와 세종 5-1구역은 스마트시티 연구실이자 제작실이다. 이를 잘 마무리 하면 도시를 만들고 운용하는 노하우 자체가 수출상품이 될 수 있을 것이다. 그러나 세종과 부산에서는 현장과 제도 사이에 큰 괴리가 발생하고 있다. 기존 도시의 메커니즘과의 충돌, 그리고 '규제'이다. 구글과 MS가 폐항만과 사막을 택한 것도 그런 이유 때문이었다. 현재로서는 많은 것들이 불법이다. 세종과 부산 시범도시에 법적으로 특별한 도시의 지위를 줘야 한다. 그래서 교통, 보안, 의료, 생태 등에 다양한 시도를 할 수 있도록 해줘야 한다.

북한 특구개발 지원 모델로 스마트 시티 프로젝트를 검토 할 필요가 있다. 유발 하라리가 자율주행차가 성공한다면 북한이 후보지가 될 수 있을 것이라고 했다. 인구 3~5만 정도의 컴팩트한 스마트도시를 실험해 볼 수도 있다. 기술은 이미 있다. 북은 땅이 국가 소유다. 주거지와 공장이나 농장이 인접해 있다. 북한 부총리가 한국 왔을 때 판교에도 가고 자율주행차도 시승했다. 북한은 디지털로 점핑 하려하지만 현장을 모른다. 그들이 세계에 나가서 항만과 금융 등 세계의 선진경제시스템을 직접 보고 배우는 길을 우리가 도와주면 된다.

세계 지식을 모을 싱크탱크 필요

한국의 비전과 설계가 고갈되어 가는 것 같다. 지금은 한반도 전체를 앞으로 어떻게 만들지 수립할 때가 됐다. 이것이 국가 어젠다가 되어야 한다. 한반도 100년을 시야에 넣고 설계해야 한다. 청사진을 만든 후 손정의, 마윈, 페이팔 창업자인 피터틸 같은 세계적 기업가들의 조언과 참여를 끌어낼 수 있어야 한다. 이런 사람들이 우리 신산업에 투자할 수 있도록 하여 우리 경제와 엮어야 한다.[70]

세계적인 싱크탱크를 유치하여 국제지식을 빨아들여야 한다. KDI가 그

---

70) 여시재(2019.1.15.), 「전망 2019. 100년 만에 맞은 운명적 한 해, 북·미 잘 지내고 한·중 잘 지내는 선순환구조 만들어야」요약

런 기능을 했지만 먹고사느라 바쁘다. 장기적인 연구가 없다. 세계석 싱크탱크 분소 몇 곳 유치하는 것도 중요하다. 우리 생각이 그곳을 통해 들어가고 그들의 생각이 우리에게 들어오는 구조를 만들자는 것이다. 세계의 지식을 모으지 못하면 우리는 살아남지 못한다. 우리에게 가장 중요한 것은 디지털 시대로 갈 수 있느냐다. 사회적 대타협은 필수다. 지도자는 꿈과 이상을 국민들과 나누고 싱크탱크는 개념과 정책을 만들고 기업은 구체적 지도를 만드는 일을 해야 한다. 미래는 디지털 세력이 주도한다. 혁신경제의 틀을 바꾸면 사회의 에너지가 분출되고 디지털 미래세력이 주도하는 나라로 변신할 수 있다. 혁신경제를 주도하는 사람들이 미래 리더로 대거 등장해야 한다. 지금은 관리의 시기가 아니라 창업과 도전의 시기이다.

제3장
중소벤처기업 혁신성장

1. 산업발전의 역량축적

산업전략의 문제점[71]

혁신은 기술적 발명과 비즈니스적인 통찰력이 결합될 때 일어난다. 세계 선진국들은 정보통신 기술과 제조기술을 결합함으로써 새로운 비즈니스영역을 창출하고 있다. 독일은 전통적으로 제조업에서 축적된 노하우에 기반을 둔 경쟁력을 보유하고 있다. 여기에 새롭게 등장하는 혁신, 특히 독일이 취약한 정보통신 분야의 최신 기술혁신 결과를 받아들여 산업을 새롭게 업그레이드 하고 있다. 미국은 정보통신 분야의 혁신을 기반으로 제조업을 결합해서 산업경쟁력을 제고하는 전략을 채택하고 있다. 미국은 독일과 반대되는 상황에서 전략을 추진하고 있는 셈이다. 그러나

---

71) 신기철(2019), 「혁신과 독점」, 도서출판 글로벌. pp 294-315. 요약

두 나라 모두 제조업과 정보통신기술을 결합한다는 측면에서 공통점을 갖고 있다. 다만 각기 다른 장점을 통해 약점을 보완하는 전략에서 차이가 있을 뿐이다.

중국은 신흥산업 발전전략을 바탕으로 내수시장이 가진 규모의 경제를 충분히 활용하여 차세대 산업영역에서 선두주자로 나선다는 계획을 갖고 있다. 또한 중국은 세계의 제조공장에서 앞으로는 고부가가치 제조영역으로 업그레이드 하겠다는 전략을 갖고 있다. 2035년까지 자국의 제조업을 미국, 독일, 일본의 수준으로 향상시킨다는 계획이다. 단순제조가 아니라 혁신을 주도하는 산업구조로 한 단계 상승시킨다는 계획이다. 주요국의 산업 전략에서 공통점을 발견할 수 있는데, 모두 제조업의 중요성을 강조하고 있다. 선진국에서의 제조업은 단순 가공 사업은 아니다. 혁신적 지식이 집약된 고부가가치 제조업이다. 특히 정보통신 제조업과 나노기술 등 혁신적 지식을 제조업과 결합하여 새로운 패러다임의 제조업으로 변화시키는 것이 중요하다.[72]

한국산업의 발달이 과거보다 더딘 것은 무엇일까. 문제해결을 위한 정확한 진단이 필요하다. 지금까지는 선진국의 개념설계를 모방하여 개량하면서 생산하는 모방적 실행전략에 기초해 있었다. 지금은 그와 같은 성장모델이 한계에 도달했다. 산업분야와 상관없이 공통적으로 제기된 문제점은 개념설계(conceptual design) 역량의 부재이다. 개념설계 역량은 제품개발에서 문제의 속성자체를 새롭게 정의하고 창의적으로 해법의 방향을 제시하는 역량이다. 이 역량은 실행역량이 필요한 단계보다 더 선행단계에서 요구되는 창조적 역량이다. 개념설계를 예로 들면, 사물인터넷

---

[72] 한종훈 외(2015), 「축적의 시간」, 지식노마드, pp32-35. 요약

(IOT)이라는 새로운 기술플랫폼에 기반하여 새로운 비즈니스 모델을 구상하는 역량을 말한다. 결국 가치사슬의 앞 단계에 있는 개념설계 역량을 확보하지 않고서는 미래 산업발달을 기대할 수 없게 되었다. 개념설계 역량 단계는 제품자체를 새롭게 정의하기 때문에 후속적인 생산기술 등에 영향을 미치게 되며, 따라서 관련 산업의 가치를 결정하게 된다. 그런데 개념설계 역량은 하루아침에 하나의 아이디어로 쌓이지 않는다. 새롭게 접하는 문제에 대해 창의적인 해법으로 제시하고, 이에 실패하면 다시 시도하는 시행착오 없이는 쉽게 얻을 수 없다. 수십 년 이상 또는 여러 번의 시도에서 얻어진 경험과 지식이 축적되어 개념설계로 나타난다. 창조적 축적이 없다는 것이 진정한 문제이며, 이를 깨닫는 것이 중요하다.[73]

기술과 경험의 축적이 필요하다. 다이슨社는 전체 임직원 중 40%가 기술개발 인력이다. 진공청소기를 만들기 위해 무려 5127번의 실패를 겪었다. 다이슨은 소비자의 불만과 사용실태를 분석하고 이 부분을 해결하기 위해 시제품을 만들었다. 실패를 자산으로 축적한 것이다. 혁신기업 3M은 혁신을 위해 실패의 자유를 부여하고 있다. 국내 중소기업의 혁신제품도 한 분야에서 15년 이상, 길게는 40년 이상 매달린 기업에서 나온 경우가 많다. 시행착오에서 오는 지식과 경험을 축적하고 유일함으로 스스로를 혁신하기 때문에 새로운 가치를 찾아낼 수 있는 것이다. 새로운 제품을 만들어 내는 기업들은 하루아침에 그러한 능력을 취득하지는 못한다. 수많은 프로그램을 설계하여 시도하고 실패하는 과정에서 노하우를 축적한다. 선진국과 같은 시간의 축적이 어려운 중국은 거대한 내수시장을 바탕으로 시행착오를 거치면서 축적하고 있다. 중국은 공간적으로 내수시장

---

73) 한종훈 외(2015), 「축적의 시간」, 지식노마드, pp42-45

이 크기 때문에 짧은 시간에 매우 다양한 경험을 할 수 있다. 이러한 경험과 지식의 축적을 지원하기 위해 중국은 해양플랜트, 자동차, 가전, 휴대폰 등 주요산업에 대해 집중적으로 지원하고 있다.[74] 전통산업은 물론 미래 주요 산업 분야에서 한국과 중국의 기술격차가 2015년 1.1년에서 2017년 0.7년으로 좁혀지고 있다. 주요 상품 서비스에서도 중국기업이 1위를 차지하는 경우가 매년 늘어나고 있다. 모두 거대 내수시장과 정부의 보조금 덕분에 중국 기업들이 시행착오과정에서 오는 경험과 기술을 축적했기 때문이었다.

시행착오와 역량축적

기업은 세계 유수의 기업을 따라잡기 위해 많은 노력을 기울인다. 그 중 하나가 현지 기업을 방문하여 벤치마킹하는 것이다. 어떤 기업은 매년 세계적인 혁신 기업에 직원을 파견해서 배우도록 하고 있다. 혁신을 내부조직에 자연스럽게 전파하기 위한 일환이었다. 그런데 현지 일류기업 담당자는 방문 직원들에게 특이한 사항을 말해준다. 몇 년 동안 같은 회사에서 온 직원들이 자사에 대한 기본 내용만을 묻고 간다는 것이다. 기업의 연혁, 직원과 매출액, 사업개요 등에 대해 얘기하다 보면 시간이 경과하고 새로운 내용은 아예 언급도 못한다는 것이었다. 벤치마킹 하겠다고 수년째 선진기업에 인력을 파견했던 기업은 전임자의 벤치마킹 및 학습결과를 전달하지도 축적하지도 않은 것이다. 비단 벤치마킹 사례에서만 일어나는 현상이 아니다. 기업 내에서도 기술과 경험을 축적하기 위한 노력은 없다. 신입사원이 들어오면 선배사원이 가르치지만 거기에는 본인이 습득

---

74) 한종훈 외(2015). 「축적의 시간」. 지식노마드. pp47-50

한, 암묵적인 지식과 기술 중심으로 전수되는 정도에서 그친다. 회사 내부적으로 축적된 성공과 실패사례가 없기 때문이다. 그러다 보니 사원 모두가 일정 수준 이상의 기술과 경험을 축적하기 어렵다.

한국기업에서 사원들의 기술 습득은 매번 해발 0m에서 등산을 시작하는 것과 같아서 베이스캠프에 가기도 전에 지쳐버리고 만다. 해발 8848m의 히말라야를 등반하는 사람들은 해발 6000m 지점에서 출발하여 정상을 공격한다. 이처럼 그동안의 기술을 축적하여 베이스캠프를 마련해두면 에베레스트만큼 높은 새로운 기술을 개발하는데 있어서 더 용이해질 수 있다. 아이작 뉴튼은 「자연철학의 수학적 원리」라는 그의 책에 대해 사람들이 칭찬하자 이런 말을 했다. "내가 멀리 보았다면 그건 거인들의 어깨 위에 올라서 있었기 때문이다." 과거에 이루어 놓은 성과가 없었다면 오늘날 자신의 성과도 있을 수 없다는 얘기이다. 기업의 혁신성과 또한 과거 기업에서 근무하며 시행착오를 하면서 기술과 경험을 축적했던 사람들이 있었기에 가능하다. '거인의 어깨'가 바로 축적의 산물인 것이다.

한국은 산업기술의 역사가 50년인 점을 감안하면 경험의 축적에서 한계가 있다. 그렇다면 경험 축적을 위해 우리가 할 수 있는 방법은 무엇인가? 산업에서의 축적과 함께 국가적으로 축적의 범위를 넓히는 수밖에 없다. 가장 중요한 과제는 축적과정에서 발생하는 시행착오와 실패를 용인하는 자세가 필요하다. 그리고 장기적으로 경험을 축적하고자 노력하는 조직과 사람을 우대하는 시스템을 구축해야 한다. 축적지향의 사회로 전환하기 위해 한국은 각 분야별로 어떻게 움직여야 하는가.

우선 기업경영의 변화가 필요한 시점이다. 기술전략은 아이디어를 스케일 업(scale up)하여 사업화 역량을 스스로 축적해 가야 한다. 혁신의 아이디어는 대학이나 연구소 등을 통해 구하고 이를 바탕으로 제품의 개념을 설계하여 상품으로 옮기는 역량은 기업내부에 축적해야 한다. 대학은 새로운 개념설계에 도전하고 산업에 새로운 차원의 개념을 제시할 수 있는 연구를 해야 한다. 기업과 대학은 장기적으로 성과를 공유하는 산학협력 모델이 정착되어야 한다. 기업의 경영전략은 기술 패러다임 전환기에 투자를 하는 전략이 필요하다. 기술패러다임 전환기에는 개념설계가 새롭게 이루어지기 때문에 기존의 축적된 경험의 차이에서 오는 불리함이 덜하기 때문이다.[75] 정부의 중소기업 지원정책도 이러한 맥락과 같이해야 한다.

2. 중소벤처기업 혁신성장 과제

스타트업 교육 및 컨설팅 강화

정부의 청년창업 지원제도가 넘쳐나고 있다. 청년의 열정을 높이 사기 때문이고, 또한 시대흐름에서 시장에서 필요로 하는 내용을 아이디어로 전환하여 사업화 할 수 있기 때문이다. 그러나 창업은 열정이나 아이디어만으로 성공하기 어렵다. 창업기업의 실패 원인은 기업 수만큼이나 많다고 한다. 그중 주요 내용을 보면 다음과 같다. 시장이 원하지 않는 제품을 출시하는 경우, 그로 인해 경쟁력이 없어진 경우, 그리고 자금부족 문제와 가격 및 원가문제 등이 많았다. 이를 압축하면 결국 창업성공요인은 시장의 요구를 파악하여 필요하고 기존제품과 차별화된 제품을 생산하는 것이다. 여기에 연구개발과 생산에 필요한 적정한 자금을 조달하고 시장에서 수용가능하면서도 적정이윤을 창출할 수 있는 가격선정을 하면 된다. 여기서 강조하고자 하는 것은 결국 시장이 원하는 제품을 시장에 내놓아야 한다. 이를 위해서는 창의적인 아이디어에서 출발해서 상업화 과

---

75) 한종훈 외(2015). 「축적의 시간」. 지식노마드. pp47-50

정을 꼼꼼히 거쳐야 한다는 것이다. 창업가의 신제품이 시장에서 성공할 수 있도록 창업 전문가를 활용한 컨설팅이 필요하다. 특히 청년창업에 대한 지원제도가 많고 장려되고 있는데 반해 이들이 반복적으로 시행착오를 일으키는 것에 대한 문제점에 대해서는 관심이 없는 듯하다. 관련분야에서 축적된 경험이 부족한 청년 창업가를 위해 비즈니스 모델을 정립하고, 사업 아이디어를 검증하고, 초기 신제품을 테스트 하는 방법 등을 교육하는 것이 중요하다.

한편으로는 경력자 중심의 창업지원을 강화해야 한다는 주장이 있는데 이는 역량축적이 된 창업자를 지원하자는 의미이기도 하다. 특히 다년간 기술 축적의 기회를 가진 기술직, 연구소 출신 경력자의 창업을 집중 지원할 필요가 있다. 연령별 창업기업 생존율(2008~2014년)에 따르면 50대 30.5%, 30대 미만 15.9%의 2배에 이른다. 이는 해당 업종에 대한 경험이 많고 위기관리능력이 뛰어나다보니 상대적으로 다른 세대에 비해 창업 경쟁력이 있기 때문이다. 또한 50대 창업기업 생존율과 함께 기술형 창업의 증가도 눈에 띈다. 2007년 대비 2015년 기술형 창업이 증가한 연령대 역시 50대가 41.1%, 60대가 65.2%로 가장 많다. 이는 중년이후 창업자가 그간의 기술축적 역량을 바탕으로 하기 때문에 자연적인 현상이라고 할 수 있다. 이러한 현상은 해외 기술창업 실태에서도 나타나고 있다. 미국은 기술창업가의 평균연령이 43세 때 가장 성과가 좋은 것으로 나타났고, 독일도 40대 중반의 창업성과가 가장 좋았다. 학교를 졸업하고 15년 정도 지난 시점이다.[76] 창업기업에 대한 직접지원에도 점검이 필요하다. 지원대상을 본 글로벌(Born Global) 중심으로 전환하고 창업초기부

---

76) 매경이코노미(2017.7). 「중량감 남다른 5060 'Heavy 창업'」. 요약

터 해외시장 진출을 유도하는 것이 필요하다. 해외시장을 타겟으로 한 창업가에 대한 연계지원도 필요하다. 이러한 측면에서 해외진출 프로그램인 수출 BI를 창업가 현지화 플랫폼으로 활용하는 것을 검토할 필요가 있다.

혁신기업의 스케일업

창업기업이 비즈니스 혁신을 통해 유니콘 기업으로 성장할 수 있도록 지원해야 한다. 유니콘 기업은 혁신적인 비즈니스 모델로 순식간에 10억 달러 이상의 기업 가치를 달성한 기업을 말한다. 이들 창업기업은 혁신, 변형, 모방 등을 통해 시장의 확장, 비즈니스모델 혁신성, 기업의 지속가능성을 확대한 것으로 나타났다. 유니콘 기업의 특징을 고려하여 신산업 분야에서의 창업혁신이 필요하다. 공유경제, 핀테크 등 신성장산업으로 부상하고 있는 분야에서 독자적인 플랫폼을 구축하고 초기시장 선점 또는 틈새시장 확보를 통해 빠르게 시장점유율을 확대해야 한다. 신성장산업은 플랫폼 비즈니스인 경우가 많아 시장 선점이 기업 경쟁우위에 핵심적으로 작용한다. 그래서 IoT, 클라우드 등 IT 기술을 기존 전통적 산업에 융합하여 새로운 고객가치를 창출하고 린 스타트업(Lean Startup)방식을 통해 지속적으로 비즈니스 모델을 최적화하는 것이 필요하다.

한국 스타트업을 유니콘 기업으로 육성하기 위해서는 성장성 중심의 비즈니스 모델을 조기에 선점하고 투자 유치기회 확대를 위한 글로벌 네트워킹이 요구된다. 인공지능 등 신산업으로 부상하고 있는 분야에서의 신규 비즈니스 모델을 발굴하고 성공한 비즈니스 모델의 모방 및 변형을 통한 조기 시장 선점도 고려해야 한다. O2O 등 오프라인이 포함된 비즈니스 기반일 경우 베트남, 인도네시아 등 성장성이 높은 해외시장 진출을 고려할 필요가 있다. 특히 동남아 국가는 스마트폰 보급률이 높아 유니콘의 검증된 비즈니스 모델이 빠르게 확산될 수 있어 모바일 기반 전자상거래, 핀테크 스타트업이 차기 유니콘으로서 유망하다고 생각한다. 이를 위해서는 글로벌 벤처캐피탈 및 스타트업 지원기관을 활용한 자금조달이 필요하다.[77)]

정책적으로는 벤처투자 활성화, 대기업과의 협력관계 증대, 규제 완화 등을 통해 스타트업의 글로벌화와 지속적인 성장을 도모할 수 있는 생태계 조성에 집중해야 한다. 이러한 인프라 지원을 통해 유니콘기업이 성장할 수 있는 토대를 마련해야 한다. 엔젤투자 등 민간 벤처투자 확대를 유도하고 투자금 회수시장 활성화를 통해 스타트업의 자금 조달방식을 '융자'에서 '투자'로 전환하고 대기업의 스타트업 투자 인수 활성화 및 공정거래 질서 확립으로 스타트업의 창의적인 아이디어와 대기업의 풍부한 자원 간 결합을 촉진해야 한다. 유니콘 기업은 융합산업 분야에서 기존 시장질서를 재편하며 성장하고 있어 규제 완화를 통해 융합산업의 발전토대를 마련해야 한다.

글로벌 니치기업 발굴 및 육성

중소기업의 취약한 국제 경쟁력은 결국 한국 경제의 본질적인 문제이다. 빌게이츠와 스티브잡스는 당시의 개념과 접근을 완전히 바꾼 사람들이다. 기왕에 하던 것들의 연장선상에서 비즈니스 라인 바꿔가지고 새로운 형태의 비즈니스로 연결시켜서 돈 벌려 할 것이 아니라 뛰어넘어야 한다. 피 한 방울 가지고 인간 유전자 분석 하는 것이 한 단계를 껑충 뛰어넘는 것이다. 그게 창신(創新)이다. 우리 내부에서도 유니콘 기업들이 커나가고

---

77) 김보경(2017.3.15.), 「유니콘으로 바라본 스타트업 동향과 시사점」, trade brief, 요약

있다. 잘하고 있는 회사들을 찾아서 키워야 한다. 일본 보다도 잘 하고 있는 회사들을 키워나가면 부품회사들이 크고 제조업이 커나갈 수 있다. 정부가 세워야 할 것은 산업정책이 아니라 기업정책이다. 지금의 네이버, 다음과 같은 기업은 2000년대 기술을 기반으로 한 비즈니스이다. 미래를 향해서 새로운 일을 벌여야 한다. 그렇게 해야 안 되더라도 경험과 기술이 축적된다. 구글이나 페이스북 다 새로운 카테고리로 시작한 것이다. 하루하루 산업지형이 달라지고 있다. 산업의 경계자체가 허물어지고 있어 특정산업을 논한다는 것 자체가 의미가 없다. 간편 금융결제 서비스 업체인 토스는 금융업인가, IT기업인가. 배달의 민족은 물류기업인가, IT 기업인가. 지금은 개인이 좋은 기업을 육성할 수 있도록 규제를 개선하고 통합 플랫폼을 통해 솔루션을 제공하는 것이 정부가 할 일이다.

4차 산업혁명과 같은 대전환의 시대에 기술력과 비즈니스 통찰력을 갖고 있지 못한 기업은 생존이 위태롭다. 자사만의 핵심역량을 갖추지 못해 '온리 원(only one)'기업이 되지 못하면 퇴출될 것이다. 혁신을 통해 제품의 새로운 가치를 발견한 기업은 그만한 이유가 있다. 한 분야에 집중하여 현재의 성공을 바탕으로 지속적으로 혁신 제품을 개발한다. 그리고 업종을 불문하고 시장점유율 선두를 차지한다. 히든 챔피언의 조건에 합당하는 30%이상의 시장점유율을 보유한다. 국내외에서 명실상부 1위로 인정받고 동종업계에서 최고의 제품으로 인정받는다. 이 같은 기업은 차별화된 경쟁력을 보유하고 있다. 스스로 최고가 되는 것을 뛰어넘고 있다. 베스트를 넘어 온리원 전략으로, 자사만의 장점인 유일함으로 스스로 혁신한다. 이것은 스스로 차별화된 관점을 가질 때 가능하다. 당연한 것에 대해 질문하고, 거꾸로 생각하며 새로운 가치를 찾아내야 한다. 그러나 기업이 틈새시장을 찾아내고 그 분야의 독보적인 기술력을 가지는 것은 기업인과 기업의 노력만으로 할 수 있는 문제가 아니다. 중소벤처기업 지원정책도 대전환의 시대에 맞게, 기업의 변화속도에 맞게 바뀌어야 한다. 시장실패영역의 중소기업을 지원하는 것에 초점을 맞추다 보면, 자원은 배분할 수 있지만 궁극의 성과는 창출하기 어렵다. 중소기업 정책의 본질을 목표 지향적으로 설정해야 한다. 글로벌 니치기업 육성, 즉 세계적으로 틈새시장을 개척하거나 독보적인 기술력을 보유하고 있어서 글로벌 기업으로 성장할 수 있는 기업을 발굴하여 집중적으로 지원하여 유니콘 기업으로 육성해야 한다. 세계적인 기업을 많이 보유하고 있는 국가의 경제 시스템을 살펴볼 필요가 있다. 세계 수출시장 점유율 1위 품목을 가장 많이 보유한 국가는 중국, 독일, 미국 등이다.

히든 챔피언을 가장 많이 보유한 국가는 독일이다. 세계 시장을 리드하는 글로벌 니치리더 기업을 가장 많이 보유한 독일 정부의 지원정책은 벤치마킹 대상이다. 독일 중소기업 지원책은 경쟁의 모토가 근간을 이루는 가운데 자생력을 갖출 때까지 정부가 가이드라인을 정해 지원해주고 있다. 벤처기업은 첨단기술 산업을 중심으로 기술개발과 혁신을 통해 고수익을 추구하는 특성을 갖고 있다. 앞으로 우리나라의 경제 성장에 공헌하는 주요 원천이 될 것이다. 벤처기업은 부가가치가 높은 미래형 산업에 집중적으로 투자함으로써 산업 전체의 기술 기반을 강화하고 기술 수준 향상에 기여한다. 벤처기업은 2001년도를 정점으로 감소추세를 보이다가 2005년 이후부터 지속적으로 증가하고 있다. 2018년도 12월 말 현재 벤처기업 수는 3만 6천개이다.

한국의 현실을 볼 때 기술력 있는 중소기업은 물론 벤처기업 육성의 중요성은 더욱 커지고 있다. 벤처기업 정책에서 놓치지 말아야 할 것은 고위험(high risk)과 투자손실 문제이다. 실패한 유망 중소벤처기업 지원 비용을 매몰비용(sunk cost)으로 취급해서는 안 된다. 또 다른 기업의 기술 및 창업을 위해 활용되는 투자자산이라는 인식이 매우 중요하다고 본다.

플랫폼 활성화

4차 산업혁명 시대에 들어서면서 세상을 바꾸는 새로운 혁신기술이 등장하고 있다. 주요 특징은 ICT 기술을 기반으로 사람과 사람, 사람과 사물, 사물과 사물이 서로 연결되는 초연결, 빅데이터와 인공지능이 융합된 초지능, 초연결과 초지능이 융합된 초융합이다. 기존의 패러다임으로는 설명하기 어려운 개념들이다. 기업이 생존하기 위해서는 이러한 패러다임을 읽을 수 있는 통찰력과 독점적인 기술력을 가져야 한다. 과거에 기업은 독자적인 경쟁력으로 생존할 수 있었다. 그러던 것이 어느 순간 모기업과 협력기업 간 네트워크와 다른 네트워크와의 경쟁으로 바뀌었다. 지금은 네트워크를 넘어 플랫폼 경쟁에서 이겨야 생존할 수 있는 시대가 되었다. 플랫폼 비즈니스는 양면 네트워크(two-sided network)경제로 전환하는 것을 의미한다. 여러 집단을 만나게 해주고 거래가 이루어지도록 해준다. 플랫폼이 제공하는 가장 큰 가치는 연결과 개방을 통한 솔루션이다. 네트워크를 통해 문제를 해결하거나 가치를 창출하는 것이 플랫폼의 본질이다. 플랫폼 비즈니스는 가장 빠른 성장세로, 가장 강력하게 기존질서를 파괴하고 있다. 업종을 가리지 않고 더 큰 변화의 바람이 불어 닥칠 것이다.

도요타는 2018 CES에서 '이팔레트(E-Palette)' 기반 모빌리티 서비스 플랫폼을 선보였다. 이 팔레트는 박스형태의 실내공간을 변경하여 다양한 용도로 사용할 수 있다. 온라인 쇼핑몰에 주문한 제품이 집 앞에 도착하면 직접보고 받을 수도 있고, 마음에 들지 않으면 바로 반납할 수도 있다. 다목적 모듈식 전기차를 통해 온라인 쇼핑몰에 주문한 제품의 배송을 쉽게 하려는 아마존과 협력하고 있다. 미국 GE는 비행기 제트엔진에 센서를 부착하고 분석을 통해 항공기 운영과 정비를 최적화하는 프로젝트를 추진했다. 이처럼 제조업은 물리적 가치에 정보 가치를 더해 기존 비즈니스에 접목할 수 있다.

2018년 글로벌 시가총액 상위 6개 기업이 플랫폼 기업이었다. 애플, 알파벳, 아마존, 텐센트, 페이스북, 알리바바 등이다. 10년 전 에너지, 금융 분야 거대기업이 대부분이었다는 점을 상기하면 놀라운 변화이다. 이것은 비즈니스와 경제가 구조적으로 변하고 있다는 증거이다. 2018년 8월 월스트리트저널과 다우존스 벤처소시가 발표한 'The Billion Dollar Start Up Club' 상위 10개 기업 중 7개가 플랫폼 비즈니스 기업이었다. 우버, 디디추싱(중국판 우버), 에어비앤비, 메이투안 디엔핑(중국판 요기요), 위워크(사무실 공유), 루팍스(인터넷 대출), 리프트(차량공유)등이 여기에 포함된다.[78]

[글로벌 시가총액 상위 기업]

시가총액 상위 10개 기업[1]			스타트업 상위 10개 기업[2]	
		:플랫폼 기업		:플랫폼 기업
순위	2008	2018	순위	2018
1	페트로 차이나	애플	1	우버
2	엑손모빌	알파벳	2	디디추싱
3	GE	아마존	3	에어비앤비
4	중국이동통신	마이크로소프트	4	메이투안 디엔핑(Meituan Dianping)
5	마이크로소프트	텐센트	5	스페이스X
6	중국공상은행	페이스북	6	위워크(Wework)
7	페트로브라스	버크셔해서웨이	7	Palantir
8	로열더치셸	알리바바	8	루팍스(Lufax)
9	AT&T	JP모건	9	리프트(Lyft)
10	P&G	존슨&존슨	10	JUUL

자료1: 한국경제연구원
자료2: Wall Street Journal, The Billion Dollar Start Up Club. '18. 8

---

[78] 황혜정(2018). 「탈규모 시대의 제조업, 플랫폼 비즈니스로 도약한다」. LG경제연구원.

아마존은 최종마일 인프라에 투자를 집중하고 있다. 최종마일은 고객에게 다가가는 마지막 1마일의 짧은 구간, 즉 고객접점 서비스의 영역을 말한다. 향후 3년 후에는 무인편의점 '아마존365' 오픈카페에서 업무를 볼 수 있고 식사를 할 수 있고 전자상거래 쇼핑을 할 수 있고 택배를 보내고 받을 수 있다. 아마존은 미국에서 시작해 유럽과 아시아 전역으로 그 영역을 확대하고 있다. 그러나 반대 경로로 세계를 석권하려는 기업이 있다. 바로 알리바바이다. 알리바바 특징은 전자상거래 사업에 머무르지 않고 물류사업과 오프라인 점포, 클라우드 서비스, 금융 사업으로 확장하는데 있다. 알리바바는 플랫폼 혁신을 통해 수평적 확장과 수직적 깊이를 더해가고 있다. 수평적으로는 산업간 경계를 허물고 있다. 수직적 깊이로는 비즈니스 네트워크에서 성가신 모든 것을 해결해 주는 편리한 서비스로 깊이를 더해가고 있다. 알리바바를 통한 연간 거래량이 이베이, 아마존의 거래량의 합보다 많다.[79]

플랫폼 비즈니스 모델이 오늘날 힘의 실체임을 인정하지 않을 수 없다. 한국 중소벤처기업도 네이버, 카카오와 같은 ICT업체 중심으로 플랫폼 비즈니스를 시도하고 있다. 그러나 현실적으로 자금과 기술 등에서 감당하기에 쉬운 일이 아니다. 그렇다면 어떻게 할 것인가? 이들을 대적할 수 있는 방법은 핵심자원을 바탕으로 전략적 협력관계를 구축하는 길이다. 핵심자원을 공유함으로써 이들의 어깨위에 올라타는 것이다. 한국의 우수상품을 민간과 개방하여 공유함으로써 지배적인 플랫폼을 육성하는 것이 필요하다.

중소벤처기업측면에서 플랫폼을 활용하는 방법을 고려해보자. 중소기

---

[79] 다나카미치아키 著 류두진 譯(2018). 「아마존 미래전략 2022」. 반니. pp201-204.

업은 아이디어나 기술은 가지고 있지만, 경영자원은 부족하다. 기술은 있으나 자금이 부족한 중소기업, 시장은 있으나 기술이 부족한 중소기업, 제품은 있으나 영업능력이 부족한 중소기업 등이 많다. 그래서 중소기업은 플랫폼을 구축하는 것은 어렵고 이미 존재하는 플랫폼의 참여자(complement)로서 활동하는 것이 필요하다. 이를테면 중소기업 전자상거래 플랫폼을 구축하는 것은 어렵지만, 참여자로서 온라인수출 플랫폼에 입점해서 제품을 판매하는 경우이다. 그래서 중소기업의 부족함을 채워줄 수 있는 사회적 기반으로서 플랫폼이 필요하다. 이러한 경우 정부나 공공기관의 역할이 중요하다. 플랫폼을 통해 중소기업이 어려워하는 부분에 솔루션을 제공해야 한다. 중소기업이 쉽게 플랫폼에 접속하고 쉽게 검색하고 쉽게 해결할 수 있어야 한다. 그렇게 되면 중소기업의 방문이 늘어나고 플랫폼은 진화하게 된다. 그렇다면 왜 플랫폼이 되어야 할까? 먼저 수요자 입장에서 필요성이다. 세상이 복잡해지면서 고객들은 문제해결에 힘들어한다. 수많은 기관과 규정들이 복잡다단하게 얽혀있어 문제가 복잡해지면서 고객은 자신의 문제를 쉽게 해결하기를 바라기 때문이다. 그리고 공급자 입장에서 필요성이다. 고객의 까다로운 요구조건을 어느 하나의 기관에서 해결해주기란 어렵다. 그래서 기관별 전문영역을 기반으로 네트워크를 활용하여 문제를 해결해 주어야 한다.[80]

3. 기업정책으로 전환하고 벤처기업 육성해야

구글이 미국의 산업정책 때문에 지금의 글로벌 기업이 되었을까. 전혀 아니다. 시장의 변화 속에서 수요를 발굴하고 신기술을 개발하는 등 미래

---

80) 김기찬외(2016), 「플랫폼의 눈으로 세상을 보라」, 성인당. pp141-145

를 향해 투자해나가다 보니 이렇게 된 것이다. 정부가 그 생태계를 만들어야지 산업을 육성한다, 아니다 하는 것은 시대착오적 사고이다. 실리콘밸리는 아이디어맨과 비즈니스맨과 사기꾼의 집합체이다. 그들이 각축하는 가운데 변화와 전진이 일어난다. 정부가 위에서부터 뭘 키우겠다고 나서면 부작용이 커진다. 정부가 재정과 기회를 분배하는 것은 1970년대식 산업정책이다. 이제 이것들을 전면적으로 재검토해야 한다. 지금 이대로라면 미래를 향한 투입이 오히려 과거를 늘려주게 되고 기득권을 강화하는 것이다. 대기업들도 활력이 전 같지 않다. 대기업 집단은 한마디로 거대한 관료집단이다. 관료화된 집단의 꼭대기에서 아래에 대고 혁신해라, 생산성 높여라, AI 기술자 키워라 한다. 이걸 혁신이라 생각하면 안 된다. 창신(創新)이 중요하다. 톱다운(top-down, 하향식)이 아니라 바텀업(bottom-up)이 창신이다. 그래서 대기업들이 창신이 어렵다. 대기업은 스스로의 적응성 한계 때문에 스스로 무너질 수 있다. 대기업들이 정신차려서 바뀌면 좋은 것이고 주저앉으면 해체되는 것이다.

개념과 접근을 완전히 바꿀 사람이 필요하다. 빌 게이츠와 애플의 스티브 잡스는 기존의 비지니스를 뛰어넘었다. 이런 것은 위에서 하라고 해서 나오는 것이 아니다. 기왕에 하던 것들의 연장선상에서 비즈니스 모델을 바꿔 돈 벌려 해서는 안된다. 피 한 방울 가지고 인간 유전자 분석 하는 것이 한 단계를 껑충 뛰어넘는 것이다. 그게 창신이다. 기왕 있는 곳에서, 기존의 비지니스 모델에서 출발하지 말아야 한다. 한국의 IT 기업가들은 2000년대에 머물러 있다. 어쩌면 자기 역할이 끝나가는 지도 모른다. 빌 게이츠는 역할이 없다고 판단했기 때문에 자리를 물려주고 인재 키우는 데로 갔다. 인터넷 기업의 기술은 하이테크가 아니다. 그것은 2000년대 초반 기술이다. 그때의 비즈니스 라인을 잡았을 뿐이다. 미래를 향해서 일을 벌여야 한다. 구글이나 페이스북 다 새로운 것으로 시작한 것이다. 구글이 갖고 있는 회사가 590개쯤 된다. 아이디어만 있으면 사들이고 있다. 우리 내부에서도 유니콘 기업들이 커나가고 있다. 그러나 한국은 기득권 과보호 체제다. 독과점 재벌이 하청기업의 이윤을 착취하거나 부정 행위를 못하게 해야 한다. 정부는 대기업의 비즈니스나 CEO 문제를 간섭할 것이 아니다. 정부는 대기업의 독과점 문제를 해결하기 위해 규제개혁에 힘을 쏟아야 한다. 그리고 대기업의 지배구조 문제에 대한 장단기 계획을 세워 실천해야 한다.

벤처기업 창업경험이 있는 사람과 벤처기업에 투자해본 경험이 있는 사람이 벤처 생태계에 대해서 토론했다.[81)82)] 유니콘 기업이 중국에선 1주일에 두세 개 씩 나오는데 한국은 15년 전 만든 꿀만 먹고 있다. 한국 벤처와 산업이 이대로는 안 된다. 한국에서 지난 5년 동안 5~6개의 유니콘 기업이 나온 반면 중국에선 1주일에 두 개씩 나온다. 10년 후, 20년 후 과연 누가 세계를 지배하겠는가. 한국에는 관중인 국민, 심판인 정부만 있고 선수인 벤처기업은 없다. 대한민국이 옛날의 달콤한 꿀을 먹어가며 앞으로 나아가지 못하고 있다. 사회가 바뀌어 가는데 우리 사회가 금과옥조처럼 지켜야 할 것으로 인식하고 있는 것들을 바꾸려 하지 않는다. 중국이 금산분리였다면 마윈은 감옥에 있을 것이다. 알리바바는 자회사인 앤트파이낸스를 설립했다. 중국 소비자들이 이 회사에 맡긴 돈이 2019년에 150조원이다. 아마도 30년 후면 현재 은행이라는 이름의 금융사들은 전부 없어질 것이다. M&A를 통한 외부 혁신을 위해서는 기업 주도 M&A를 활성화 하는 길로 가야 한다. 금융이 벤처의 가치를 알아보고 장기 투자

---

81) 매일경제(2019.4.8.). 「IT강국 이끌어준 정통부처럼. 생명과학부 세워 바이오 총괄을」 요약
82) 여시재(2019.4.22.). 「미래산업 2차 토론회, 한국 벤처 이대로 안 된다」 요약

를 하는 일은 사실상 어렵기 때문에 그 역할을 기업이 할 수 있도록 길을 열어줘야 한다. 기업주도벤처캐피탈(CVC) 활성화가 그러한 대책의 최소한이다. 현재 CVC가 벤처캐피탈로 분류되어 있고 벤처캐피탈은 금융회사로 분류가 되어 있어서 상업자본이 금융회사를 갖지 못한다는 금산분리에 막혀 있다.

제4장
중소벤처기업의 혁신성장과 공정경제

　특정 제품에 대한 혁신기술로 기업이 독점을 창출하는 것이야말로 성공의 핵심이다. 사실 기업의 핵심전략은 어떻게 독점을 확보할 수 있는가를 연구하는 것이다. 그리고 독점 효과가 사라질 때는 새로운 독점요인을 찾아내야 한다. 누구도 모방하지 않고 누구도 따라할 수 없는 기업이 되어야 생존할 수 있다. 수직적 진보를 뜻하는 '제로 투 원'은 혁신기술을 말한다. 기업이 레드오션에서 출혈 경쟁하면서 이윤을 창출할 수 없다. 혁신기술을 개발하지 않은 기업이 이윤을 낼 수 있는 방법은 불공정한 게임을 통해 거래기업의 이윤을 착취하는 방법밖에 없다.

　이러한 폐단을 없애기 위해 문재인 정부는 경제민주화 정책을 국정과제로 채택했다. 경제민주화는 경제운용의 공정성을 제고하기 위한 정책으로 과정의 공정성과 결과의 형평성 등 두 가지 양태로 구체화할 수 있다. 과정의 공정성은 각각의 경제주체가 어떠한 불리함 없이 자유의지로 경쟁과정에 참여하는 것을 말한다. 결과의 형평성은 기업의 경제활농을 둘러싼 이해관계자가 모두 자신의 역할에 합당한 보상을 수령하는 것을 말한다. 문재인 정부의 경제민주화 정책이라고 할 수 있는 공정경제 정책은 경제구조를 개선하여 소득주도 성장과 혁신성장 정책의 기반을 조성하는 정책이다. 공정한 경제체제 확립은 경제 전반에 걸쳐 활력을 제공하고 혁신유인을 제공하여 시장경제의 지향점인 경제의 효율성도 제고할 수 있다. 공정경제 정책은 공정한 경쟁질서 확립과 우월적 지위남용의 규제, 기업의 의사결정 과정의 왜곡을 통한 사익편취행위를 근절하고 대기업 위주의 자원배분의 왜곡을 바로잡는 것으로 대별 할 수 있다. 공정한 경쟁을 위해서는 독과점 사업자의 지위 남용을 규제하고 독과점을 위한 시도를 저지하고 담합을 근절하는 것이 필요하다.[83] 또한 대기업과 중소기업 간 공정한 시장 질서를 확립하는 것이 요구된다. 그 대책으로 중소기업의 기술을 탈취하거나 부당하게 경영정보를 요구하는 것을 금지하는 기술유용대책과 정당한 사유 없이 모기업이 거래상대를 구속하는 행위를 금지하고 중소기업의 납품단가를 현실화하는 방안을 생각할 수 있다. 이외 협력이익을 공유하고 자율공정거래 실천 등 더불어 발전하는 대중소기업 상생협력 정신이 필요하다.

경제민주화는 과정의 공정성과 결과의 형평성으로 요약할 수 있다. 과정의 공정성이 기업이 자유의지로 경쟁과정에 참여하는 것을 말한다면, 결과의 정의로움(형평성)은 경제활동의 이해관계자가 자신의 역할에 합당한 보상을 받는 것을 말한다. 신기술을 개발한 혁신기업이 정당한 경쟁을 통해 독점적 지위를 누리는 것을 보장하는 것도, 또한 독과점 사업자의

---

[83] 새정부 경제민주화 1년의 성과 및 향후 발전방향 토론회(2018.8.28.)

지위 남용을 규제하고 독과점을 위한 시도와 담합을 저지함으로써 공정한 시장 질서를 확립하는 것도 모두 공정경제에 해당한다. 이러한 균형 잡힌 시각으로 기업에게 혁신유인을 제공할 수 있어야 기업은 글로벌 시장에서 경쟁력을 가질 수 있다.

 공정경제가 혁신성장의 기반을 조성하는 것은 맞다. 그러나 중소벤처기업의 혁신성장을 통해 기울어진 운동장을 바로잡고 공정경제를 실현할 수도 있다. 수탈적 독점을 통해 이익을 독점하고 있는 자동차, 은행, 카드 산업 분야 등에 혁신기술로 승부하는 중소기업에게 기회를 주어야 한다. 전기자동차, 핀테크, 제로페이 등으로 재벌기업 중심의 경제구조를 타파함으로써 공정경제를 이룩하고 경제의 효율성도 제고할 수 있는 것이다. 이것은 미래를 대비하는 길이기도 하고, 글로벌 기업으로 성장하는 길이기도 하다. 한국경제는 폐쇄경제가 아니며, 한국기업은 부두에 정박한 배가 아니다. 한국기업이 글로벌 시장에서 이겨야만 국내 경제에도 활력을 불어넣을 수 있다.

마치며

스타트업 페르소나와 함께 한 여정

스타트업의 신제품은 대부분 실패한다. 어떤 신제품이든 결국에 가면 실패할 확률이 높다. 실패는 창업과정의 많은 핵심요인 중에 하나만 잘못되면 된다. 부적합한 요인 하나가 실패의 충분조건이다. 반대로 시장에서 성공하는 제품은 모든 것이 적합해야 한다.[84] 스타트업의 신제품 프로젝트는 세 가지 실패의 함정에 빠질 수 있다. 출시(Launch), 운영(Operation) 또는 전제(Premise)가 그것이다. 출시(L) 때문에 실패하는 경우는 신제품 마케팅 노력이 시장에서 눈에 띄지 않은 때에 발생한다. 스타트업 신제품을 표적시장의 다수가 충분히 알지 못하거나 접할 수 없는 경우다. 운영(O) 때문에 실패하는 경우는 신제품의 디자인, 기능과 안정성이 이용자들의 최저 기대치에 미달하는 때에 발생한다. 의자가 보기에는 아름답지만 불편하다거나, 식당의 음식은 훌륭한데 서비스가 형편없다거나, 계속해서 멈춰서는 모바일 플랫폼 경우 등이다. 전제(P) 때문에 실패하는 경우는 당신의 아이디어에 사람들이 관심을 갖지 않을 때에 발생한다. 사람들은 제품기능이 안정적이고 좋을 것이라 믿는다. 쉽게 찾고 테스트하고 구매도 가능하지만 제품을 사고 싶은 생각이 없다. 제품과 시장의 적합성이 낮은 것이다.

---

84) 신기철(2020.9.18.). 「창업가를 위한 변명」. 이데일리.

스타트업 여정에 탄탄대로는 없다. 세 가지 실패의 함정은 언제 어디서건 여러 가지 형태로 나타난다. 포장도로에 진입하게 된 것 같지만 반드시 어려움이 발생한다. 개발지연, 제품품질 및 현금흐름 문제 등의 교통사고가 발생한다. 다만 사고가 났을 때 창업가의 가치와 자질이 드러나 문제를 해결할 수 있는 상황이라면 이러한 교통사고는 다행이다. 교통사고와 같은 문제가 생길 때 힘이 되어주는 것이 창업 팀이다. 팀원끼리의 사업에 대한 확신과 신념은 험난한 여정을 극복할 수 있는 힘이다. 창업 팀은 꼭 보존해야 한다. 초기단계 팀의 해체는 가장 큰 문제이다. 데모(Demo)는 중요하다. 百聞不如一見이라면 百見不如一'Demo'다. 사업계획 발표 시 가치제안은 아주 심플하게 설명되어야 한다. 그리고 펀딩을 할 때는 어떤 수단을 활용할 건지 고려해야 한다. 엔젤은 투자자는 맞지만 천사는 아니다. 투자자 선정은 회사의 운명을 좌우할 수 있기 때문에 중요하다. 첫 거래를 성사시키기 위해서는 제품출시 및 생산계획이 정확해야 한다. 조직 관리와 일정 관리가 중요하다. 대체적으로 경험 없는 창업가들이 가장 못하는 부분이다. 아이디어 좋고, 피칭 잘하고, 펀딩 받았으나 관리부실로 개발은 지연되고 결국은 제품이 변경되기도 한다. 회사가 커졌을 때 계획도 있어야 한다. 비즈니스 모델은 분기별로 한번 씩 조정해야 한다. 시장상황이 달라지면서 포지셔닝은 항상 변하고, 바뀔 수 있다. 제품을 중단해야 하는 상황도 올 수 있다. 이러한 어려운 결정을 내리지 않거나 미루는 것은 나쁜 결과를 초래할 수 있다. 회사성장에 맞춰 매각(Exit) 여부도 고려해야 한다. 이 모든 문제를 창업가는 고민하고 결단해야 한다. 결코 쉬운 여정은 아니다.

스타트업은 우리 사회의 문제점을 해결하고 사람들의 생활을 풍요롭게 해준다. 그래서 많은 스타트업의 출현은 우리 사회의 희망이다. 그러나 준비되지 않은 스타트업은 죽음의 계곡에서 또는 다윈의 바다에서 사라질 수 있다. 이

책은 스타트업의 험난한 여정에서 꼭 필요한 최소한의 것들을 담고 있다. 유용하게 활용될 수 있을 것으로 생각한다.

25년 전 방영되었던 '그림을 그립시다.' 프로그램이 지난 9월 재방송되었다. 밥 아저씨(Bob Ross)는 나이프와 붓으로 쓱쓱 그림을 그려나간다. 30분도 되지 않아 그림이 완성된다. "참 쉽죠. 여러분 그림도 잘 됐나요?" 라며 마무리한다. 오두막이 있는 여름 숲속과 한겨울 호수를 품은 설산이 나타난다. 화가는 마르지 않은 물감위에 다시 물감을 덧칠 하는 방법으로 풍경화를 그린다. 덧칠하기에 고칠 수는 있지만 그의 말처럼 쉬운 것은 아니다. 그래서 사람들은 밥 아저씨를 거짓말쟁이로 불렀다. 어려운 일인데도 쉽다고 말한다는 것이었다. 그러나 사람들은 그의 메시지에 '위로와 용기'가 실려 있다는 것을 안다. 밥 아저씨는 "참 쉽죠? 한계란 없답니다. 뭐든 할 수 있습니다." 고 말한다. 저자는 지금 어려운 길을 가고 있는 창업가에게 밥 아저씨의 메시지를 전달하고 싶다.

지은이 신기철(skc@kosmes.or.kr)

서울시립대학교와 고려대학교 언론대학원을 졸업하고 숭실대학교 대학원에서 경영학 박사 학위를 취득했다. 중소벤처기업진흥공단에서 30여년 재직하면서 중소벤처기업의 창업 및 성장 지원, 온라인 수출지원, 지방중소기업 육성, 중소기업 정책조사 및 성과분석 업무 등을 담당했다. 그간 전북서부지부장, 온라인수출처장, 인재경영실장, 수도권경영지원처장 등을 역임했으며, 현재는 중소벤처기업의 창업 컨설팅 및 기업진단 업무를 맡고 있다. 주요 관심분야는 중소벤처기업의 신제품 마케팅, 창업컨설팅, 온라인 수출지원(전자상거래)과 정책자금 지원성과 분석 등이다. 관련분야 저서와 논문 등이 다수 있다.

[주요저서]

- 「지속성장의 엔진, 혁신과 독점」. 도서출판 글로벌(2019)
- 「지속성장의 엔진, 신제품 마케팅」(공저). 도서출판 글로벌(2015)
- 「한국경제의 미래와 생산성」(공저). 한국생산성본부(2014)
- 「융합시대의 생산성 혁신」(공저). 한국생산성본부(2012)
- 「지방중소기업 육성자금의 성과분석 및 개선방안에 관한 연구」(공저). 중소기업연구원(2008)

대변혁시대, 한국경제 성장동력을
어디에서 찾을 것인가

스타트업을 유니콘기업으로
START-UP, SCALE-UP, K-UNICORN

1판 인쇄 2020년 12년 01일
1판 발행 2020년 12년 07일

지은이 신 기 철
발행처 도서출판 글로벌
발행인 신 현 훈
주　소 서울특별시 중구 충무로 54-10 (을지로 3가)
전　화 02-2269-4913　　**팩　스** 02-2275-1882
출판등록 제2-2545호
홈페이지 http://www.gbbook.com

ISBN 978-89-5502-812-6
가　격 18,000원

※ 잘못 만들어진 책은 구입하신 서점에서 교환해 드립니다.